普通高等学校规划教材

交通与能源
Traffic and Energy

杨　林　温惠英　编　著

人民交通出版社股份有限公司
China Communications Press Co.,Ltd.

内 容 提 要

本书以大交通视角,立足于交通、能源两大主题,从交通的规划、设计、建设、运营以及交通工具、交通方式探讨交通与能源,从多学科角度系统地介绍了交通与能源的发展背景、现状以及未来趋势,在此基础上,以专题的形式进一步介绍了各交通子系统的能源消耗、碳排放及改进措施。全书共分9个专题,包括交通发展与能源、交通发展与碳排放、绿色汽车、绿色交通、绿色城市交通、道路交通节能减排、低碳铁路运输、低碳水路运输和低碳航空运输。

本教材可作为高等学校交通运输、交通工程、交通管理及相近专业的教材,也可供从事交通能源、低碳交通工作的工程技术和管理人员参考使用。

图书在版编目(CIP)数据

交通与能源 / 杨林,温惠英编著. — 北京:人民交通出版社股份有限公司, 2016.9
ISBN 978-7-114-13325-1

Ⅰ.①交… Ⅱ.①杨… ②温… Ⅲ.①交通运输业—节能—研究 Ⅳ.①F503

中国版本图书馆 CIP 数据核字(2016)第 219186 号

书　　名:	交通与能源
著 作 者:	杨　林　温惠英
责任编辑:	刘永芬
出版发行:	人民交通出版社股份有限公司
地　　址:	(100011)北京市朝阳区安定门外外馆斜街3号
网　　址:	http://www.ccpress.com.cn
销售电话:	(010)59757973
总 经 销:	人民交通出版社股份有限公司发行部
经　　销:	各地新华书店
印　　刷:	北京鑫正大印刷有限公司
开　　本:	787×1092　1/16
印　　张:	16.5
字　　数:	389 千
版　　次:	2016 年 9 月　第 1 版
印　　次:	2016 年 9 月　第 1 次印刷
书　　号:	ISBN 978-7-114-13325-1
定　　价:	38.00 元

(有印刷、装订质量问题的图书由本公司负责调换)

前 言

交通,纵横而交错,往来皆通达,人类历史的发展轨迹即是一部浩瀚的交通文明发展史。至今,交通系统已经发展为囊括公路、铁路、水路、航空及管道等多种运输方式的庞大综合体系,成为社会经济发展的重要构件之一。能源,自然造粹品,动力之源始,人类社会赖以生存和发展的物质基础,无异于城市的血液,驱动着城市的运转。交通与能源两大主题是世界共同关注的焦点,也是未来发展不可回避的问题。交通作为庞大而重要的耗能部门需要能源作为基础动力,但交通对于能源的大量消耗以及能源使用中所带来的负面效应,使二者产生了不可调和的矛盾,尤其是自从以电气化、内燃机的使用为主要标志的第二次工业革命以来,城市、交通、能源、环境之间的矛盾日渐凸显,交通拥堵、交通安全、交通污染已经成为交通领域最为棘手的三大问题。

遏制气候危机、拯救地球家园是 21 世纪人类面临的最复杂挑战之一。世界各国均已提出 2020 年后温室气体减排目标,都将低碳交通作为国家战略重点。近年来,欧盟制定实施了"单一欧洲交通区域交通 2050 路线图"美国提出"综合运输系统 2050 年发展构想",英国推出"低碳交通创新战略",大力推进绿色低碳交通建设。中国提出到 2020 年单位国内生产总值 CO_2 排放比 2005 年下降 40% ~ 45% 的目标。交通运输是我国应对气候变化的三大产业体系之一,交通运输部提出要加快推进以绿色交通为引领的综合、智慧、绿色、平安"四个交通"发展战略。在全世界倡导节能减排,国家大力推行可持续发展,建设绿色交通的背景下,理清交通与能源二者的关系与相互作用机理,并从中汲取建设美丽城市、和谐交通的经验措施极为必要和迫切。

编者多年来在高校从事交通节能与减排的研究工作,深知交通与能源两大主题对于国家社会发展的重要性,也一直期望能够对浩繁的交通能源数据、材料进行整合研究,发掘二者更为深层次的联系,为未来交通行业、能源产业提供一定的借鉴参考,促进绿色、低碳交通的发展。得益于多个交通节能类课题、项目的前期工作积累,取得了一定的基础性成果,逐步形成对于交通与能源内在联系、作用机理以及治理措施全方位的体系架构,形成本书的雏形。在此基础上,依托重庆交通大学交通与能源课程团队,力推交通与能源类通识课程建设,于交通工程、交通管理及相关专业进行授课实践,进一步积累了更多的素材资源及学生的实际反馈,集合多位深耕交通领域的专家学者组成编写团队,共同完成了本书的编写工作。

本书是在依照大交通背景下,将"以能源视角看交通,以交通发展看节能减排"作为核心思想,通过从科技、经济、政策、法律、社会等多维视角,将交通发展、交通节能、交通规划、交通设计、交通建设、交通运营、交通管理、交通文明、交通文化、交通信息等有机结合为一体,全面、系统、综合阐述了低碳、绿色交通的最新研究成果,对交通各领域的能耗结构、能耗特点、作用机制等做了详尽的分析,并针对性地提出行之有效的节能减排对策。全书分为9个专题,每个专题为"引言+正文+总结+拓展资料"构成形式,希望通过新颖的编写架构,清晰罗列主要观点,方便读者查阅与学习。

全书由重庆交通大学、华南理工大学共同编写,杨林教授、温惠英教授担任本书主编,其中,杨林编写专题1、专题2,何义团编写专题3,温惠英编写专题4、专题5,杨亚璪、朱嘉编写专题6,陈坚编写专题7、专题9,蒋军编写专题8,杨林完成全书统稿工作。同时感谢协助本书编写的其他人员。

在本书编写过程中参考借鉴了大量国内外文献与书籍,在此,谨向原作者表示崇高的敬意和由衷的感谢!

由于作者水平有限,书中难免有错漏之处,恳请读者批评指正。

编 者
2016年5月

目 录

专题1　交通发展与能源 ·· 1
　引言 ·· 1
　1.1　交通与人类发展 ··· 1
　1.2　中国交通运输发展概况 ··· 4
　1.3　能源发展与趋势 ·· 12
　1.4　交通能源消费 ··· 26
　总结 ·· 35
　拓展资料：国外绿色交通发展战略 ·· 36
　本专题参考文献 ··· 38

专题2　交通发展与碳排放 ·· 39
　引言 ·· 39
　2.1　气候变化与碳排放 ·· 39
　2.2　交通碳排放计算方法 ··· 51
　2.3　世界交通碳排放特征与趋势 ··· 54
　2.4　中国交通碳排放特征与趋势 ··· 62
　总结 ·· 66
　拓展资料：应对气候变化国际合作与碳交易 ·· 67
　本专题参考文献 ··· 69

专题3　绿色汽车 ··· 70
　引言 ·· 70
　3.1　燃油汽车能耗与排放 ··· 70
　3.2　燃油汽车节能减排技术 ·· 78
　3.3　新能源汽车 ·· 87
　总结 ·· 98
　拓展资料：新能源汽车的出路在哪里 ··· 99
　本专题参考文献 ·· 100

专题4　绿色交通 ·· 101
　引言 ··· 101
　4.1　绿色交通 ·· 101
　4.2　绿色交通规划 ·· 103
　4.3　绿色交通建设 ·· 112
　4.4　绿色交通管理 ·· 119

总结 125
　　拓展资料：渝蓉高速公路(重庆境)全生命周期的绿色低碳技术 125
　　本专题参考文献 127

专题5　城市绿色交通 129
　　引言 129
　　5.1　城市交通面临的困境 129
　　5.2　城市绿色交通理论 136
　　5.3　城市绿色交通发展对策 141
　　总结 152
　　拓展资料：巴西库里蒂巴市的快速公交系统 152
　　本专题参考文献 154

专题6　道路交通节能减排 155
　　引言 155
　　6.1　道路交通的重要地位 155
　　6.2　道路交通能耗与碳排放 161
　　6.3　道路交通节能减排措施 164
　　总结 174
　　拓展资料：甩挂运输 174
　　本专题参考文献 177

专题7　低碳铁路运输 178
　　引言 178
　　7.1　铁路——绿色交通的骄傲 178
　　7.2　低碳铁路政策与技术 185
　　7.3　中国高铁发展 191
　　总结 196
　　拓展资料：中国高铁发展 196
　　本专题参考文献 196

专题8　低碳水路运输 197
　　引言 197
　　8.1　国际水运能耗与碳排放 197
　　8.2　国际水运低碳措施 204
　　8.3　水运节能减排措施及典型技术分析 208
　　8.4　中国水运节能减排现状、措施及前景 215
　　总结 232
　　拓展资料：营运船舶燃料消耗限值标准 233
　　本专题参考文献 235

专题9　低碳航空运输 236
　　引言 236

9.1　世界航空业能耗与碳排放 ··· 236
9.2　航空低碳发展政策与技术 ··· 243
9.3　中国航空业低碳发展 ··· 248
总结 ·· 251
拓展资料：欧洲航空碳排放税 ·· 252
本专题参考文献 ··· 253

专题1 交通发展与能源

引 言

交通是人类文明演进的生命线,能源是人类赖以生存和发展的基础。在漫长的人类历史进程中,能源文明和交通文明密不可分,不断发展,成为社会经济文化活动的重要保障。伴随着能源由薪柴、煤炭、石油逐步走向可再生能源,交通也从步行、马车、轮船、汽车、火车、飞机,走向电动汽车、磁悬浮列车、超音速飞机、载人航天、全球互联网。公路、铁路、水路、航空、光缆编织出错综复杂的地球立体交通网络,支撑了人流、物流、信息流,促进了社会政治、经济、文化的发展与融合,使人类文明的触角延伸到各个角落。

交通是能源消费大户,是推动石油消费快速增长的主要因素。交通发展与能源短缺的矛盾日益凸显,交通运输可持续发展面临着严峻挑战。

1.1 交通与人类发展

1.1.1 交通的作用

交通是指运输工具在运输网络上的流动,运输是指人和物借助运力系统(运输线路、设施、工具)实现有目的的空间位移。交通和运输反映的是同一事物的两个方面,交通强调的是运输工具在运输网络上的流动状态,运输强调的是运量、运距。现代交通运输方式主要有铁路运输、公路运输、水路运输、航空运输和管道运输。

纵观人类发展历程,交通的发展与生产力、文明的进程,呈现出明显的同步演进态势。交通的发展极大地推动着人类社会,特别是物质文明的快速发展,为人类社会政治、经济、文化发展提供了必要的支撑条件。古代交通的发展,支撑了人类从最初的迁徙,到近代欧洲大陆向美洲、非洲等地的扩张与移民。现代交通的发展,促进人类文化的大融合以及"地球村"的形成。交通运输已经成为当代经济社会的命脉,具有重要的社会、经济、政治和国防意义。

1)社会效益

作为服务产业,交通运输是现代社会的生存基础和文明标志,以提供服务的方式为人民生活和社会发展提供直接服务。交通运输业的发展,扩大了人们活动的范围,节省了人们出行的时间,改变了人们的生活方式,加快了城市化的步伐,保持城市的活力,推动了人类文明的进程。便利的交通运输网络更是全球化经济、文化交流与融合最重要的助推器。在发生自然灾难、战争等非常时期,交通在抢救危亡、恢复社会秩序方面的社会公益作用更为突出。

2) 经济作用

交通运输作为基础产业，是经济发展的基本需要、先决条件和桥梁纽带。交通运输的发展对社会经济类型的变化起着推动作用，可以从整体上改善城市经济的运行效率，提高整个社会的经济效益。它通过改善城市交通和区域运输联系，提供安全、迅速、准确、方便、经济的旅客和货物运输服务，把社会生产、分配、交换与消费各环节有机联系起来，满足市场经济发展对于商品生产、商品流通、国际商贸、资源流通的运输需求，培育发展大市场体系，推动当地经济发展。同时作为一个重要的独立生产领域，其自身创造了十分可观的经济价值。

3) 调控作用

交通运输是国家资源配置和宏观调控的重要工具，是国土开发、城市发展和经济布局的重要影响因素，对促进社会分工、大工业发展和规模经济的形成具有重要作用，在平抑物价、繁荣经济、扶贫救灾中发挥着重要作用。除了中心城市的作用外，通过若干条运输大通道，引导形成跨地区的经济区域和重点产业，优化生产力布局，优化资源配置，减少重复浪费，促进地区经济合理布局、协调发展。特别在一些生产规模大、运输量大的企业布局时，需要充分考虑运输经济性。当国民经济失调时，交通运输作为国家宏观调控工具的作用会更显得突出，如煤炭抢运、粮食调运等。

4) 国防意义

作为行使国家权力的神经和大动脉，交通既是国民经济的基础产业，也是保障军队作战的生命线，对促进国家经济建设、强边固防和保障未来战争胜利具有重要作用。中外战争实践表明，交通保障越来越成为战斗力聚合和增效的重要因素，以致对战争的进程和结局产生重要影响。发达的交通运输业，完善的交通网络，不仅是社会进步、经济发达的象征，也是国防实力的重要体现，关系民族存亡、国家安危。

1.1.2 交通发展历程

交通是随着人类生产和生活的需要而发展起来的，也是随着人类能源开发和利用的历史发展起来的。交通运输本身可以看作是人类社会重要的文化现象之一。同时，交通运输的发展对于改进社会的全貌产生着非常重要的影响。在漫长的人类社会发展历程中，从最初的人扛畜拉发展到现在的陆、海、空立体交通的演化过程，表明交通的进步同生产力发展、科学技术发展、文明演进呈现出同步的趋势。

1) 原始交通时期

远古人类大都沿河而居，只能徒步出行，运输依靠最原始的手提、头顶、肩挑、背扛等方式，活动范围有限，小国寡民，鸡犬相闻。约公元前6000年，独木舟、木排、木筏的出现，使人类活动范围跨越水域，扩散到大陆边缘的岛屿上。公元前5000年，北欧人已有鹿拉雪橇。公元前3000年，轮式推车应用于日常生活和战争中。到公元前2000年前后，以人力、畜力、风力、水力为动力，形成了"陆上靠车马、水上靠舟船"的最初交通体系。到18世纪，马车已经成为欧洲城市及乡村最重要的一种运输方式，国际贸易往来则主要依靠帆船。

先秦时期，我国古代交通初具规模，中原各国陆路交通纵横交错。秦汉时期，水陆交通形成全国网络，挖掘的灵渠把长江水系和珠江水系连接起来，开辟了陆上和海上"丝绸之路"，促进了东西方的经济、政治、文化交流。隋唐时期,我国水陆交通快速发展,形成全国驿路系统,完成了南北交通大动脉——京杭大运河,形成了民间国际商贸通道——"茶马古道"。宋元时期,古代交通进入鼎盛时期,开辟了以海运为主的漕运路线。明清时期,出现了造船高峰,郑和七下西洋到达西亚和东非,把我国古代航海活动推向了顶峰。通过陆路与海上交通,古代中国的许多发明得以传播到西方,影响了整个世界文明的进步。

古希腊借助航海与贸易发展成为古代文明高峰。古罗马通过建造通向四面八方的栈道,实现政治统治与经济文化往来。1492年哥伦布远航美洲发现"新大陆",1521年麦哲伦完成人类史上第一次环球航行,推动了全球范围内移民、贸易、文化交流。

2) 蒸汽机交通时期

1785年英国人瓦特改良蒸汽机之后,产生了近代交通工具,交通运输进入以蒸汽机为代表的近代交通时代,进入了近代交通时代。1769年法国炮兵卡格诺研制出第一辆蒸汽三轮汽车。1825年英国的嘉内公爵制造了第一辆正式运营蒸汽公共汽车。1807年美国人富尔顿研制成第一艘汽船,推动密西西比河成为美国内陆交通主动脉,开创了以机械为动力的交通运输新纪元。蒸汽机船因其运能大、成本低而在早期工业化国家迅速发展,成为19世纪上半叶交通运输发展的重点。同时,这些国家大规模地整治航道、开凿运河、连通水网、兴建港口,使得水路运输在较短时期内取代了以畜力为动力的陆上运输,成为货物运输的主力,促进了沿江沿河的产业布局。

1804年英国人德里维斯克造出了第一台货运蒸汽机车,1825年英国建成世界上第一条铁路,1830年美国第一条铁路建成通车,交通运输进入了"铁路时代"。铁路运输一经问世,便以高速度、大运能、全天候等特点确立了陆上运输优势,迅速取代水路运输而垄断客货运输长达一个世纪之久,也打破了依赖江河的产业布局。1863年,英国伦敦建成了世界上第一条地铁。1879年,德国人西门子制造出一台小型电力机车,电力机车从此发展起来。

3) 内燃机交通时期

1883年德国人戴姆勒成功制造出第一台汽油机,1886年奔驰和戴姆勒相继制成了内燃机三轮、四轮汽车。内燃机的发明及应用引起了交通运输的一场革命,进入汽车和航空运输大发展时期,世界能源也进入"石油时代"。

1892年德国工程师狄塞尔试制成第一台柴油机,在船舶、机车和载重汽车上得到广泛应用。1902年法国建造了一艘柴油机海峡小船,20世纪中叶柴油机成为船舶的主要动力装置。1894年德国研制出第一台汽油内燃机车。1925年美国新泽西州使用了第一辆柴油机机车。

1865年美国宾夕法尼亚州建成第一条原油输送管道,随着石油和天然气开采量的增加,现代的管道运输开始发展起来。

1903年美国莱特兄弟将人类的飞天梦想变为现实。从此,飞机为人类进步与发展插上了翅膀,加快了社会运转的速度,改变了人们的时空观,将人们的活动范围从陆地、海洋扩展到天空,对世界政治、经济、军事,乃至人们的生活方式产生了重大影响。

汽车的发明大大延伸了人类个体交通的范围,形成了支撑世界经济的汽车工业和服务业,促进了以高速公路为代表的现代道路网的形成,汽车文明已经成为现代化社会的标志之一。由于公路运输机动灵活、迅速方便,"门到门"的比较优势明显,使其在与铁路和内河运输的竞争中逐步取得了优势,所占市场份额迅速提高。20世纪30年代末,德国研制高速汽车,同时开始修建高速公路。美国在1939年修建了高速公路。20世纪30—50年代,各国进一步改善公路条件,开始高速公路和干线公路的规划,电气化铁路、高等级公路、超音速飞机迅速发展,小汽车大量进入家庭成为中短途主要交通出行方式,飞机成为中长途客运主要出行方式,公路运输在客货运输市场均跃居主导地位,铁路运输在长途运输方面,内河运输在大宗散货运输方面保住了部分市场份额。

4) 现代交通时期

20世纪70年代后,随着环境污染、资源枯竭、生态破坏问题的日益突出,特别是1973年和1979年爆发的两场石油危机,对公路大发展所带来的世界运输结构提出了新的挑战,交通运输开始转向可持续发展方向。20世纪80年代后,科技进步极大地促进了运输结构的升级,使旅客运输走向高速化和舒适化,货物运输走向专业化和重载化。高速公路、豪华客车、高速铁路、重载列车、大型船舶、专用码头和宽体客机等迅速发展,各种运输方式内部组成层次明显提高并走向成熟。

一方面,综合运输体系更加受到重视和发展,大型运输枢纽和组织协调系统得到快速发展。各种运输方式之间开始积极主动寻求衔接和配合,按其技术经济特点组成分工协作、有机结合、连续贯通、布局合理的交通运输综合体。另一方面,智能交通系统(Intelligent Transportation System, ITS)的广泛应用,引起了交通运输领域的革命性变化,推动了信息、通信、控制、新能源和汽车技术在交通运输平台上的融合和集成应用,以提高交通运输效率,缓解交通阻塞,提高路网通过能力,减少交通事故,降低能源消耗,减轻环境污染。特别是轨道交通作为一种相对环保的运输方式重新得到重视,高速铁路和城市及城际轨道交通快速发展,内河运输也重新受到关注。

现代交通运输在给人类社会带来巨大经济和社会效益的同时,也不可避免地带来了能源消耗过大、空气污染严重、破坏生态环境、交通拥堵及事故频发等问题。从交通运输发展阶段及特点(表1-1)可见,在交通运输效率飞速提高的同时,与"绿色"却越来越远了。特别是石油时代交通发展,留给人类种种必须面对和亟待解决的难题。

交通运输发展阶段及特点　　　　　　　　　　　　　　　　　表1-1

发展阶段	年代	交通特点	动力特点	能源特点
原始发展阶段	18世纪前	路上靠车马,水上靠舟船,运能小、效率低	人力、畜力、自然力	无能耗,环保
初级发展阶段	18世纪后半叶—19世纪30年代	内河运输为主、低成本、大运量、低速度	蒸汽机、内燃机	低能耗,环保
	19世纪30年代—20世纪30年代	铁路运输为主、高速度、大运量、全天候	蒸汽机、内燃机、电力	低能耗,环保
中级发展阶段	20世纪30年代—20世纪60年代	水路、铁路、公路、航空、管道等各种运输方式竞相发展	内燃机、电力	较高能耗,较高污染
高级发展阶段	20世纪70年代后	综合运输体系、智能交通系统快速发展	内燃机、电力及新能源	高能耗,高污染

1.2　中国交通运输发展概况

1.2.1　基础设施

20世纪90年代以来,中国交通运输业持续快速发展,交通基础设施建设突飞猛进,公路、铁路、水路、航空、管道运输网络的规模和能力迅速扩大,结构不断优化。目前,我国公路总里程、港口吞吐能力、内河通航里程等多项指标均居世界第一(表1-2)。

交通基础设施　　　　　　　　　　　　　　　表1-2

年份	公路 (万 km)	高速公路 (万 km)	铁路 (万 km)	内河航道 (万 km)	民航航线 (万 km)	民用运输机场 (个)	油气管道 (万 km)
2005	334.52	4.10	7.54	12.33	199.85	142	4.40
2006	345.70	4.53	7.71	12.34	211.35	147	4.81
2007	358.37	5.39	7.80	12.35	234.30	152	5.45
2008	373.02	6.03	7.97	12.28	246.18	160	5.83
2009	386.08	6.51	8.55	12.37	234.51	165	6.91
2010	400.82	7.41	9.12	12.42	276.51	175	7.85
2011	410.64	8.49	9.32	12.46	349.06	180	8.33
2012	423.75	9.62	9.76	12.50	328.01	183	9.16
2013	435.62	10.44	10.31	12.59	410.60	193	9.85

数据来源:国家统计局"国家数据",交通运输部《2013年交通运输行业发展统计公报》,统计数据未包括中国香港、澳门及中国台湾地区。

1) 公路

1990—2013 年,我国公路总里程由 103 万 km 增加到 435 万 km,居世界第一。其中,二级以上公路比重由 4.5% 增加到 12.1%;公路桥梁达 73.53 万座、3977.80 万 m,公路隧道为 11359 处、960.56 万 m。高速公路从无到有,建成了 10.44 万 km 的世界最大规模高速公路系统。高速公路覆盖全国 90% 以上的中等城市,普通干线公路基本实现对县级及以上行政区的连接和覆盖,农村公路通达几乎所有的乡镇和建制村。规划到 2030 年建成 11.8 万 km 横连东西、纵贯南北的"71118"国家高速公路网(图 1-1,包括 7 条首都放射线、11 条南北纵向线和 18 条东西横向线)。

2) 铁路

1990—2013 年,全国铁路营业里程由 5.3 万 km 增加到 10.3 万 km,居世界第二。2006 年建成了全长 1142km 的世界海拔最高、线路最长的高原铁路—青藏铁路。自 2002 年建成运营秦沈客运专线后,中国步入"高铁时代"。截至 2013 年,时速 200km 以上的高速铁路新线里程已经超过 1.3 万 km,已经建成了世界上最大规模及最高运营速度的高速铁路网。规划到 2020 年,铁路营业里程将达到 12 万 km 以上,建成以"四纵四横"为骨架的 4 万 km 以上全国快速客运网(图 1-2),连接所有省会城市和 50 万人口以上城市,覆盖全国 90% 以上人口。

3) 水路

1990—2013 年,全国内河航道通航里程由 10.94 万 km 增加到 12.59 万 km,位居世界第一,等级航道 6.49 万 km,占 51.6%。主要分布在长江、珠江、黄河、黑龙江水系。其中,三级及以上航道 1.02 万 km,五级以上航道 2.76 万 km,分别占总里程的 8.1% 和 21.9%。全国港口拥有生产用码头泊位 31760 个。其中,沿海港口生产用码头泊位 5675 个,内河港口生产用码头泊位 26085 个。规划到 2020 年,我国将基本建成 1.9 万 km 高等级航道,全国内河三级及

交通与能源

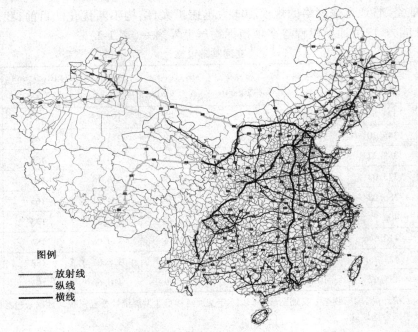

图1-1 "71118"国家高速公路网

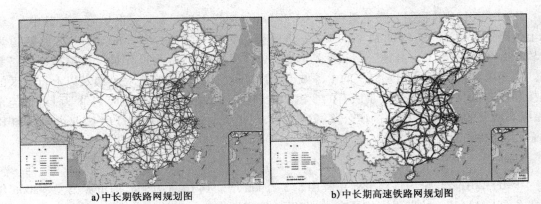

a) 中长期铁路网规划图　　　　　　b) 中长期高速铁路网规划图

图1-2　中长期铁路网及快速铁路网规划图

以上航道里程达到1.4万km。

4）航空

1990—2013年,我国境内定期航班航线由437条增加到2876条,定期航线里程由50.7万km增长到410.6万km(按不重复距离计算),民用运输机场由94个增加到193个,定期航班通航城市达到188个,成为全球第二大航空运输系统。规划到2020年,民用机场将达244个。

5）管道

2004年我国油气管道还不到3万km。截至2013年,已建成天然气管道6万km,原油管道2.6万km,成品油管道2万km,形成了横跨东西、纵贯南北、连通海外的油气管网格局,成为推动我国经济发展和造福民生的能源动脉。我国距离最长、口径最大的输气管道——"西气东输"工程于2004年全线建成投产,把西部新疆等地丰富的天然气输往能源紧缺的上海等东部地区。中缅原油管道、中俄原油管道、中亚天然气管道等陆上油气管道的建设,改善了我国石油进口过于依赖海运的格局。规划到2020年,油气管道总里程将超过15万km,形成资源多元、调运灵活和供应稳定的全国能源保障系统。

6)城市公交

截至2013年,全国公共汽电车运营线路总长度达57.5万km,公交专用车道5255.8km,全国共批准了36个城市的轨道交通建设规划,并已全部开工建设。2005—2014年,中国内地拥有轨道交通的城市从8座发展到22座,运营线路由17条增加到95条,运营里程由381km增加到2900km,运营车站由273座增加到1900多座。预计到2020年,拥有轨道交通的城市将达到50个,运营里程近6000km;到2050年,拥有轨道交通的城市将达到100个,运营里程达4.5万km。

尽管中国交通网规模位居世界前列,但路网稀疏,东密西疏,与我国人口、国土面积和经济发展水平不相称。路网数量相对较少、结构不合理等因素仍然是制约经济发展的瓶颈,特别是中西部发展尤为薄弱。截至2013年底,全国公路密度为45.38km/百km^2,铁路路网密度107.4km/万km^2。高速公路每万km^{2}和每万人拥有量约为欧洲的1/3,铁路每万km^{2}和每万人拥有量大概相当于欧洲的1/8。中国机场密度也不高,而且中小机场占了七成以上。我国管道运输虽然取得了很大成绩,但与全球145万km的管道总长度相比则实在太少,仅占1%左右。

1.2.2 运输工具

2005—2013年,除水运外,公路、铁路、民航等运输工具保有量都保持较快增长(图1-3)。其中,民用汽车拥有量由3159.66万辆增长到1.27亿辆,增长了3.02倍;公路营运汽车由733.22万辆增加到1504.73万辆,增长了1.05倍;民用运输飞机数量由863架增加到2145架,增长了1.49倍;国家铁路客车由4.03万辆增加到5.68万辆,增长了0.41倍;国家铁路货车由54.18万辆增加到71.55万辆,增长了0.32倍;国家铁路机车拥有量由1.65万台增加到1.97万台,增长了0.19倍;民用机动船净载重量由9075.64万t增加到2.34亿t,增长了1.58倍。

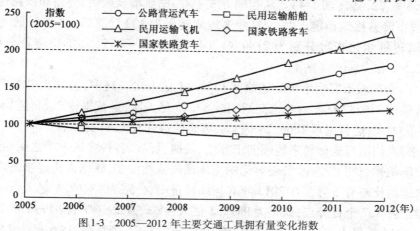

图1-3 2005—2012年主要交通工具拥有量变化指数

数据来源:国家统计局"国家数据"。公路为经营性客运量,铁路不含城市轨道交通,民航不含国际航线。

截至 2013 年,全国城市及县城拥有公共汽电车 50.96 万辆,其中 BRT 车辆 4484 辆;拥有轨道交通运营车辆 14366 辆,其中地铁车辆 12971 辆、轻轨车辆 1253 辆;拥有出租汽车运营车辆 134 万辆,城市客运轮渡 422 艘。2012 年交通工具拥有量如表 1-3 所示。

表 1-3 2012 年交通工具拥有量

类别	单位	拥有量	备注
民用汽车	万辆	12670.14	载客汽车 8943.01 万辆、载客汽车 1894.75 万辆
公路营运汽车	万辆	1504.73	载货汽车 1419.48 万辆、9613.91 万 t;载客汽车 85.26 万辆、2170.26 万客位
公共汽电运营车辆	万辆	47.49	柴油车、天然汽车、汽油车分别占 64.5%、18.2% 和 5.0%
出租汽车运营车辆	万辆	129.97	
轨道交通运营车辆	辆	12611	地铁车辆 11225 辆、轻轨车辆 1247 辆
国家铁路机车	万台	1.96	和谐型大功率机车 6045 台,内燃机车占 48.8%,电力机车占 51.2%
国家铁路客车	万辆	5.58	空调车 4.34 万辆,占 77.8%
国家铁路货车	万辆	66.43	
民用运输飞机	架	1941	大中型飞机 1769 架、小型飞机 172 架
内河运输船舶	万艘	16.52	净载重量 9381.58 万 t,平均净载重量 568t/艘,载客量 81.65 万客位,集装箱箱位 18.98 万 TEU
远洋运输船舶	艘	2486	净载重量 6523.25 万 t,平均净载重量 5959t/艘,载客量 18.90 万客位,集装箱箱位 22.72 万 TEU

数据来源:国家统计局"国家数据",交通运输部《2013 年交通运输行业发展统计公报》,中国民用航空局《2013 年民航行业发展统计公报》。

1.2.3 客运状况

经济发展促使旅客出行需求明显提高,客运量不断上升,尤其是季节性客运和假日客运需求增幅较大。1990—2012 年,中国客运量与客运周转量(运送旅客数量与平均运距的乘积)均持续快速增长,分别由 77.3 亿人、5628.4 亿人·km 增加到 380.4 亿人、33383.1 亿人·km,年均增长 17.8%、22.4%(图 1-4)。从运输方式上看,民航增长最快,公路和铁路保持较快增长,而水运明显下降并逐渐稳定。以 1990 年客运周转量为 100 计算,2012 年民航、公路、铁路、水运的客运周转量变化指数分别为 2180.4、704.8、375.6 和 77.5,年均增长分别为 94.6%、27.5%、12.5% 和 -1.0%(图 1-5)。

2012 年,全国城市客运系统运送旅客 1228.44 亿人次。其中,公共汽电车完成 749.80 亿人次,运营里程 346.82 亿 km;轨道交通完成 87.29 亿人次,运营里程 2.81 亿 km;出租汽车完成 390.03 亿人次,运营里程 1566.28 亿 km;客运轮渡完成 1.31 亿人次。

近年来,人们出行选择越来越倾向于方便、快捷、舒适,各种客运方式之间的竞争越来越激烈,客运市场结构也明显变化,公路客运的主体地位依然没变,铁路占比逐步下降,民航占比稳步上升,水运占比略有下降。在 2012 年客运周转量中,公路为 18467.5 亿人·km,占 55.3%,较 1990 年上升 8.7 个百分点;铁路为 9812.3 亿人·km,占 29.4%,较 1990 年下降 17 个百分点;民航为 5025.7 亿人·km,占 15.1%,较 1990 年上升 11 个百分点;水运为 77.5 亿人·km,占 0.23%,较 1990 年下降 2.7 个百分点(图 1-6)。

专题1　交通发展与能源

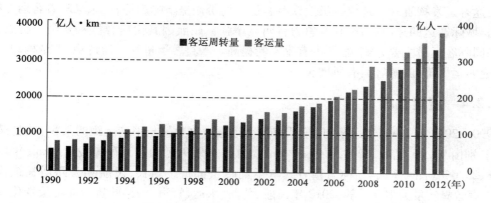

图1-4　1990—2012年客运量与客运周转量

数据来源：国家统计局"国家数据"。公路为经营性客运量，铁路不含城市轨道交通，民航不含国际航线。

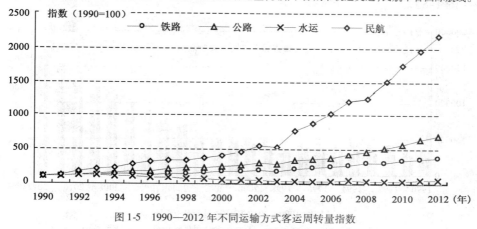

图1-5　1990—2012年不同运输方式客运周转量指数

数据来源：国家统计局"国家数据"。

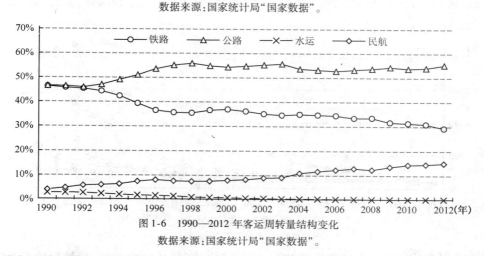

图1-6　1990—2012年客运周转量结构变化

数据来源：国家统计局"国家数据"。

　　随着高速路网结构的日渐优化，公路快速客运得到较快发展。中国人口众多，地域广大，汽车客运具有覆盖面大、机动灵活、方便快捷以及"门对门"运输的优势，在相当长的时间内，仍然是客运不可或缺的主要运输方式。铁路客运具有运量大、速度高、行程长、运价低等优点，在中长途客运发挥着骨干地位。虽然铁路客运市场份额呈下降趋势,但未来随着客运专线、高速铁路、城际客运的建设运营,其竞争力将明显增强。民航因其快捷、舒适、安全等特点,成为长途和国际客运最主要方式,客运占有率不断提高。水路客运量基本保持稳定,结构却不断调整,普通客运下降,旅游客运有所增长。

1.2.4 货运状况

1990—2012 年,中国货运量与货运周转量(运输货物数量与平均运距的乘积)均持续快速增长,分别由 97.06 亿 t、26208.0 亿 t·km 增加到 409.9 亿 t、173771.0 亿 t·km,年均增长 14.8%、25.6%(图 1-7)。五种运输方式货运周转量都持续增长,民航和公路增长最快。以 1990 年货运周转量为 100 计算,2012 年民航、公路、水运、管道、铁路的货运周转量变化指数分别为 2003.5、1772.9、656.1、506.7 和 274.8,年均增长分别为 86.5%、76.0%、25.3%、17.7% 和 7.9%(图 1-8)。

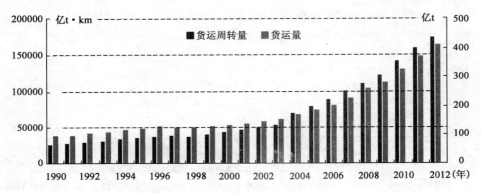

图 1-7 1990—2012 年货运量与货运周转量

数据来源:国家统计局"国家数据"。2008 年后公路为经营性货车运量和周转量,民航不含国际航线,水运不含远洋。

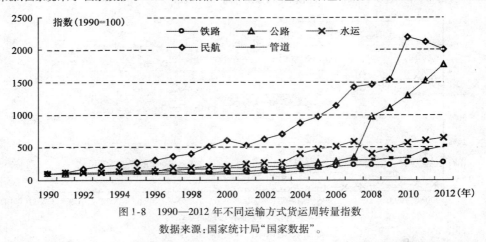

图 1-8 1990—2012 年不同运输方式货运周转量指数

数据来源:国家统计局"国家数据"。

随着我国多种经济的发展和经济结构、产业结构、产品结构的调整,货物运输市场需求和结构发生了很大的变化。铁路货物运输虽然运量逐年增长,但市场份额却逐年下降。零散货物大量流向公路,相当一部分由铁路运输的大宗物资改走公路和水运。从货运量上看,公路占货运市场主体地位,从 1990 年的 72.4 亿 t 增长到 2012 年的 318.8 亿 t,增长 4.4 倍,公路货运量一直占总货运量的 75% 左右。从货物运输周转量上看,1990—2007 年货运周转量结构变化主要为水运增加和铁路下降,公路、民航、管道所占比例变化不大。2008 年公路货运周转量统计口径调整后,水运绝对数列第一,公路货运周转量增长速度最快。在 2012 年货运周转量中,公路为 59534.9 亿 t·km、占 34.3%,较 2008 年上升 4.5 个百分点;铁路为 29187.1 亿 t·km、占 16.8%,较 2008 年下降 6 个百分点;水运为 81707.6 亿 t·km、占 47.0%,管道为 3177.0 亿 t·km、占 1.83%,航空为 163.89 亿 t·km、占 0.09%,占比变化甚微(图 1-9)。

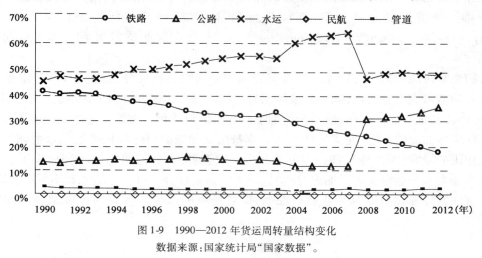

图 1-9　1990—2012 年货运周转量结构变化

数据来源:国家统计局"国家数据"。

1.2.5　运输强度

1999—2012 年,中国客货运输强度快速增长。其中,客运强度由 492 人·km 增加到 2465 人·km,年均增长 18.2%;货运强度由 2292 t·km 增加到 12833 t·km,年均增长 20.9%。相比之下,客运强度增长与人均 GDP 增长之间关联性更强(图 1-10)。客运方面,民航运输强度增长最快,其次为公路和铁路,水运有所下降。货运方面,增长速度由大到小依次为民航、水运、公路、管道、铁路。

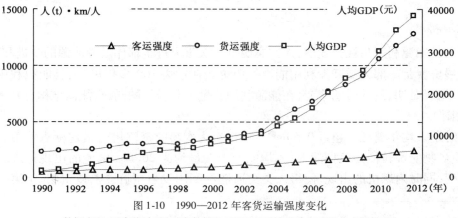

图 1-10　1990—2012 年客货运输强度变化

数据来源:国家统计局"国家数据"。2008 年后公路为经营性货车周转量。

1.3 能源发展与趋势

1.3.1 能源发展

1) 能源分类

能源是自然界中能为人类提供某种形式能量的物质资源,是人类生存和社会经济发展的物质基础。经济发展消耗能源,能源消耗破坏环境,环境破坏抑制经济发展,"能源(Energy)—经济(Economy)—环境(Environment)"3E 协调发展是 21 世纪人类可持续发展重大课题。

人们通常按能源的形态特征或转换与应用的层次对其进行分类(图 1-11)。世界能源委员会推荐的能源类型分为固体燃料、液体燃料、气体燃料、水能、电能、太阳能、生物质能、风能、核能、海洋能和地热能。其中,前三个类型统称化石燃料或化石能源。地球上的能源按来源分为地球外天体的能源(主要是太阳能),地球本身蕴藏的能源(核能、地热能等),地球与其他星体相互作用的能源(潮汐能);按产生方式分为一次能源(天然能源)二次能源(人工能源);按利用程度分为常规能源和新型能源;按消耗后的可恢复性分为可再生能源和不可再生能源;按能源本身性质分为燃料能源和非燃料能源;按对环境的污染情况分为污染型能源和清洁型能源。

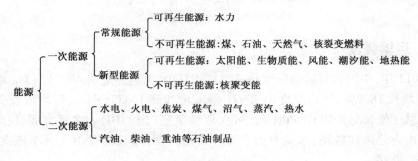

图 1-11 能源分类

2) 能源利用

纵观人类能源利用与社会发展,人类文明每一次重大进步都伴随着能源的改进和更替,人类社会发展史就是一部人类开发利用能源的历史。在过去 100 多年里,人类能源利用经历了薪柴时期、煤炭时期、石油时期演变,在能源利用总量不断增长的同时,能源结构也在不断变化(图 1-12、图 1-13)。

薪柴时期人均年消耗不超过 0.5toe❶。以煤炭为燃料的蒸汽机的出现标志着第一次能源大转换,使矿物能源转换为机械动力,人均能源消费量约为 20toe。电能的出现标志着第二次能源大转变,同时内燃机的出现,使得人类交通能源利用发生了巨变。以 1973 年第一次世界

---

❶ 吨油当量(ton oil equivalent,toe),按标准原油热值计算各种能源量的换算指标,1kgoe = 10000kcal = 41868kJ。

石油危机为起始点,进入了第三次能源大转变,从煤、石油、天然气为主导的化石能源转向新能源与可再生能源利用新时期。

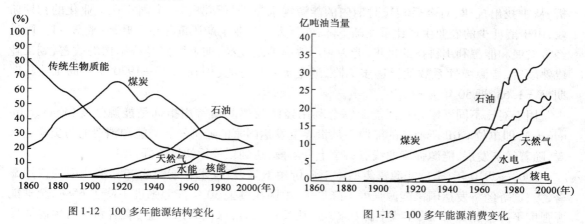

图1-12　100多年能源结构变化　　　　　　　图1-13　100多年能源消费变化

2004年,欧洲联合研究中心(JRC)根据各种能源技术的发展潜力及其资源量,对未来100年能源需求总量和结构变化做出预测:化石能源消耗总量将于2030年出现拐点,可再生能源比重将不断上升,于2020年、2030年、2050年和2100年将分别达到20%、30%、62%和86%(图1-14)。

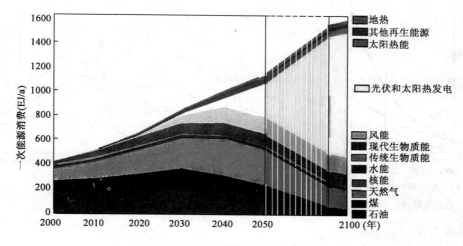

图1-14　未来100年世界能源结构变化预测
数据来源:欧盟联合研究中心(JRC),2004。

3) 能源与经济

能源对国民经济、国家安全、生态环境、人民生活和文明均有重大影响,是当代社会与经济生活中的一个核心的问题。能源既是经济的一部分,又是经济的命脉。人类社会对能源的需求,首先表现为经济发展对能源的需求。能源承载能力制约着经济社会的发展速度、结构和方式。长期以来,能源一直是促进或制约各国、各地区经济发展的主要因素。一般情况下,能源消耗总是随着经济增长而增长,并且在大多数时期基本上存在一定的比例关系(图1-15)。目前,国内外比较通用的评价指标是能源消费弹性系数 E (Energy Elasticity Coefficient),即能源消费量年均增长率与国民生产总值年均增长率的比值。

利用能源弹性系数 E,可以对一个国家或地区的能源消费与经济增长之间的关系进行分析,从中找出规律,对今后较长时期内的能源需求量进行预测。一个国家在工业化的初期阶段,由于能耗少的农业生产比重逐渐下降,能耗大的工业生产比重逐步上升,一般 $E>1$。随着经济发展和能源利用科技的进步,能源利用效率不断提高,加上国民经济结构的改善,到工业成熟以后,能源弹性系数就会逐步下降,通常 $E<1$。如美国在 1880—1920 年转向工业化时期,$E=1.65$,近 50 年 $E=0.76$。

用于对比不同国家和地区能源综合利用经济效率的最常用指标是能源强度(Energy Intensity),即单位 GDP 所消耗的能源。从世界上发达国家的经济发展与能源消费的历史轨迹来看,随着经济发展,能源强度曲线有一个上升阶段,达到顶峰后快速下降。

2000—2010 年,全球能源密集型重工业份额下降,新技术在能源生产和消费中的应用显著,美、德等经济发达国家能源强度下降显著,中国在过去 30 年能源强度下降了 65%,全球能源强度下降了约 20.5%,年均下降 0.8%。从长远来看,绿色新兴产业、清洁和可再生能源发展,将促使全球能源强度继续下降。英国石油公司(British Petroleum,BP)预测,到 2030 年全球能源强度将比 2011 年降低 31%(图 1-16)。

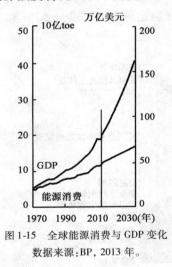

图 1-15 全球能源消费与 GDP 变化
数据来源:BP,2013 年。

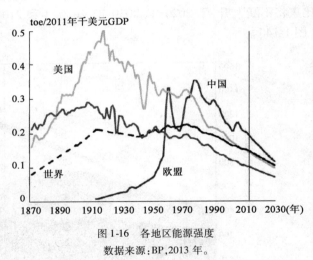

图 1-16 各地区能源强度
数据来源:BP,2013 年。

4)能源安全

能源安全是指在国家经济发展的一定时期内,保障能源持续、及时、足量地满足国民经济和社会发展的需要,并且保持价格的可接受性、发展的可持续性和国家政治的稳定性。能源是一项重要的战略资源,能源安全涉及国内与国际、供给与需求、经济与环境、法律与科技等多个方面。能源安全主要取决于经济对能源的依赖程度、能源价格、国际能源市场以及应变能力(包括战略储备、备用产能、替代能源、能源效率、技术力量等)。

能源安全问题实质上并不是总量严重不足的问题,而是世界能源资源如何合理有效配置的问题。能源赋存的地域性和结构性不平衡,决定了能源的跨国流动性和能源贸易的国际性。能源安全属性主要体现在经济安全、环境安全和国家安全。

经济安全是对国家、民族的经济利益的维护和拓展。提高能源效率,可以以较低的能源消费支持快速的经济增长。能源安全中最重要的是石油安全,随着国际石油价格暴涨(图1-17)和石油进口依存度❶的提高,大量进口石油可能对国际收支平衡产生严重影响。油价上升带来生产成本的提高,形成较为强烈的通货膨胀预期,造成更大范围的企业成本增加,从而降低了企业的国际竞争力。

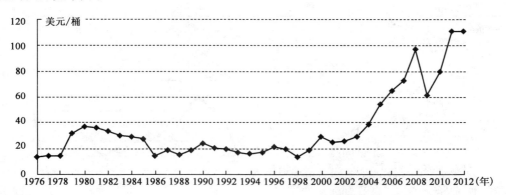

图1-17　1976—2013年伦敦布伦特(Brent)原油现货价格变化

数据来源:BP,2013年。

煤炭的使用产生了严重的环境污染问题,工业化国家都采用了以油气燃料为主的能源路线。在环境保护浪潮的影响下,控制、稳定甚至减少温室气体的排放量已经成为环境安全的首要目标。环境安全在国际能源安全中的地位日益凸显,环境问题对国际能源工业、市场需求和价格走势的影响越来越大。

能源安全是国家安全的基石,国家安全是能源安全的价值归属。能源既是各国政治与外交政策的主要目标,也是各国政治与外交政策的主要手段。冷战结束以来,石油资源主导权的争夺更趋复杂难料,成为21世纪国际冲突与战争的根源。

1.3.2　世界能源资源、消费特征与趋势

1)世界能源资源

截至2012年,世界主要能源资源储量和产量如表1-4所示。世界石油探明储量2350.8亿t,满足52.9年的生产需要,石油产量41.189亿t,消费量41.305亿t。其中,石油输出国组织成员国(OPEC)石油储量占世界储量的72.6%,中东地区国家占48.4%(图1-18),中南美洲的储产比为全球最高,超过120年(图1-19)。世界石油储量前5位国家为:沙特362亿t、加拿大184亿t、伊朗181亿t、伊拉克157亿t、科威特138亿t。

2012年世界主要能源资源储量和产量　　　　　　　　　表1-4

能源类别	探明储量	储产比①(年)	产量
石油	2350.8亿t	52.9	41.189亿t
天然气	187.3万亿m³	55.7	3.364万亿m³
煤炭	8609.38亿t	109	78.645亿t

注:①储量/产量,剩余储量可供开采的年限,用任何一年年底所剩余的储量除以该年度的产量。

---

❶　一个国家原油净进口量占本国石油消费量的比例,体现了石油消费对国外石油的依赖程度。

续上表

能源类别	探明储量	储产比(年)	产量
核能	—	—	5.604 亿 toe
水电	—	—	8.31 亿 toe
可再生能源	—	—	2.374 亿 toe

数据来源：BP,2013 年。其他可再生能源包括风能、地热、太阳能、生物和垃圾发电，一次能源包括石油、天然气、煤炭、核能、水电、可再生能源。

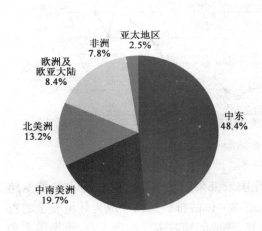

图 1-18　2012 年世界石油探明储量分布
数据来源：BP,2013 年。

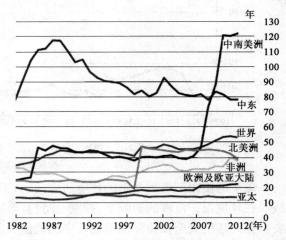

图 1-19　1982—2012 年世界石油储产比分布变化
数据来源：BP,2013 年。

截至 2012 年，世界天然气探明储量为 187.3 万亿 m^3，满足 55.7 年的生产需要，产量 3.364 万亿 m^3，消费量 3.314 万亿 m^3。其中，中东地区国家天然气探明储量和储产比全球最高，占总储量的 43.0%（图 1-20），储产比超过 120 年（图 1-21）。天然气可采储量前 5 国家为：伊朗（占世界总量的 17.9%）、俄罗斯（17.6%）、卡塔尔（13.4%）、土库曼斯坦（9.3%）和美国（4.5%）。中国天然气探明储量为 3.1 万亿 m^3，占世界总量 1.7%，可采 28.9 年。

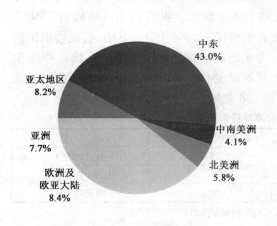

图 1-20　2012 年世界天然气探明储量分布
数据来源：BP,2013 年。

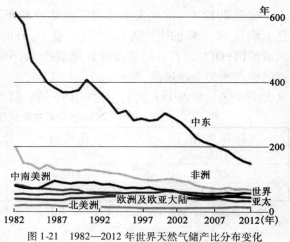

图 1-21　1982—2012 年世界天然气储产比分布变化
数据来源：BP,2013 年。

截至 2012 年,世界煤炭探明储量为 8609.38 亿 t,满足 109 年的生产需要,是储产比最高化石燃料。产量 78.645 亿 t,消费量 76.289 亿 t。其中,亚太地区国家煤炭探明储量最高,占总储量的 30.9%(图 1-22),北美洲、欧洲及欧亚大陆储产比全球最高,均超过 240 年(图 1-23)。煤炭储量前 5 名国家为:美国 2.37 千亿 t、俄罗斯 1.57 千亿 t、中国 1.145 千亿 t、澳大利亚 0.764 千亿 t、印度 0.606 千亿 t。

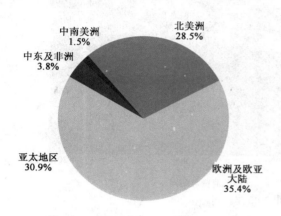

图 1-22　2012 年世界煤炭探明储量分布
数据来源:BP,2013 年。

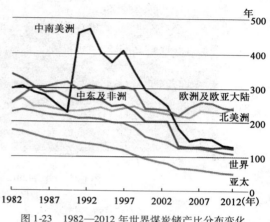

图 1-23　1982—2012 年世界煤炭储产比分布变化
数据来源:BP,2013 年。

截至 2012 年,世界上 30 多个国家或地区建有核电站,437 台机组运行,总装机容量 3.7 亿 kW。全球在建核电机组 68 台,装机容量约为 7069 万 kW。超过 70% 的在建核电机组集中在亚洲的中国、印度和欧洲的俄罗斯等国家。世界河流水能资源理论蕴藏量为 40 万亿 kW·h,技术可开发 14.37 万亿 kW·h,经济可开发 2.51 万亿 kW·h。目前世界水电资源利用率为 32.7%。2010 年,150 个国家拥有水电生产能力,发电量最多的是中国、巴西、美国、加拿大和俄罗斯,占全球的 52%。

2)世界能源消费特征与趋势

(1)一次能源消费总量持续增加

1950—2012 年,世界一次能源消费量从 17.1 亿 toe 增加到 124.77 亿 toe,增长 7.3 倍,年均增长 28.6%(图 1-24)。特别是进入 21 世纪后,世界能源消费增速明显加快,新兴经济体是驱动能源需求增长的主要来源,仅中国和印度即占增长的近 90%。

人口和收入增长是能源需求增长的关键驱动因素。2030 年世界人口预计将达到 83 亿,世界收入按实际价值计算预计约为 2011 年的 2 倍。BP 预测 2011—2030 年,世界一次能源消费预计每年增长 1.6%,到 2030 年将增加 36%(图 1-25)。其中,用于发电的能源消费增长 49%,占增长量的 57%;直接用于工业的一次能源消费将增长 31%,占增长量的 25%(图 1-26)。

(2)能源消费结构以化石能源为主并向绿色能源发展

2012 年世界一次能源消费量中,石油、煤炭、天然气等化石燃料占比达到 86.9%(图 1-27),核能、水电、可再生能源占比为 13.1%。在过去近 50 年间,化石燃料始终占主体地位,但石油所占份额已连续 13 年下滑,天然气占比逐步增加,目前已接近 1/4,煤炭以其价格低廉优势重新受到重视,水电占比较为稳定,核电和可再生能源占比缓慢提高。

交通与能源

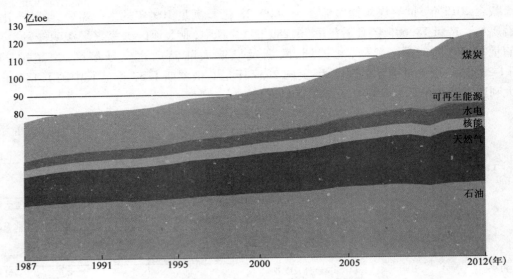

图 1-24　1987—2012 年世界一次能源消费与结构
数据来源：BP，2013 年。

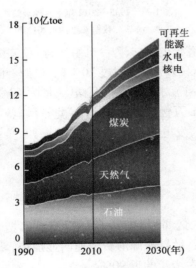

图 1-25　世界一次能源消费结构变化
数据来源：BP，2013 年。

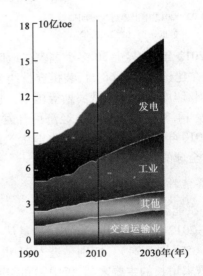

图 1-26　世界一次能源使用结构变化
数据来源：BP，2013 年。

价格、技术和政策推动着燃料结构的变化。2007—2011 年石油年均实际价格比 1997—2001 年期间高出 220%，煤炭价格上涨了 141%，天然气价格上涨了 95%。在石油资源日益枯竭和环境问题日益突出的背景下，清洁能源成为未来能源发展的重中之重。未来各种化石燃料的市场份额会在 26%~28% 区间趋同，各种非化石燃料的市场份额会在 6%~7% 区间趋同。天然气和非化石燃料的市场份额增加，煤炭和石油的市场份额下降（图 1-28）。

电力行业是全球能源增长的关键动力，2030 年的电力消费总量将比 2011 年高 61%。在 20 世纪 70 年代和 80 年代，高价石油被核电取代，并在一定程度上被煤炭取代。1990 年和

2000年,天然气和煤炭比重有所提高。2011—2030年,煤炭比重下降,天然气比重略有增加,而可再生能源开始大规模进入市场(图1-29)。

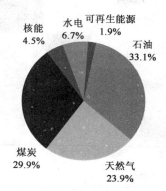

图1-27　2012年世界一次能源消费结构
数据来源:BP,2013年。

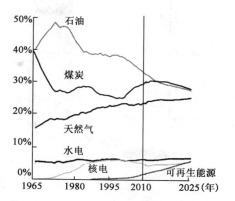

图1-28　世界一次能源消费结构变化
数据来源:BP,2013年。

美国能源信息署(Energy Information Administration,EIA)预测,2010—2040年世界一次能源消费量年均增速为1.5%,其中液体燃料增速为0.9%,核能和可再生能源增速最大达到2.5%;到2040年世界化石能源占比将从2010年的34%降至28%(图1-30)。

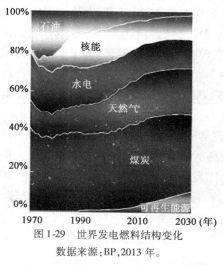

图1-29　世界发电燃料结构变化
数据来源:BP,2013年。

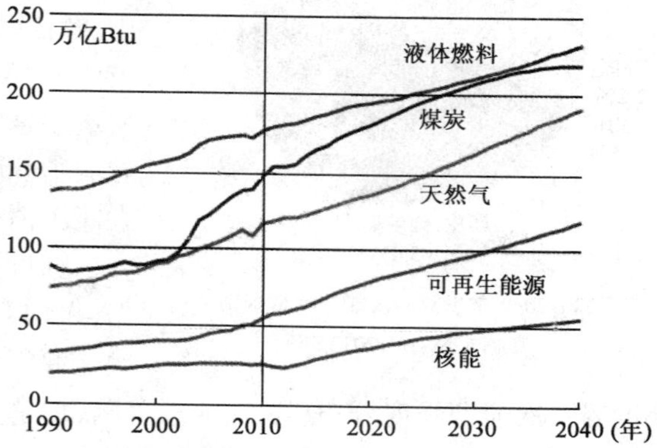

图1-30　世界各种一次能源消费量预测
数据来源:EIA,2013年。

BP公司预测,能源供应随着能源需求同步增长。到2030年,常规化石燃料供应将贡献近一半的能源供应增长;可再生能源供应将增长3倍以上,占全球能源供应增量的17%;水电与核电增量总和也将在增量中占17%;随着"页岩气革命"和"致密油革命"的到来,页岩气、致密油供应均增长3倍,两者将占据全球能源供应增量的近1/5(图1-31)。全球技术可开采的资源包括2400亿桶致密油和200万亿m^3页岩气,亚洲约有57万亿m^3的页岩气及500亿桶致密油,北美的页岩气和致密油储量则分别为47万亿m^3和700亿桶。

(3)能源消费地区、国家差异明显

世界能源消费东移趋势明显,亚太地区已超过欧、美,成为世界第一大能源消费区和第一大石油消费区。2012年,亚太地区占了全球能源消费总量40%,煤炭消费量达到全球总量的

交通与能源

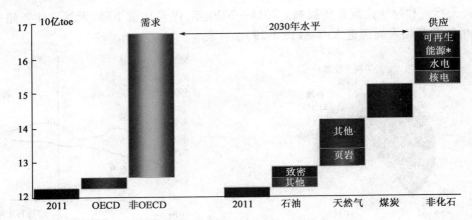

图 1-31　2030 年世界一次能源需求与供应预测
数据来源：BP，2013 年。

69.9%，该地区是全球唯一的单种能源占一次能源消费总量 50% 以上的地区，石油消费量和水力发电量也位列世界前茅。欧洲及欧亚大陆是天然气、核电和可再生能源的主要消费地区。其余地区以石油为主。

由于资源禀赋、经济水平、能源战略等的差异，各个国家能源消费差异明显。在 2012 年世界一次能源消费中，经合组织（OECD）国家占比为 44%，非经合组织国家占比为 56%；存在着很大的南北差异，即工业发达国家使用量为总能源的 3/4；排名前 8 名的国家能源消费占全球的约 60%（图 1-32）。2010 年中国超过美国成第一大能源消费国。

据世界银行（World Development Indicators，WDI）数据，人均 GDP 较高的发达国家的一次能源强度（人均一次能源消费量）比发展中国家高很多（图 1-33）。2012 年世界一次能源强度分布（图 1-34），美国、加拿大、沙特、俄罗斯、澳大利亚人均消费量较高，其中美国最高，为世界平均水平的 5 倍以上，中国人均消费仅达到世界平均水平。

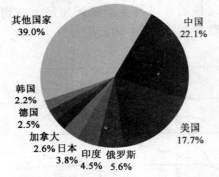

图 1-32　2012 年世界一次能源消费国别结构
数据来源：BP，2013 年。

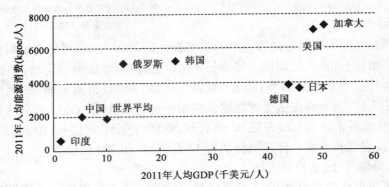

图 1-33　2011 年主要能耗国家一次能源强度
数据来源：WDI 数据库。

图 1-34 2012 年世界一次能源强度(单位:toe/人)
数据来源:BP,2013 年。

EIA 预测,2020 年、2040 年世界一次能源消费量,将由 2010 年的 524 万亿 Btu[①]分别增长到 630 万亿 Btu、820 万亿 Btu。在经济快速增长的驱动下,超过 85% 增长需求来自非经合组织国家(图 1-35)。国际能源署(International Energy Agency,IEA)预测,各国(地区)一次能源强度和人均消费量变化如图 1-36 所示。

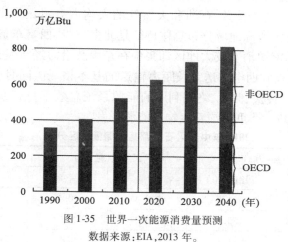

图 1-35 世界一次能源消费量预测
数据来源:EIA,2013 年。

1.3.3 中国能源现状与问题

1) 中国能源资源

从常规能源总量来看,中国能源资源较为丰富。截至 2012 年,中国石油储量 33.33 亿 t、

[①] 英热单位(British thermal unit),1Btu = 1055J = 0.25kcal。

储产比 11.4 年,天然气储量 4.38 万亿 m³、储产比 28.9 年,煤炭储量 2298.86 亿 t、储产比 31 年;可再生能源发电装机容量达到 3.13 亿 kW,其中水电装机容量 24890 万 kW,风电并网容量 6083 万 kW,太阳能发电并网容量 328 万 kW。此外,技术可开发水电装机容量 5.42 亿 kW,太阳能资源 1500kW·h/m²,10m 高度层实际可开发利用风能储量 10 亿 kW,其中陆地风能储量 2.53 亿 kW,海上风能储量约 7.5 亿 kW。

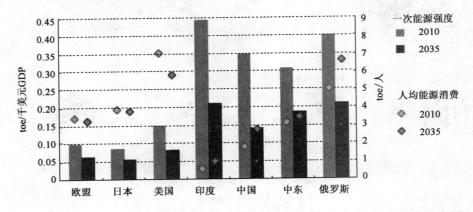

图 1-36　各国(地区)一次能源强度和人均消费量预测

数据来源:IEA,2012 年。

中国煤炭、石油和天然气的储采比均早于全球化石能源枯竭速度,人均探明储量只有世界平均水平的 1/3。国务院发布的《中国的能源政策(2012)》白皮书指出:中国人均能源资源拥有量在世界上处于较低水平,煤炭、石油和天然气的人均占有量仅为世界平均水平的 67%、5.4% 和 7.5%。我国能源资源地域分布总体特征是北多南少、西富东贫,品种分布是北煤、南水和西油气(表 1-5),而能源消费较大地区却集中在东南及沿海经济发达地区,因而形成北煤南运、北油南运、西气东输和西电东送等长距离输送的基本格局。同时,我国很多能源资源开发难度较大,开采、加工、转换、储运、终端利用的能源系统总效率只有欧洲地区的一半。耕地不足世界人均水平的 40%,严重制约着生物质能源开发。

2012 年中国化石能源基础储量地区分布　　　　　　　　　　　　　　　表 1-5

地区	石油(万 t)		天然气(亿 m³)		煤炭(亿 t)	
	储量	比例(%)	储量	比例(%)	储量	比例(%)
华北	38486.13	11.5	8938.45	20.4	1356.29	59.0
东北	85388.38	25.6	2336.27	5.3	103.38	4.5
华东	37623.44	11.3	370.55	0.8	179.91	7.8
中南	6933.34	2.1	125.01	0.3	112.45	4.9
西南	975.47	0.3	11287.08	25.8	202.98	8.8
西北	115845.9	34.8	17501.77	40.0	343.85	15.0
海域	48005.65	14.4	3230.75	7.4	0	0
全国	333258.33	100	43789.88	100	2298.86	100

数据来源:国家统计局"国家数据"。

2) 中国能源生产

1990—2012 年,中国一次能源产量由 10.39 亿 tce❶ 增加到 33.18 亿 tce,增长 3.19 倍,年均增长 9.97%,其中,2000—2012 年年均增加 12.1%,远高于 1990—2000 年年均增幅 2.7%;天然气、新能源产量占比提高约一倍,石油产量占比下降约一半,煤炭产量占比较为稳定,以煤为主的能源生产结构依然不变(图 1-37)。

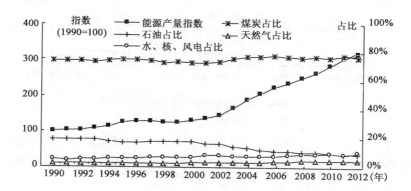

图 1-37　1990—2012 年中国一次能源产量变化指数
数据来源:国家统计局"国家数据"。

2012 年,中国能源生产总量居世界第 3 位,煤炭、石油、天然气、新能源产量占比分别为 76.5%、8.9%、4.3% 和 10.3%。其中石油产量 2.07 亿 t,占全球的 5.0%;天然气产量 1072 亿 m^3,占全球的 3.2%;煤炭产量 36.6 亿 t,占全球的 47.5%;总发电量 4.94 万亿 kW·h,其中水电 0.86 万亿 kW·h,火电 3.86 万亿 kW·h,核电 973.9 亿 kW·h。

截至 2013 年 8 月,中国水电装机容量、风电并网装机容量均居世界首位,新能源发电装机突破 100GW,其中风电 68.45GW、太阳能发电 8.98GW、核电 14.78GW、生物质能发电 8GW 以上,占总电力装机容量的 8.5%。

3) 中国能源消费

中国和美国分别是世界最大的发展中国家和发达国家,也是目前世界排名前两位的经济大国和能源消费大国。2012 年中国一次能源消费量占世界总量的 21.9%。1990—2012 年,中国一次能源消费量由 9.87 亿 tce 增加到 36.17 亿 tce,增长 3.66 倍,年均增长 11.6%。其中,2000—2012 年年均增加 13.5%,远高于 1990—2000 年年均增幅 2.99%(图 1-38)。

2012 年,中国煤炭、石油、天然气、新能源消费量占比分别为 66.6%、18.8%、5.2% 和 9.43%,与 1990 年占比相比,煤炭下降了 9.6 个百分点,石油增加了 2.2 个百分点,天然气增加了 3.1 个百分点,新能源增加了 4.3 个百分点。其中,石油消费量 4.83 亿 t,占全球的 11.7%;天然气消费量 1438 亿 m^3,占全球的 4.3%;煤炭消费量 36.2 亿 t,占全球的 50.2%。

2012 年中国一次能源消费结构如图 1-39 所示,与世界能源消费结构相比(图 1-27),煤炭份额比世界平均值高 43 个百分点,油、气比重分别低 15、19 个百分点,核电比重低 3.7 个百分

---

❶ 吨煤当量(tce,ton of coal equivalent),按标准煤热值计算各种能源量的换算指标,1kgce = 7000 kcal = 29307kJ。

交通与能源

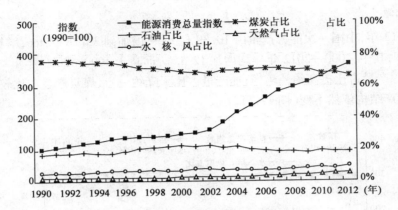

图1-38　1990—2012年中国一次能源消费量变化指数
数据来源：国家统计局"国家数据"。

点，可再生能源比重低0.7个百分点。根据国际能源机构的预测，2030年煤炭仍将占中国能源消费总量的60%。在"富煤""少油""贫气"的能源资源格局下，我国能源消费仍以煤炭为主，油气比重远低于世界平均水平，严重偏离了世界以油气为主流的发展趋势，既浪费资源又污染环境，而且这些传统能源也正面临着能源枯竭的严峻局势。

虽然中国是能源消费第一大国，但一次能源强度却很低。据IEA统计，2011年中国一次能源强度为2.03toe/人，是世界平均水平的1.08倍，OECD国家平均水平的0.47倍，美国的0.29倍，日本的0.56倍，韩国的0.39倍。

4）中国能源供需平衡

20世纪90年代以来，随着中国经济的快速增长，能源供应不足成为制约中国国民经济发展的瓶颈。1990—2012年，中国一次能源消费量年均增速较产量增速高2.1个百分点。1993年成为能源净进口国，进口量自2000年后逐步增加。石油、天然气进口拉低了中国能源自给率❶，但其在能源消费结构中的比例偏低，与巨大的能源消费相比，能源净进口量相对较小。

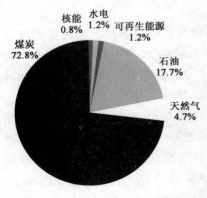

图1-39　2012年中国一次能源消费结构
数据来源：BP，2013年。

中国能源自给率一直维持在高位，2006年首次跌破90%，2007年跌至最低88.2%。此后再次回升，2010年以来一直维持在91%的自给水平，2012年为91.7%（图1-40）。

中国能源进口主要集中在石油和天然气。1993—2013年石油进口从1109.2万t快速增长到2.89亿t，石油对外依存度由6%攀升，2009年突破50%的国际警戒线，2013年达到58.1%。2000—2013年，石油净进口年均增长12.8%，远高于石油消费量年均0.4%的增长幅度（图1-41）。2013年，天然气消费量达到1676亿m^3，进口量达530亿m^3，对外依存度达到31.6%。

由于美国的"页岩气革命"，在过去5年，美国减少了

---

❶ 能源自给率=（能源生产总量/能源消费总量）×100%。

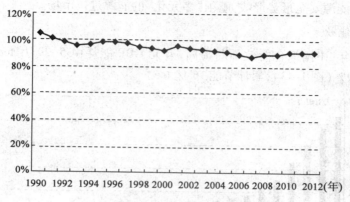

图1-40　1990—2012年中国能源自给率变化

数据来源：国家统计局"国家数据"。

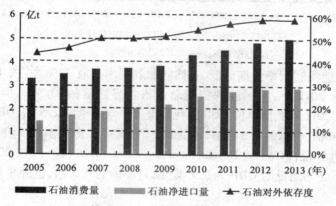

图1-41　2005—2013年中国石油对外依存度变化

数据来源：国家统计局"国家数据"。

1.3亿t的石油进口量。伴随中国经济近年来的飞速发展以及对能源需求量的不断上涨，2013年9月，中国已经超越美国成为全球最大的外国石油消费国，日均进口的石油达到630万t，超过了美国的624万t日均石油进口水平。中国人均每年平均消费2.9桶石油，而美国是21.5桶。这也意味着中国石油消费将长期保持增长。

BP公司预测，中国将逐步赶上欧洲，到2030年成为世界主导性能源进口国（图1-42）。全球领先的能源咨询机构伍德·麦肯齐（Wood Mackenzie）预测，到2020年，中国石油日均进口水平将攀升至920万桶，石油对外依存度将达到70%。

目前中国原油进口的60%以上来自于局势动荡的中东和北非，进口石油主要采取海上集中运输，原油运输约4/5通过马六甲海峡，形成了制约中国能源安全的

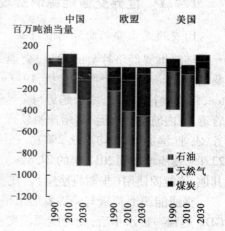

图1-42　2030年能源失衡预测

数据来源：BP，2013年。

"马六甲困局"。能源安全形势严峻,亟须"多元化"的能源进口市场。

5) 中国综合能效

1990—2012 年,中国综合能效不断提高,万元 GDP 能耗由 5.29 万 tce 下降到 0.697 万 tce,年均下降 3.9%(图 1-43),累计节能 16 亿 tce。

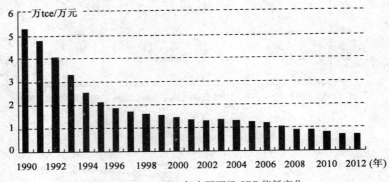

图 1-43　1990—2012 年中国万元 GDP 能耗变化
数据来源:国家统计局"国家数据"。

总体上,中国的能源利用率长期偏低,总体能源利用率只有 33% 左右,主要工业产品单耗比国外平均高 40%。2012 年,中国能源消费总量占世界总量的 21.9%,但 GDP 仅占世界的 8.4%。据 IEA 统计,2011 年我国单位 GDP 能耗是世界平均水平的 2.5 倍,OECD 国家平均水平的 4.4 倍,美国的 3.6 倍,英国的 7.8 倍,日本的 6.2 倍,同时高于巴西(2.6 倍)、墨西哥(3.3 倍)等发展中国家。据世界银行(World Development Indicators,WDI)统计,按 2005 年不变价格计算,2011 年中国每千克油当量的 GDP 为 3.7 美元,是美国的 0.5 倍,世界平均水平的 0.66 倍。

1.4　交通能源消费

1.4.1　世界交通能源消费现状与趋势

1) 交通是主要的能源消费行业

随着世界经济社会的发展,交通运输业规模不断扩大,交通能源消费不断增加。据 IEA 桑基(Sankey)能源平衡图分析,1973—2011 年,交通能源消费由 10.81 亿 toe 增加到 24.45 亿 toe,年均增长 3.3%,增长趋势与全球经济增长速度近乎一致。交通能源消费(包括公路、铁路、管道、国内航空和航运等)增速明显高于工业(年均增长 1.7%)和其他(包括住宅、商业与公共服务、农业、渔业等,年均增长 2%)。在终端能源消费结构方面,交通占比逐年提高,由 1973 年的 23.1% 逐步增加到 2011 年的 27.4%。2000—2011 年,世界能源消费结构较为稳定,交通、工业、其他、非能源使用(非燃料使用)占比基本稳定在 27.5%、28.5%、35% 和 9% 左右(图 1-44)。

交通能源消费量与经济发展水平关系密切,经济发达国家交通能源消费占比较高,当人均 GDP 达到一定水平后,交通能源消费占比趋于稳定。由图 1-45 和图 1-46 可见,交通在各国终端能源所占比例差异较大,OECD 国家明显高于世界平均水平,约为非 OECD 国家的 1.8 倍;除俄罗斯外,各国公路占交通能源消费均很高。

专题1 交通发展与能源

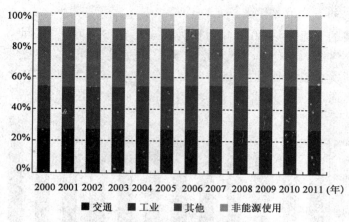

图1-44 2000—2011年世界能源终端消费产业结构
数据来源：IEA能源平衡图。

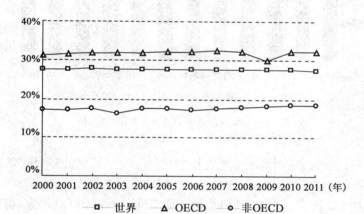

图1-45 2000—2011年交通能源消费占比国别差异
数据来源：IEA能源平衡图。

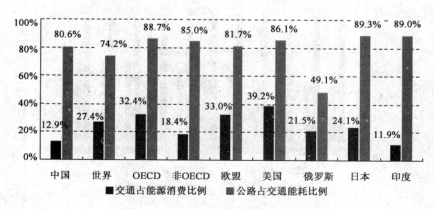

图1-46 2011年交通占终端能源消费比例比较
数据来源：IEA能源平衡图，Eurostat，2013年。

27

2) 交通是最大的石油消费行业

石油是最主要的交通能源,2012 年占比为 93%。1973—2011 年,世界交通石油消费由 10.19 亿 toe 增长到 22.65 亿 toe,年均增长 3.2%,远高于同期石油消费总量 0.95% 的年均增速,占石油消费总量的比例由 45.8% 提高到 62.7%。2000—2011 年,世界石油消费结构较为稳定,交通、工业、其他、非能源使用比基本稳定在 62%、9%、12% 和 17% 左右(图 1-47)。

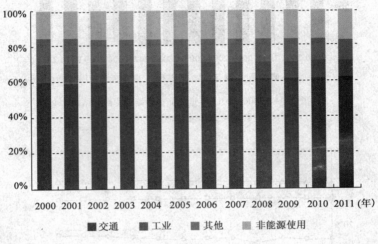

图 1-47　2000—2011 年世界石油消费产业结构
数据来源:IEA 能源平衡图。

2000—2011 年,交通石油消费增量主要集中在经济增长较快的非 OECD 国家,由 4.85 亿 toe 增加到 7.97 亿 toe,在石油消费总量中占比由 15.8% 增加到 22.1%。OECD 国家人均交通石油消费约为非 OECD 国家的 5 倍,其消费量总量明显高于非 OECD 国家,但其在石油消费总量中占比却由 36% 下降到 30.6%(图 1-48)。

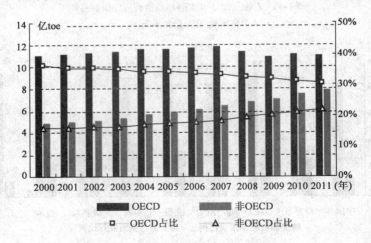

图 1-48　2000—2011 年交通石油消费占比国别差异
数据来源:IEA 能源平衡图。

3)道路和航空运输能源消费增长快速

1973—2011年世界不同交通方式能源消费增长情况如图1-49所示。由表1-6可见,道路运输始终占据交通能源消费的主体(2011年为74.2%),增速很快,绝对增量第一;航空运输(国际和国内)和水运(国际海运和国内水运)能源消费占比均约为10%左右,但航空是能源消费增速最快的交通方式;由于电气化牵引技术的应用,铁路运输能耗呈负增长趋势,在交通能耗中的占比由7.6%大幅度下降到2.2%;管道运输发展相对缓慢,近20年能源消费量均为稳定。

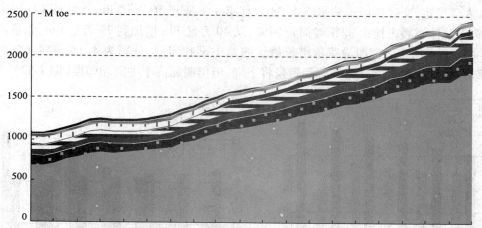

图1-49　1973—2011年世界不同交通方式能源消费增长

数据来源:IEA能源平衡图。

1973、1990、2011年世界不同交通方式能源消费情况　　　　　表1-6

地区	1973年		1990年			2011年		
	消费量(Mtoe)	比例	消费量(Mtoe)	比例	年均增速(相对1973年)	消费量(Mtoe)	比例	年均增速(相对1973年)
道路运输	695	64.3%	1128	71.3%	1.6%	1815	74.2%	4.2%
国际航空	62	5.7%	87	5.5%	1.1%	158	6.5%	4.1%
国内航空	60	5.6%	95	6.0%	1.5%	98	4.0%	1.7%
国际海运	120	11.1%	114	7.2%	−0.1%	203	8.3%	1.8%
国内水运	32	3.0%	31	2.0%	−0.1%	45	1.8%	1.1%
管道运输	17	1.6%	58	3.7%	6.3%	63	2.6%	7.1%
铁路运输	82	7.6%	52	3.3%	−1.0%	53	2.2%	−0.9%
其他	12	1.1%	16	1.0%	0.9%	9	0.4%	−0.7%

数据来源:IEA能源平衡图。

4）世界交通能源消费趋势

在经济全球化背景下，交通能源消费受国际贸易、宏观经济、能源政策、石油价格、收入水平及受各国运输结构等多因素影响。EIA预测，2010—2040年世界交通能源消费总量将由101万亿Btu增加到139.5万亿Btu，年均增长1.1%，其中液体燃料交通消费量占比约为63%，交通消费将增长36万亿Btu（图1-50）。

2010—2040年，受经济、交通的快速发展和人口快速增长的影响，非OECD国家的交通能源消费量将由43.1万亿Btu增加到83.9万亿Btu，年均增速2.2%；而OECD国家经济、能效增长缓慢，人口稳定，交通能源消费量将由58万亿Btu下降到56万亿Btu。非OECD国家交通能源消费中液体燃料占比由92%增加到94%，从40万亿Btu增加到79万亿Btu，总量占到60%（图1-51）。人均交通能源消费量增长最快的是中国和印度，分别为4.1%和4.6%。而美国和OECD欧洲国家人均交通能源消费量将下降，但仍明显高于中国和印度（图1-52）。

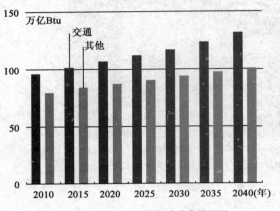

图1-50 世界液体燃料终端消费量预测
数据来源：EIA，2013年。

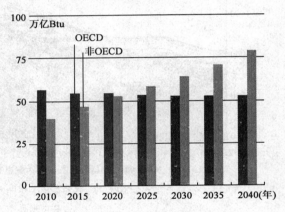

图1-51 世界液体燃料交通消费量预测
数据来源：EIA，2013年。

BP公司预测，随着内燃机的改良和混合动力汽车的逐渐增加，美国、欧盟和中国的燃油经济性将分别每年提高2.9%，石油比重将从2011年的94%降至2030年89%（图1-53）。

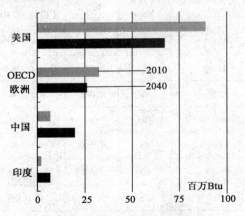

图1-52 人均交通能源消费量预测
数据来源：EIA，2013年。

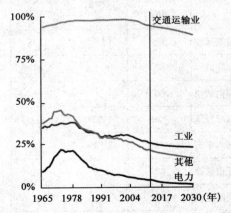

图1-53 石油在各行业中比重变化
数据来源：BP，2013年。

1.4.2 中国交通能源消费现状与趋势

1）交通能源消费量快速增长

中国已成为世界第二大交通能源消费国，交通、工业、建筑并称我国"三大耗能大户"。2000—2011年中国交通能耗从11242万tce增加到28536万tce，增长2.54倍，年均增速14.0%（图1-54）。从各种运输方式终端能源消费变化看，道路能源消费增长最大，由58Mtoe增加到170Mtoe，年均增速17.5%；其次是民航，由4Mtoe增加到11Mtoe，年均增速15.9%；铁路和水运增幅很小，分别从9Mtoe、12Mtoe增加到12Mtoe、17Mtoe，年均增速分别为3.0%和3.8%（图1-55）。其中，水运受2008年金融危机影响明显。

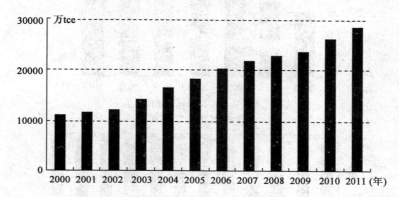

图1-54　2000—2011年中国交通能源消费量
数据来源：国家统计局"国家数据"。

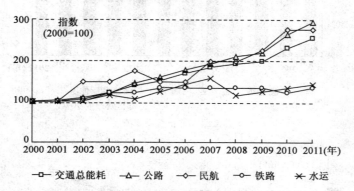

图1-55　2000—2011年中国各种交通方式能耗指数
数据来源：IEA能源平衡图。

据EIA预测，由于收入水平和私家车保有量快速增长，中国将成为世界上交通能源消费增长最大的国家。如图1-56所示，2010—2014年中国交通能源消费将以年均3.7%的增速，从9.0万亿Btu（约为美国的1/3），快速增长到26.6万亿Btu（与美国接近），消费2040年世界交通液体燃料增量的20%。

2）交通能源消费增速最快

2000—2011年，中国终端能源消费结构变化明显，交通占比由10.2%增加到12.9%，工业占

> 交通与能源

比由 40.2% 增加到 47.9%，其他占比由 42.0% 下降到 31.4%，非能源使用占比基本保持在 7.7%（图 1-57）。交通也是中国终端能源增长最快的领域，2000—2011 年年均增速为 14.0%，远高于能源消费总量的年均增速 9.1%，工业为 12.6%，其他为 4.5%，非能源使用为 9.4%（图 1-58）。

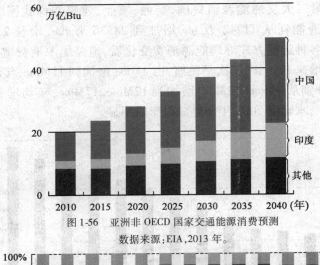

图 1-56　亚洲非 OECD 国家交通能源消费预测
数据来源：EIA，2013 年。

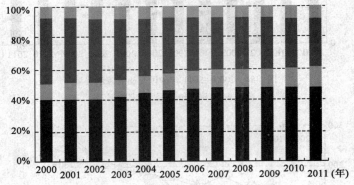

图 1-57　2000—2011 年中国能源终端消费产业结构
数据来源：IEA 能源平衡图。

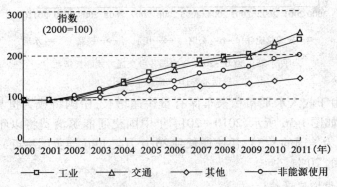

图 1-58　2000—2011 年中国交通能源消费指数
数据来源：IEA 能源平衡图。

3) 交通是最大石油使用行业

石油是中国交通最主要能源,2011年占交通能源的91%。2011年交通石油消费4.54亿t,占全国石油终端消费的35.3%(图1-59),其中公路占比高达82.8%(图1-60)。

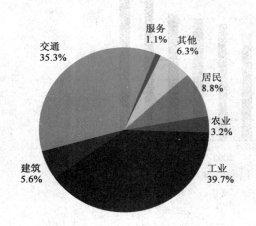

图1-59　2011年中国石油终端消费结构
数据来源:国家统计局"国家数据"。

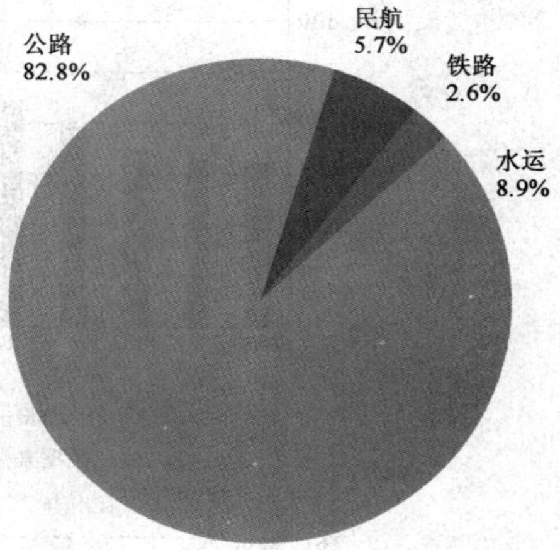

图1-60　2011年中国交通石油消费结构
数据来源:IEA能源平衡图。

2000—2011年,中国交通石油消费由0.64亿t增加到1.60亿t,年均增速13.6%,高于石油消费总量9.3%的年均增速,所占比例由28.4%提高到35.3%(图1-61)。

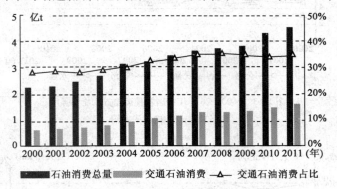

图1-61　2000—2011年中国交通能源消费量
数据来源:国家统计局"国家数据"。

4) 交通能源强度快速增长

2000—2011年,中国人口年均增长0.57%,交通能耗年均增长14.0%,交通能源强度(人均交通终端能源消费)年均增长12.6%,由65.5kgoe/人增长到156.6kgoe/人(图1-62)。

从运输方式看,道路和民航能源强度增长最快,年均增长分别为15.8%和14.2%,铁路和水运年均增长分别为4%和3%(图1-63)。

5) 交通能耗强度明显降低

由于我国没有客运和货运能耗的分类统计数据,而且交通能耗与运输周转量统计口径不完全对应,按照客运周转量(人·km)、货运周转量(t·km)按1:1换算,得到综合运输周转量(人·t·km),从而得到2000—2011年中国交通综合能耗强度如图1-64所示。

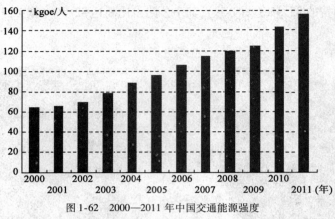

图1-62 2000—2011年中国交通能源强度

数据来源:IEA能源平衡图。

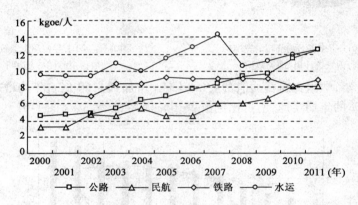

图1-63 2000—2011年中国各种运输方式能源强度

数据来源:IEA能源平衡图。

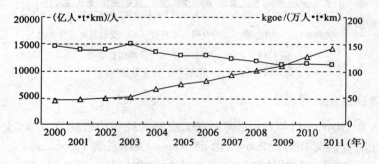

图1-64 2000—2011年中国交通能耗强度

数据来源:IEA能源平衡图,国家统计局"国家数据"。

2000—2011年,中国交通能效明显提高,交通能耗强度下降24.4%,由146.7kgoe/(万人·t·km)降至110.9kgoe/(万人·t·km),年均下降2.1%。

由图1-65可见,与2000年相比,2011年各种运输方式交通能耗强度都有所减少,水运下降53.1%,道路下降41.6%,民航下降34.8%,铁路下降33.9%。虽然数据表明水运能效最高,但水运客运量占比很低,铁路客货运量都大。综合来看,铁路应是最节能的运输方式,能耗约为公路的12%、民航的13%。

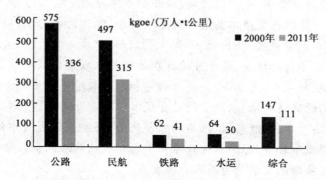

图1-65　2000年和2011年中国各种运输方式能耗强度
数据来源:国家统计局"国家数据"。

总结

(1)交通的发展与人类对能源的开发和利用密切相关。现代交通运输高速化、大型化、专用化、网络化、综合化、信息化、智能化特征愈加明显,但与"绿色"却越来越远了。

(2)改革开放以来,中国交通运输业持续快速发展,交通基础设施得到极大改善,客货运量增长明显。民航和公路运输客货运周转量增长较大。目前,客运以公路和铁路为主,货运以公路和水运为主,2012年公路和铁路客运周转量占比分别为55.3%和29.4%,公路和水运货运周转量占比分别为34.3%和14.0%。

(3)世界能源资源总量有限且分布极不平衡。2012年世界石油、天然气和煤炭的储产比分别为52.9年、55.7年和109年。中东地区石油和天然气储量最高,亚太地区煤炭储量最高。

(4)世界一次能源消费量快速增长,消费地区东移趋势明显,消费结构以化石能源为主并向绿色能源发展。1950—2012年能源消费量增长7.3倍,2030年比2011年将增加36%。

(5)虽然中国常规能源资源较为丰富,但区域分布北多南少、西富东贫,煤炭、石油和天然气人均占有量仅为世界平均水平的67%、5.4%和7.5%。

(6)中国已成为世界能源消费第一大国,且消费结构不合理、综合能效低。2012年能源消费占全球的21.9%,煤炭占全球的50.2%,油、气比重比世界平均值低15、19个百分点。2013年石油对外依存度高达58.1%。2011年单位GDP能耗是世界平均水平的2.5倍。

(7)交通是世界上最大的能源和石油消费行业。2011年交通占能源消费总量的27.5%,占石油消费总量的62%。2010—2040年非OECD国家的交通能源消费量将翻番,而OECD国家基本不变。

(8)中国已成为世界第二大交通能源消费国,交通也是中国终端能源消费增长最快的领域。2000—2011年中国交通能耗增长2.54倍,交通能耗强度下降24.4%。2011年交通占全国石油终端消费的35.3%,其中公路占比高达82.8%。铁路、水运能效相对较高。

 拓展资料:国外绿色交通发展战略

绿色交通又称可持续交通,是为了适应人类居住环境和生态均衡、减轻交通拥挤、降低能耗和污染、节省建设维护费用,采用低污染、适合都市环境的运输工具,来完成社会经济活动的协和交通运输系统。将绿色交通工具进行优先级排序,依次为步行、自行车、公共交通(电车、地铁、轻轨、公共汽车)、共乘交通、出租车、私人机动车、货车与客运空运、摩托车。

绿色交通是一个全新的理念,源于可持续发展的基本理念。深层次上的含义是协和的交通,包含交通与环境、与未来、与社会、与资源的协和。其本质是建立维持城市可持续发展的交通体系,以满足人们的交通需求,以最少的社会成本实现最大的交通效率。

绿色交通系统高效率、低能耗、低污染的综合优势,将明显促进城市经济的快速发展和生态环境的改善,实现城市经济效益、社会效益和生态环境效益的统一。绿色交通越来越被世界各国重视,纷纷将发展绿色交通作为国家战略重点。

1. 欧盟

近年来,欧盟将低碳经济看作"新的工业革命",采取了一系列有力的措施推进低碳产业发展,期望能够带动欧盟经济向高能效、低排放的方向转型。

2006年,欧盟委员会发表《欧盟能源政策绿皮书》,提出强化对欧盟能源市场的监管,鼓励能源的可持续性利用,发展可替代能源,加大对节能、清洁能源和可再生能源的研究投入。同时,公布了《能源效率行动计划》,包括降低机器、建筑物和交通运输造成的能耗,提高能源生产领域的效率等70多项节能措施。

2007年,欧盟委员会要求修订现行《燃料质量指令》,为用于生产和运输的燃料制定更严格的环保标准。同时,提出一揽子能源计划,计划到2020年将可再生能源占总能源耗费的比例提高到20%,将煤、石油、天然气消耗量减少20%,将生物燃料在交通能源消耗中所占比例提高到10%。

2009年,欧盟委员会实施"环保型经济"中期规划,筹措1050亿欧元全力打造具有国际水平和全球竞争力的"绿色产业",支持"绿色能源"、"绿色电器"、"绿色建筑"、"绿色交通"和"绿色城市"的系统化和集约化,为欧盟在节能环保领域保持世界领先地位奠定了基础。随后,欧盟委员宣布在2013年之前投资32亿欧元,用于创新型制造技术、新型低能耗建筑与建筑材料、环保汽车及智能化交通系统等三个领域的科技研发。

2013年7月,欧盟能源委员会与环境委员会共同修订了欧盟有关燃料和可再生能源的法规,第二代生物燃料在交通运输燃料消费总量中所占比例到2016年提高到0.5%,到2020年和2025年分别提高到2.5%和4%。

2. 美国

在低碳交通领域,美国实施了多种政策法律措施,制订包括低碳交通在内的低碳经济发展战略和规划,制订严格的排放标准,实施积极的环境经济政策以及建立综合运输体系。目前,美国已拥有世界上最完善的综合运输体系,实现各种交通方式的立体、无缝、便捷连接。

1975年,《能源政策与节约法》建立了针对小轿车和轻型卡车的公司平均燃油经济性标准。

1990年,《多模式地面运输效率法案》改变了美国过去40多年来以兴建高速公路为主导的情况,转入以可持续发展为目标的综合运输发展阶段。

1998年,《美国21世纪运输平等法案》提出:充分发挥公路、铁路、水运与管道等多种运输方式的各自优势,建立各种运输方式之间的联运机制,大力发展公共交通系统。

2001年,《美国运输部2000—2005年战略计划》提出:优先保证运输的安全和可持续发展,向国际延伸,以智能化为特征,实现个性化服务。

美国联邦运输咨询小组在《美国综合运输系统2050年发展构想》中提出:着眼于新技术和新概念,如信息技术、纳米技术、再生燃料以及高效清洁能源技术等,建立能及时地、经济地在任何时间将任何人、任何物运至任何地点的国家综合运输系统;没有人员伤亡的运输系统;不依靠国外能源且环境友好的运输系统。

2005年,美国颁布了《能源政策法案》,为混合动力轻型车提供高达3400美元的税收抵免。

2009年,美国发布了《美国清洁能源与安全法案》,许多城市对高载客量的车辆给予优先权,通过鼓励市民减少单人开车、提倡多人合用一辆车,引导车辆提高运载率,降低空驶率,在缓解交通拥挤的同时节能减排。同时,《美国高速铁路远景》发布,开始青睐高运量、低能耗的高速铁路建设。

3. 英国

英国是欧盟成员国家中最积极推进减排的国家之一,其交通运输政策对欧洲各国的交通发展具有重要的影响。

1998年,英国政府首次制定了国家《综合运输白皮书》,旨在建立一个更完善的、一体化程度更高的运输系统,以解决交通拥挤和环境污染问题。

2000年,《英国2000—2010年交通运输发展战略:10年运输规划》提出:建设现代化、少污染、更高效的运输系统,建设更安全的交通环境,进一步发展综合运输。

2007年,出台《低碳交通创新战略》,要求全国陆海空交通工具实施低碳化战略,汽车低碳技术市场化的近期目标是实现新型发动机、混合动力、生物燃料、新型轻质材料技术的市场开发推广,远期目标是第二代生物燃料技术、全电动汽车、燃料电池等新型交通工具。

2009年,颁布了《低碳交通:更加绿色的未来》,提出支持采用新技术和新燃料,促进更广泛的低碳交通选择。同年在《低碳交通战略》中提出:2018—2022年交通领域减少8.5亿t的CO_2排放量,建立智能交通系统,提供更多便利的低碳交通选择,倡导步行、自行车和公共交通的出行方式,利用市场机制鼓励使用电动车和电式混合动力车。

4. 日本

近年来,日本制定了可持续交通发展的战略重点和战略措施,大力发展与环境共存的交通运输、无障碍交通、建设更安全更舒适的汽车社会和构造有效的物流体系等。东京实施以轨道交通为中心的公共交通优先发展战略,运营里程2000km以上,担负了全部客运量的80%左右。

2008年,公布了"凉爽地球能源技术创新计划",明确了包括先进道路交通系统、燃料电池汽车、插电式混合动力电动汽车、生物质能替代燃料在内的21项重点发展的创新技术。同年公布了"低碳技术计划",涉及高能效船只、智能运输系统等多项创新技术。

2009年,推出"日本版绿色新政"四大计划,对可再生能源的利用规模要达到世界最高水平,即从2005年的10.5%提高到2020年的20%。

2013年,启动《超小型交通工具认证制度》以推动低碳交通系统建设。

本专题参考文献

[1] 交通运输部.2013年交通运输行业发展统计公报[EB/OL].[2014-4].http://www.moc.gov.cn.
[2] 中国民用航空局.2013年民航行业发展统计公报[EB/OL],[2014-5].http://www.caac.gov.cn.
[3] 国家铁路局.2013年铁道统计公报[EB/OL].[2014-4].http://finance.china.com.cn.
[4] 国家统计局.国家数据[DB/OL].[2015-6].http://data.stats.gov.cn.
[5] 交通运输部.中国城市客运发展报告(2013)[M].北京:人民交通出版社,2014.
[6] 国家统计局.中国统计年鉴(2014)[M/CD].北京:中国统计出版社,2014.
[7] 国家统计局.中国能源统计年鉴(2014)[M/CD].北京:中国统计出版社,2014.
[8] 国家统计局.中国工业交通能源50年统计资料汇编(1949—1999)[M].北京:中国统计出版社,2000.
[9] 中国交通年鉴(2014)[M/CD].北京:中国交通年鉴社,2014.
[10] 史立新,黄茵,于娟.交通能源消费及碳排放研究(2011)[M].北京:中国经济出版社,2011.
[11] BP2030世界能源展望[EB/OL].[2013].http://www.bp.com.
[12] BP世界能源统计年鉴[EB/OL].[2013].http://www.bp.com.
[13] EIA. International energy outlook.(2013)[EB/OL].2013.
[14] IEA. Energy balance flows. http://www.iea.org/Sankey.
[15] IEA. World energy outlook 2012[M]. OECD/IEA,2012.
[16] IEA. Energy statistics of non-OECD countries[EB/OL].2012.
[17] IEA. Key world energy statistics 2013[M]. OECD/IEA,2013.
[18] DOT. Transportation energy data book 2013[EB/OL].2013.
[19] European Commission. Energy, transport and environment indicators[EB/OL].2013.
[20] World Bank. World bank indicators[DB/OL].[2013].http://data.worldbank.org.

专题2 交通发展与碳排放

引 言

人类不仅要解决能源来源问题,更重要的要解决气候变化和环境污染问题。化石能源确实给人类社会物质文明的进步奠定了物质基础。但化石能源过度开发利用带来生态破坏、环境污染和全球气候变暖的问题也日益突出,甚至是造成巨大的灾难。

随着全球对温室气体减排关注度的提高,交通领域节能减排备受瞩目,世界各国纷纷将发展低碳交通作为国家战略重点。交通运输是国民经济和社会发展的基础性、先导性和服务性行业,也是国家节能减排和应对气候变化的重点领域之一。在生态文明建设背景下,我国提出加快建成资源节约型、环境友好型交通运输行业,建成绿色循环低碳交通运输体系。

2.1 气候变化与碳排放

2.1.1 全球变暖及其影响

1) 全球变暖

全球变暖(Global Warming)指的是在一段时间中,地球的大气和海洋因温室效应(Green House Effect)而造成温度上升的气候变化现象。

联合国政府间气候变化专门委员会(Intergovernmental Panel on Climate Change,IPCC)是世界气象组织(World Meteorological Organization,WMO)、联合国环境规划署(United Nations Environment Program,UNEP)于1988年联合建立的政府间机构,由各国政府推荐的科学家,从科学、技术、社会及经济角度,对全球气候变化进行研究和评估。IPCC在1990、1995、2001及2007年发表4次《气候变化评估报告》(IPCC-AR1~4)。

2008年4月—2013年9月,来自39个国家的259名科学家完成了2216页的IPCC-AR5第一工作组报告《气候变化2013:自然科学基础》。报告认为:气候变暖是非常明确的,从20世纪50年代以来的气候变化是千年以来所未见的,包括大气和海洋温度升高、冰雪覆盖面积减少、海平面上升以及大气中CO_2浓度增加。

1880—2012年,全球海陆表面平均温度呈线性上升趋势,升高了0.85℃;2003—2012年平均温度比1850—1900年平均温度上升了0.78℃(图2-1)。北半球高纬度地区温度升幅较大,1983—2012年每10年地表温度的增暖幅度高于1850年以来的任何时期,极有可能是近800~1400年间最热的30年。吸收最多新增热量的是海洋,1971—2010年积累热量有90%被海水吸收,其中上层海水(0~700m)吸收了60%,浅层海水(75m以内)平均温度以每10年0.11℃的速率上升。

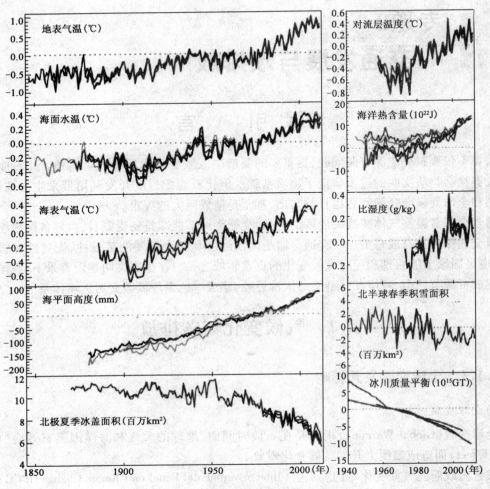

图 2-1　全球温度及相关参数变化

数据来源:IPCC-AR5(2013)。温度为相对1961—1990年的变化值,不同曲线代表不同数据来源。

过去20年,格陵兰岛和南极冰盖已大量消失,世界范围内的冰川继续萎缩,而北极海冰和北半球春季积雪已呈持续减少的趋势。过去10年冰川融化速度也比20世纪90年代加快了数倍。

19世纪中叶以来,海平面的上升速度高于过去2000年。1901—2010年,全球平均海平面上升了19cm,海平面上升速度比过去40年更快。

报告预测,以1986—2005年为标准,2016—2035年全球平均气温很有可能上升0.3~0.7℃,2081—2100年很有可能上升0.3~4.8℃,全球平均海平面很有可能上升26~82cm。

2) 全球变暖的影响

在政治方面,限制CO_2排放量就等于限制了对能源的消耗,必将对世界各国产生制约性的影响。减排问题必然集中在温室气体排放量不断增加的发展中国家,阻止全球气候变暖的科学问题必然引发"南北关系"问题,从而使气候问题成为一个国际性政治问题。

在生态方面,海洋温度升高,水蒸发加快,降水量重新分布,改变了世界气候格局,影响和破坏了生物链、食物链,危害自然生态系统的平衡。生物多样性会受到威胁,许多物种会加速灭绝的步伐,更威胁人类的食物供应和居住环境。德国研究表明,气候变暖将威胁到鱼的生存,因为气候变暖会引起水中氧气减少。IPCC-AR4 认为,如果全球平均温度增幅超过 1.5 ~ 2.5℃(与 1980—1999 年相比),20% ~ 30% 的物种可能面临灭绝;如果升高超过约 3.5℃,40% ~ 70% 物种可能灭绝。

在气候方面,全球气候变暖使大陆地区,尤其是中高纬度地区降水增加,非洲等一些地区降水减少。从 20 世纪 50 年代开始,地球上的极端天气出现的频率与强度就开始增加,包括厄尔尼诺、干旱、洪涝、雷暴、冰雹、风暴、高温天气和沙尘暴等。中国华北地区降水与 50 年代相比,已减少了 1/3,水资源减少了 1/2。干旱会使非洲的荒漠化范围扩大,农业生产力下降。当全世界平均温度升高 3℃,将影响全球粮食安全。

在冰山融化方面,由于海洋温度升高,海水体积膨胀,南极和格陵兰的大陆冰川也会加速融化,导致海平面上升。南极洲和格陵兰岛拥有全球 98% 到 99% 的淡水冰,即使格陵兰岛冰盖只融化 20%,南极洲冰盖融化 5%,海平面也将上升 4 ~ 5m。全世界有 3/4 的人口居住在离海岸线不足 500km 的地方,如果海平面上升 1m,全球就将有 1.45 亿人的家园被海水吞没。

在人类健康方面,热浪、洪水和干旱导致发病率和死亡率上升。全球气候变暖导致臭氧浓度增加,低空中的臭氧会破坏人的肺部组织,引发哮喘或其他肺病。大气温度升高导致热带传染病向高纬扩散,目前已有热带传染病扩散的迹象。

全球变暖也有正面影响,从 20 世纪 70 年代以来,气候变暖使我国东北三省的冬小麦、水稻种植北界北移,农作物品种由中早熟型向中晚熟型发展,种植面积和产量都有了大幅度提高。

2.1.2 温室气体与碳排放

1) 温室气体

温室气体(Green House Gasses,GHG)指的是大气中能吸收地面反射的太阳辐射,并重新发射辐射的一些气体。太阳短波辐射可以透过大气射入地面,而地球长波辐射却被地球周围大气层中的 CO_2 等物质吸收,导致全球温度普遍上升。其作用类似于温室截留太阳辐射,并加热温室内空气的作用,因此被称为温室气体。

《联合国气候变化框架公约》控制的 6 种温室气体为:CO_2、CH_4、N_2O、氢氟碳化物(HFC)、全氟化碳(PFC)、六氟化硫(SF_6)。每分子 CH_4 的吸热量是 CO_2 的 21 倍,N_2O 是 CO_2 的 270 倍。目前为止吸热能力最强的是 HFC 和 PFC。

由于辐射特性不同,各种温室气体在大气中的生命期长短不一,不同温室气体对全球气候系统产生的辐射强迫(Radiative Forcing,RF)❶也各不相同。由于温室气体中最主要的是 CO_2,因此以 CO_2 当量为度量温室效应的基本单位。在某一特定时间内,某种温室气体排放量乘以

---

❶ 辐射强迫 RF:是对某个因子改变地球-大气系统射入和逸出能量平衡影响程度的一种度量,反映了该因子在潜在气候变化机制中的重要性。通常是 2005 年相对于工业化前(定义为 1750 年)的差值,并以 W/m^2 为单位。

全球变暖潜势值(Global Warming Potential,GWP)❶可以求出CO_2当量排放。对于混合温室气体,是每种气体CO_2当量排放之和。但这并不意味着相同的CO_2当量排放具有相同的气候变化响应。不同温室气体的GWP值如表2-1所示。

温室气体的生命周期和GWP值　　　　表2-1

温室气体	寿命(年)	GWP值 20年	GWP值 100年	GWP值 500年
二氧化碳(CO_2)	22~450	1	1	1
甲烷(CH_4)	12	72	25	7.6
氧化亚氮(N_2O)	114	289	298	153
氢氟碳化物(HFC)	260	9400	12000	1000
全氟化碳(PFC)	50000	3900	5700	8900
六氟化硫(SF_6)	3200	16300	22800	32600

数据来源:维基百科。

IPCC-AR5《气候变化2013:自然科学基础》报告显示:全球大气中CO_2、CH_4、N_2O平均浓度已经上升到过去80万年来的最高水平,其他温室气体浓度也明显上升(图2-2~图2-5)。2011年,大气中CO_2浓度达到391ppm❷,比工业化前(1750年前)高了40%。海洋吸收了30%的人为CO_2排放量,其pH值下降了0.1。

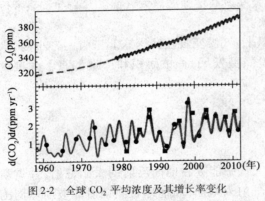

图2-2　全球CO_2平均浓度及其增长率变化
数据来源:IPCC-AR5。

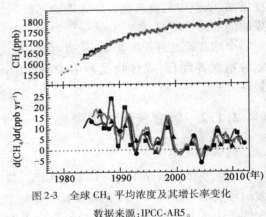

图2-3　全球CH_4平均浓度及其增长率变化
数据来源:IPCC-AR5。

2)碳排放

碳排放是温室气体排放的一个总称。由于温室气体中最主要的是CO_2,因此用碳一词作为代表。虽然并不准确,但容易被民众理解和接受。"碳足迹"指每个人、家庭或公司日常释放的温室气体数量(以CO_2当量表示),用以衡量人类活动对环境的影响。

世界范围内,人为造成的温室气体约2/3来源于化石能源燃烧。CO_2主要来源是化石燃

---

❶ 全球变暖潜势:基于充分混合的温室气体相对于CO_2产生的温室效应的一个指数,表示这些气体在不同时间内在大气中保持综合影响及其吸收外逸热红外辐射的相对作用。

❷ 气体体积浓度单位,每立方米大气中含有污染物的体积数。ppm(part per million)百万分之一,ppb(part per billion)十亿分之一,ppt(part per trillion)万亿分之一。

料排放的排放量,其次是毁林及土地利用变化造成的排放。CH_4 约 40% 是源于自然源(如湿地和白蚁),人为源约占 60%(如家畜养殖、水稻种植、矿物燃料开采、垃圾填埋和生物质燃烧)。N_2O 是通过自然源(约 60%)和人为源(约 40%)排入大气,包括海洋、土壤、生物质燃烧、化肥的使用和各种工业过程。SF_6 属于化工产品,主要在输电设备中用作电绝缘体。

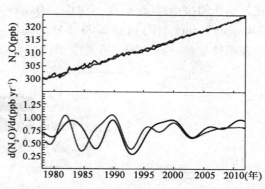

图 2-4　全球 N_2O 平均浓度及其增长率变化

数据来源:IPCC-AR5。

3) 温室气体对气候变化的影响

IPCC 研究表明,有 95% 以上的可能认为 20 世纪中期以来的气候变化是人类活动造成的。21 世纪末期及以后时期的全球平均地表变暖主要取决于累积 CO_2 排放,即使停止了 CO_2 的排放,气候变化的许多方面仍将持续许多世纪。

自 1750 年以来,人类活动产生的温室气体主要为化石燃料燃烧和土地使用改变产生的 CO_2,其中约 40% 存在于大气中,60% 被海洋和陆地吸收(图 2-6)。全球陆地生态系统中储存了 2.48 万亿 t 碳,其中 1.15 万亿 t 碳储存在森林生态系统中。科学研究表明:林木每生长 $1m^3$,平均约吸收 $1.83tCO_2$。

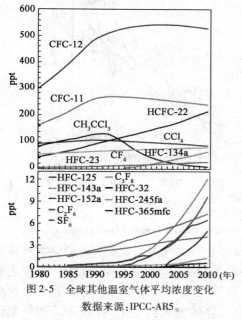

图 2-5　全球其他温室气体平均浓度变化

数据来源:IPCC-AR5。

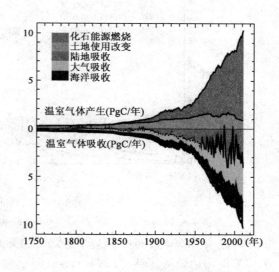

图 2-6　1750—2011 年全球年均温室气体排放及吸收

数据来源:IPCC-AR5。

在导致 1951—2010 年全球平均温度升高 0.85℃ 的因素中,温室气体贡献最大(人类活动产生的温室气体最多),气溶胶❶具有冷却效应,太阳辐射、火山活动等自然影响和气候内部变

---

❶ 气溶胶:悬浮在大气中的固体和液体微小颗粒形成的胶体分散体系,主要是硫酸盐、有机碳、黑碳、硝酸盐和沙尘等。

化影响作用很小,其辐射强迫值仅为 $0.12W/m^2$(图 2-7)。同时,国际交通论坛(International Transport Forum,ITF)根据 2700 多年来的历史性数据研究表明,气温与大气 CO_2 浓度及化石能源碳排放量呈明显的正相关性(图 2-8)。

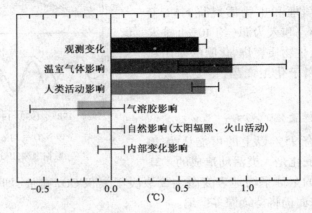

图 2-7　1951—2010 年全球变暖的影响因素

数据来源:IPCC-AR5。细线表示可能的影响范围,柱状图为其中点值。

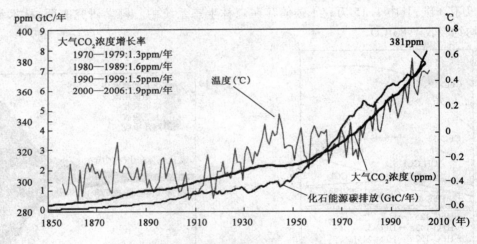

图 2-8　世界化石能源碳排放、大气 CO_2 浓度和气候变化

数据来源:OECD/ITF,《Greenhouse Gas Reduction Strategies in the Transport Sector-Preliminary Report》。

2013 年 WMO 发布的《温室气体公报》显示,2012 年全球大气中主要长生命期温室气体的平均浓度均达新高,CO_2 为 393.1ppm、CH_4 为 1819ppb、N_2O 为 325.1ppb,分别为 1750 年之前水平的 141%、260% 和 120%。SF_6 平均浓度大约是 20 世纪 90 年代中期的 2 倍。损耗平流层臭氧的 CFC 和卤化碳在逐渐减少,但同样属于强温室气体的氢氯氟碳化物(HCFC)和氢氟碳化物(HFC)正相对快速地增长,它们的含量仍然较低,为 ppt 级。

美国国家海洋大气局(National Oceanic and Atmospheric Administration,NOAA)的年度温室气体指数(Annual Greenhouse Gas Index,AGGI)显示,2012 年长生命期温室气体的辐射强迫增加了 32%(1990 为指数基准年),其中 CO_2 占增量的 80%(图 2-9)。2012 年,所有长生命期温室气体总辐射强迫相当于 CO_2 当量浓度 475.6ppm。2012 年,CO_2 对温室气体辐射强迫的贡献率为64%，CH_4的贡献为18%，N_2O的贡献为6%，CFC和卤化碳的贡献为12%。

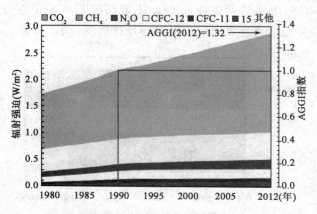

图2-9 温室气体大气辐射强迫和AGGI指数变化
数据来源：WMO，《Greenhouse Gas Bulletin》(2013)。

2.1.3 世界CO_2排放特征与趋势

1）化石能源CO_2排放的特征

1971—2011年，世界化石能源消费CO_2排放量由140亿t增加到313亿t，年均增长3.1%。2011年化石能源CO_2排放占人为温室气体排放量的88%。

从能源消费行业上看，电力和供暖、交通、制造和建筑占比较大。2011年电力和供暖排放CO_2 131亿t，占41.7%；交通排放70亿t，占22.3%；制造和建筑业排放65亿t，占20.8%；住宅排放32亿t，占10.3%；其他工业排放15亿t，占4.9%；交通和能源供应排放占了近2/3（图2-10）。

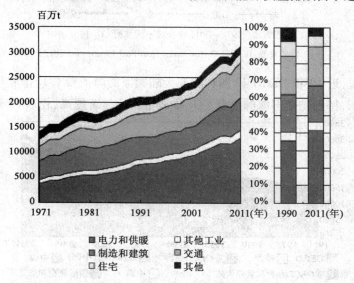

图2-10 1971—2011年全球分行业能源CO_2排放变化
数据来源：IEA，《CO_2 Emissions from Fuel Combustion Highlights》(2013)。

从能源消费种类上看,尽管石油消费占比最高,但煤炭产生的 CO_2 最多,2011 年占比达到 45%(图 2-11)。近 40 年煤炭消费排放的 CO_2 比重提高了 9.5 个百分点,石油比重降低了 15.3 个百分点,近 10 年煤炭迅速成为最主要的 CO_2 排放源(图 2-12)。

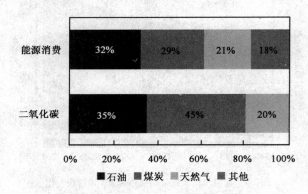

图 2-11　2011 年全球化石能源 CO_2 排放结构

数据来源:IEA,《CO_2 Emissions from Fuel Combustion Highlights》(2013)。

其他能源包括核能、太阳能、风能等。

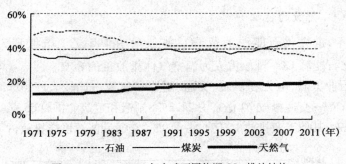

图 2-12　1971—2011 年全球不同能源 CO_2 排放结构

数据来源:IEA,《CO_2 Emissions from Fuel Combustion 2013》。

从区域上看,近 40 年 OECD、欧洲和欧亚大陆国家能源消费 CO_2 排放量占比明显降低,而亚洲、非洲、中东,特别是中国能源消费 CO_2 排放量占比显著提高(图 2-13 和图 2-14)。

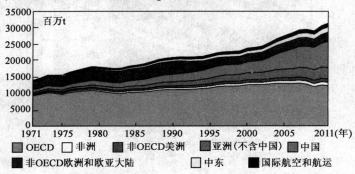

图 2-13　全球化石能源消费 CO_2 排放量变化

数据来源:IEA,《Key World Energy Statistics 2013》。

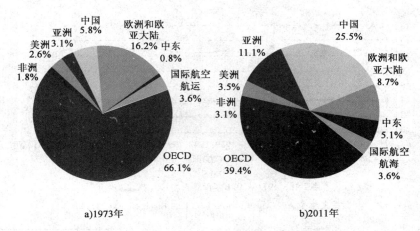

a) 1973年　　　　　　　　b) 2011年

图2-14　1973年和2011年全球化石能源消费CO_2排放区域构成

数据来源：IEA，《CO_2 Emissions from Fuel Combustion》(2013)。亚洲不包括中国，美洲、欧洲和欧亚大陆均为非OECD国家。

从排放量上看，各国差异很大。2011年排名前10的国家总计排放量为207亿t，约为全球总量的2/3。其中，中国排放最多，为79.5亿t(图2-15)。现在气候变暖实际上主要是发达国家历史上累积的碳排放造成的。从工业革命到1950年，发达国家CO_2排放量占全球累计排放量的95%；1950—2000年，发达国家碳排放量也占到全球的77%。

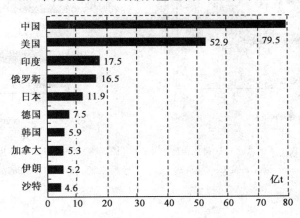

图2-15　2011年CO_2排放量前10国家

数据来源：IEA，《CO_2 Emissions from Fuel Combustion》(2013)。

从排放强度上看，近40年来世界平均CO_2排放强度呈上升趋势。由1971年的3.74t/人增加到2011年的4.50t/人。其中，OECD国家由10.47t/人下降9.95t/人；非OECD国家由1.46t/人增加到3.13t/人(图2-16)。2011年，中国CO_2排放强度为5.92t/人，较1990年增长近3倍，是世界平均水平的1.3倍，美国为16.94倍(图2-17)。

从单位GDP排放量上看，全球差异较大。中国绝对值和增长都很高，按照2005年不变价格计算，2011年中国为3.64kg CO_2/美元，比1990年翻了一番，是世界平均值的5.3倍，是非OECD国家的2.2倍(图2-18)。

交通与能源

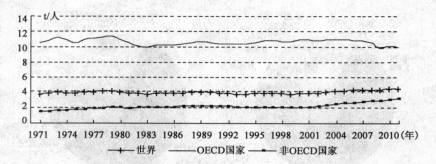

图 2-16　1971—2011 年世界人均 CO_2 排放变化
数据来源：IEA，《CO_2 Emissions from Fuel Combustion》(2013)。

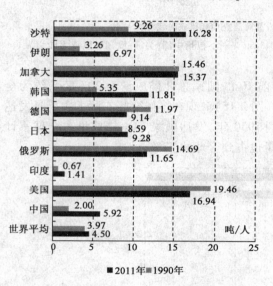

图 2-17　1990 和 2011 年世界主要国家的 CO_2 排放强度
数据来源：IEA，《CO_2 Emissions from Fuel Combustion》(2013)。

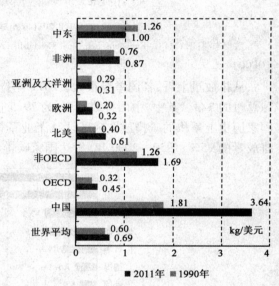

图 2-18　1990 和 2011 年世界单位 GDP 的 CO_2 排放
数据来源：IEA，《CO_2 Emissions from Fuel Combustion》(2013)。

2) 世界 CO_2 排放驱动因素

根据日本的 Yoichi Kaya 教授提出来的 Kaya 恒等式，一个国家或地区 CO_2 排放量的增长，主要取决于四个方面的因素：人口、人均 GDP、单位 GDP 能耗（能源经济强度）和能源结构（能源碳强度）：

$$CE = POP \cdot \frac{GDP}{POP} \cdot \frac{PEC}{GDP} \cdot \frac{CE}{PEC}$$

式中：CE(Carbon Emission)为碳排放；POP(Population)为人口；PEC(Primary Energy Consumption)为一次能源消费。

如图 2-19 所示，1990—2011 年全球 CO_2 排放增长近 50%，经济增长与能源消费的关系减弱,能源经济强度降低23%。但在能源碳强度变化不大的情况下,人口增长(32%)和人均GDP增长(48%),驱动CO_2排放显著增长。

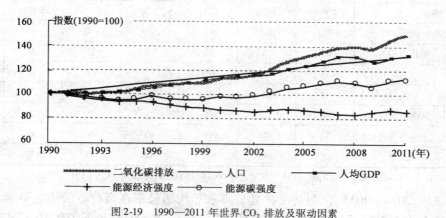

图2-19　1990—2011年世界CO_2排放及驱动因素

数据来源:IEA,《CO_2 Emissions from Fuel Combustion》(2013)。

3)世界温室气体排放趋势

全球控制气候变化的共识是2050年全球温升不能超过2℃。IPCC提出的减排方案是到2050年CO_2排放量减少到1990年水平的50%,即约105亿t。IEA提出2050年相对2005年减少50%,即约140亿t。

2012年,假定2035年全球经济增长140%、人口增长17亿,IEA按照4种政策情境预测了未来全球一次能源消费需求及温室气体排放趋势(表2-2)。当前政策情境指在各国2012年制定或实施的节能减排政策情境。新政策情境指在各国已实施政策和已经公开承诺的节能减排政策情境。450情境指控制全球平均温度不超过工业化前水平的2℃,需要将大气中温室气体浓度控制在450ppm水平下所采取的政策情境。高能效情境指最大限度提高能效下的政策情境,即所有提高能效的投资及相关政策得以有效的情境。

不同情境下世界一次能源消费需求和人为温室气体排放预测　　表2-2

	情境	基准	当前政策情境		新政策情境		450情境	
	年份	2010	2020	2035	2020	2035	2020	2035
一次能源需求（亿toe）	煤炭	34.74	44.17	55.23	40.82	42.18	35.69	23.37
	石油	41.13	45.42	50.53	44.57	46.56	42.82	36.82
	天然气	27.40	33.41	43.80	32.66	41.06	30.78	32.93
	核能	7.19	8.86	10.19	8.98	11.38	9.39	15.56
	氢能	2.95	3.77	4.60	3.88	4.88	4.01	5.39
	生物质能	12.77	15.04	17.41	15.32	18.81	15.68	22.35
	其他可再生能源	1.12	2.65	5.01	2.99	7.10	3.40	11.51
	总量	127.30	153.32	186.76	149.22	171.97	141.76	147.93
	化石能源比例	81%	80%	80%	79%	75%	77%	63%
	非OECD比例	55%	61%	66%	60%	65%	60%	63%

续上表

情境		基准	当前政策情境		新政策情境		450 情境	
年份		2010	2020	2035	2020	2035	2020	2035
人为温室气体排放（亿 tCO₂ 当量）	能源 CO_2	302	363	441	346	370	314	221
	其他 CO_2	15	18	20	13	12	10	9
	CH_4	76	88	101	73	77	62	52
	N_2O	31	36	40	31	31	27	25
	其他温室气体	09	15	26	6	08	05	6
	土地利用改变	53	40	19	40	19	40	19
	总量	487	560	647	508	518	459	459

数据来源：IEA，《World Energy Outlook 2012》。其他温室气体包括 HFCs、PFCs 和 SF_6。

预测显示，2010—2035 年，世界一次能源需求年均增长率在当前政策情境下为 1.5%，在新政策情境下为 1.2%（由 127 亿 toe 增长到 172 亿 toe），在 450 情境下为 0.6%（图 2-20）。其中，非 OECD 国家能源需求占比由 1973 年 36%，增长到 2010 年的 55%，到 2035 年的 64%（所有情境平均值）。虽然化石能源依然占据主体地位，但在 450 情境下，煤炭占比需显著下降，而可再生能源比例需由 13% 提高到 27%。

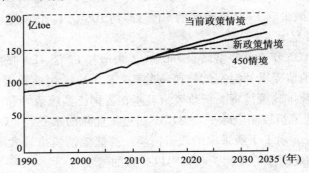

图 2-20　不同政策情境下世界一次能源消费需求趋势
数据来源：IEA，《World Energy Outlook 2012》。

在当前政策情境下，能源消费 CO_2 排放由 2011 年的 313 亿 t 增加到 2035 年的 441 亿 t，年均增长率为 1.5%。在新政策情境下，2035 年能源消费 CO_2 排放达到 370 亿 t，年均增长率为 0.7%。在 450 情境下，需要在 2020 年前使能源消费 CO_2 排放低于峰值 324 亿 t，在 2035 年下降到 221 亿 t。高能效情境下，2020 年前能源消费 CO_2 排放轨迹与 450 政策情境接近，之后排放上升到 2035 年达到 305 亿 t（图 2-21）。

2035 年，全球大气中温室气体浓度（CO_2 当量浓度）在当前政策情境下约为 950ppm，在新政策情境下约为 660ppm。在当前政策情境下，有 50% 的可能性全球平均温度会比工业化前水平升高 5.3℃，新政策情境下升高 3.6℃，450 情境下升高 2℃。

在新政策情境下，2010—2035 年 OECD 国家的能源消费 CO_2 排放将下降 16%，达到 104 亿 t，全球占比由 41% 下降到 28%；非 OECD 国家的能源消费 CO_2 排放将升高约 50%。其中，印度排放量增加 1 倍，如果中国人均排放量达到 OECD 国家的平均水平，能源消费 CO_2 排放量将超过美国和欧盟之和(图 2-22)。

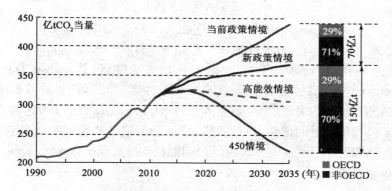

图 2-21　不同政策情境下世界能源消费 CO_2 排放趋势

数据来源:IEA,《World Energy Outlook 2012》。

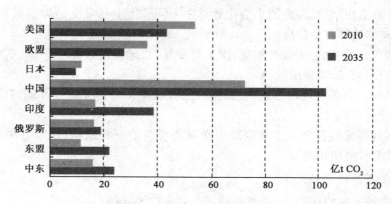

图 2-22　新政策情境下不同国家和地区能源消费 CO_2 排放

数据来源:IEA,《World Energy Outlook 2012》。

2.2　交通碳排放计算方法

2.2.1　交通碳排放分析方法

1) 交通碳排放分析模型

定义人均交通碳排放量为交通碳排放强度(Transport Carbon Emission Intensity,TCEI),单位运输能耗的碳排放为运输能耗碳排放强度(Transport Energy Carbon Emission Intensity,TECEI),单位运输量的能耗为运输能耗强度(Transport Energy Intensity,TEI),人均运输量为运输强度(Transport Intensity,TI),则:

$$交通碳排放强度 = \frac{交通碳排放量}{人口} = \frac{交通碳排放量}{运输能耗} \times \frac{运输能耗}{运输量} \times \frac{运输量}{人口}$$

$$= 运输能耗碳排放强度 \times 运输能耗强度 \times 运输强度$$

由于客、货运输以及不同运输方式的能耗碳排放强度、能耗强度和运输强度差异较大,交通碳排放量分析模型可具体化为：
$$TCE = TCE_P + TCE_F$$
$$TCE_P = POP \times TI_P \times (\sum \alpha_{Pi} \times TEI_{Pi} \times TECEI_{Pi})$$
$$TCE_F = POP \times TI_F \times (\sum \alpha_{Fi} \times TEI_{Fi} \times TECEI_{Fi})$$

式中：TCE 为交通碳排放，$kgCO_2$；下标 P 和 F 分别表示客运（Passenger Transport）和货运（Freight Transport）；下标 i 表示运输方式；TCE_P、TCE_F 为客（货）运碳排放，$kgCO_2$；POP（Population）为人口，人；TI_P、TI_F 为客（货）运强度，人(t)km/人；α_{Pi}、α_{Fi} 为第 i 种运输方式的客（货）运周转量占总客（货）周转量的比例；TEI_{Pi}、TET_{Fi} 为 i 种运输方式客（货）运能耗强度，kgoe/人(t)km；$TECEI_{Pi}$、$TECEI_{Fi}$ 为 i 种运输方式客（货）运能耗碳排放强度，$kgCO_2$/kgoe。

2）交通碳排放影响因素

基于交通碳排放量分析模型，交通碳排放主要受四个方面影响：

（1）人口。人口规模大，即使运输强度不高，运输量也很大，TCE 也就很大。此外，人口的城市化率、人口的消费结构、家庭的小型化等都在不同程度上导致交通碳排放的增加，人口的老龄化对交通碳排放具有负效应。

（2）运输强度。通常人均 GDP 越高，国土面积越大，地区发展越不平衡，资源禀赋与产业布局越不均衡的国家，运输强度就越大。

（3）运输结构。与各种运输方式的运输量比例，城市交通各种出行方式的比例，综合运输体系结构与组织水平有关。

（4）运输能耗碳排放强度。主要取决于交通能源消费燃料结构，也与各种运输工具的技术、使用和管理水平密切相关。

3）交通节能减排的途径

基于交通碳排放影响因素，交通节能减排主要有三大途径：

（1）结构性节能减排。结构性节能减排的成效最为显著。其根本途径就是根据各种运输方式的技术经济特征，优化交通运输资源配置，加快构建功能完善、结构合理、服务高效的综合运输体系，充分发挥各种运输方式的比较优势和组合效率。重点包括提高节能高效的铁路、水运比重，加快发展城市公共交通，优化公路网结构，优化综合交通枢纽布局等。

（2）技术性节能减排。主要是通过交通运输领域的技术进步，降低运输能耗碳排放强度 TECEI 和运输能耗强度 TEI。重点包括发展新能源载运工具，改善交通能源结构，减少对高排放化石能源的依赖；应用交通工具节能和维护技术，提高道路等级，提高新、旧载运工具的能源利用效率；发展智能交通运输技术，减少无效运输。

（3）管理性节能减排。主要是健全交通节能减排法规体系、技术标准和管理体制，完善节能减排保障和激励政策，建立行业、企业节能减排管理平台，建立交通运输节能减排的市场引导机制，加大交通节能减排的宣传教育，提高驾驶员节能素质，倡导低碳出行方式等。

2.2.2　交通碳排放估算方法

1）交通碳排放特点

交通碳排放主要来自各种交通工具消耗的化石燃料所排放的 CO_2、CH_4、N_2O，以及造成空气污染的其他污染物,如 CO、非甲烷挥发性有机化合物(NMVOCs)、SO_2、微粒物质(PM)和氮氧化物(NO_x)。

道路运输包括各种类型的轻型车辆、重型车辆、公共汽车和公路摩托车(包括助动车、踏板车和三轮车),运行基于多种类型的气态和液体燃料。

铁路机车包括柴油、电力或蒸汽三种类型。柴油机车一般使用柴油发动机结合交流发电机以生产需要的电力来为其牵引力提供动力,是铁路交通 CO_2 主要排放源。电力机车不直接产生移动 CO_2 排放。蒸汽机车一般用于局部运作(如观光胜地),对温室气体排放的贡献较小。

水运工具从游艇到大型远洋货船,主要由大型、慢速和中等速度的柴油发动机驱动,有时也由蒸气或气体涡轮机驱动(气垫船和水翼船)。相对而言,水运是 CO_2 排放较少的运输方式。

民航飞机发动机排放大致有 70% 的 CO_2、30% 的 H_2O 和不足 1% 的 NO_x、CO、SO_x、NMVOC、微粒和其他微量成分。一般而言,所有类型的飞机约 10% 的碳排放(除碳氢化合物和 CO),产生于机场地面滑行和着陆/起飞(Landing and Take-Off,LTO)期中,90% 的排放发生于高海拔的巡航期。对于碳氢化合物和 CO,70% 排放在高海拔。

2) 交通碳排放估算方法

根据《2006 年 IPCC 国家温室气体清单指南》,交通碳排放最易按主要运输活动进行估算。估算方法分为两大类:"自上而下"根据相关机构获得已有的燃料燃烧(销售燃料)统计数据计算;"自下而上"从终端消费处收集并汇交通工具行驶距离(Vehicle Kilometers Travelled,VKT)数据计算,主要通过调研和抽样调查方式获得数据。由于排放源极多,而且每个排放源类型、技术状况、燃料类型、行驶里程、路况等因素差异较大,"自下而上"方法估算的精度较低,"自上而下"方法利用能源统计数据换算精度较高。当城市或区域层面统计数据缺失时,无法只通过"自上而下"一种方式获得全部所需数据,通常需要结合两种方式进行数据收集。一般而言,基于销售燃料法适用于 CO_2,基于行驶距离法适用于 CH_4 和 N_2O。

基于销售燃料估算的一般公式为:

$$TCE = \sum_a (F_a \cdot EF_a)$$

式中:TCE 为每种交通方式的碳排放量,kg;F_a 为销售燃料量,TJ;EF_a 为排放因子,kg/TJ,等同于燃料含碳量乘以 44/12(将 C 转化为 CO_2),考虑了燃料中的所有碳(CO_2、CH_4、CO、NMVOC 和微粒形式排放出的碳);a 为燃料类型(如汽油、柴油、天然气、LPG 等)。

为提高 CH_4 或 N_2O 排放量估算精度,可以考虑交通工具类型和排放控制技术的不同:

$$TCE = \sum_{a,b,c} (F_{a,b,c} \cdot EF_{a,b,c})$$

式中:TCE 为每种交通方式的 CH_4 或 N_2O 排放量,kg;$F_{a,b,c}$ 为销售燃料量,TJ;$EF_{a,b,c}$ 为排放因子,kg/TJ;a 为燃料类型;b 为交通工具类型;c 为排放控制技术(如未控制排放、加催化器)。

基于 VKT 的道路运输 CH_4 或 N_2O 排放量估算公式为

$$TCE_R = \sum_{a,b,c,d} (S_{a,b,c,d} \cdot EF_{a,b,c}) + \sum_{a,b,c,d} C_{a,b,c,d}$$

式中:TCE_R 为道路运输 CH_4 或 N_2O 排放量,kg;$S_{a,b,c,d}$ 为某种车型在热稳定引擎运行阶段所行驶的距离，km；$EF_{a,b,c,d}$ 为排放因子，kg/TJ；a 为燃料类型；b 为车辆类型；c 为排放控制技术；d 为行驶条件（如城市或乡村道路类型、气候或其他环境因素）；$C_{a,b,c,d}$ 为热启动阶段的排放，kg。

民航碳排放可以按照着陆/起飞和航行两阶段计算

$$TCE_A = TCE_{LTO} + TCE_C$$
$$= \sum(N_{LTO} \cdot F_{LTO} \cdot EF_{LTO}) + \sum(F_T - F_{LTO}) \cdot EF_C$$

式中：TCE_A、TCE_{LTO}、TCE_C 分别为民航运输碳排放总量、着陆/起飞碳排放和巡航碳排放，kg；N_{LTO} 为飞机着陆/起飞次数；F_{LTO} 为每着陆/起飞燃料消耗，TJ；EF_{LTO} 为着陆/起飞排放因子，kg/TJ；F_T 为燃料消耗总量，TJ；$F_{LTO} = N_{LTO} \cdot F_{LTO}$ 为着陆/起飞燃料消耗，TJ；EF_C 为巡航排放因子，kg/TJ。

CO_2 排放因子是基于燃料的含碳量，并表示燃料碳氧化率为100%，IPCC 给出交通 CO_2 缺省排放因子和不确定性范围（表2-3）。

交通 CO_2 排放因子和不确定性范围（单位：kg/TJ）　　　　表2-3

运输类型	燃料类型	缺省	低限	高限
道路交通	汽油	69300	67500	73000
	柴油	74100	72600	74800
	CNG，LNG	56100	54300	58300
铁路运输	柴油	74100	72600	74800
水路运输	柴油	74100	72600	74800
航空运输	航空煤油	71500	69800	74400
	航空汽油	69300	67500	73000

数据来源：《2006年IPCC国家温室气体清单指南》。

由于车龄、维修水平、燃料燃烧氧化率、排放控制技术、发动机负荷、燃料构成（燃料质量高低、硫含量大小）等不同，发展中国家需考虑实际情况对排放因子进行修正。

2.3 世界交通碳排放特征与趋势

2.3.1 世界交通碳排放特征

1）交通是化石能源 CO_2 排放的主要来源

交通是全球第二大温室气体排放源，仅次于电力和供暖。1990—2011年，化石能源消费 CO_2 排放中交通排放比例始终在22%～24%范围。2011年，交通化石能源消费 CO_2 排放达70.0亿t，较1990的45.8亿t增长了52.8%（图2-23），其中交通石油消费 CO_2 排放达65.5亿t，占交通化石能源消费 CO_2 排放的93.6%。2010年，欧盟交通运输产生的温室气体排放比1990年增长了36%，如果没有相应的管制政策，到2050年将会在1990年的基础上增长74%。

专题2 交通发展与碳排放

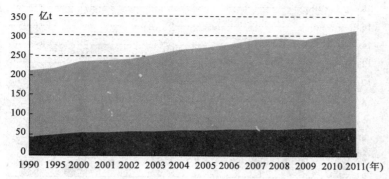

图 2-23 1990—2011 年世界能源消费和交通 CO_2 排放

数据来源：IEA，《CO_2 Emissions from Fuel Combustion Highlights》(2011—2013)。

2）交通 CO_2 排放的国别差异较大

交通 CO_2 排放与经济发展水平呈正相关性。如图 2-24 所示，1990—2011 年，OECD 国家的交通 CO_2 排放始终高于非 OECD 国家，而且 OECD 国家交通在能源消费 CO_2 排放中的占比（27%～29%），也明显高于非 OECD 国家（14%～17%）。

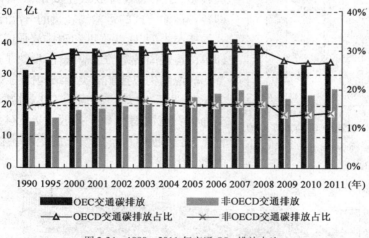

图 2-24 1990—2011 年交通 CO_2 排放占比

数据来源：IEA，《CO_2 Emissions from Fuel Combustion Highlights》(2011—2013)。

由于经济发展的不平衡，各国人均交通 CO_2 排放差异很大。一是人均交通 CO_2 排放差异很大。2011 年 OECD 国家为 2.7t，非 OECD 国家仅为 0.4t，相差 2.5 倍。最高的美国为 5.2t/人，是世界平均水平的 5 倍多，中国的 10 倍多，印度的 50 倍多（图 2-25）。二是交通占能源消费 CO_2 排放的比例差异很大。2011 年世界平均占比为 22.3%，OECD 国家占比为 27.3%，非 OECD 国家为 14.3%，相差近 2 倍。美国高达 31.0%，俄罗斯、日本分别为 15.0% 和 18.5%，中国、印度分别为 7.9% 和 9.7%。三是绝对量差异很大。2011 年，最高的美国达到 16.4 亿 t，中国高达 6.3 亿 t，前 10 国排放量占全球的 62%（图 2-26）。

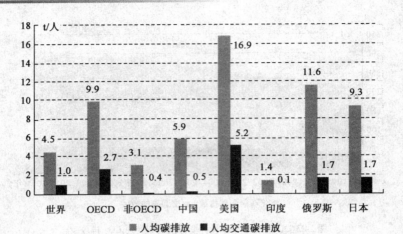

图 2-25 2011 年人均交通 CO_2 排放比较

数据来源：IEA,《CO_2 Emissions from Fuel Combustion》(2013)。

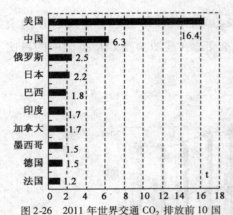

图 2-26 2011 年世界交通 CO_2 排放前 10 国

数据来源：IEA,《CO_2 Emissions from Fuel Combustion Highlights》(2013)。

3) 不同交通方式 CO_2 排放差异明显

交通 CO_2 排放主要受 4 个因素驱动：运输活动、运输结构、能耗强度、能源结构。运输活动即客货运周转量，是交通碳排放最主要的影响因素。运输结构即各种运输方式的运输周转量的分配比例，不同运输方式的能源类型、能耗强度和碳排放强度不同。能耗强度即单位运输周转量的运输能耗，反映了运输能源利用效率。能源结构包括能源类型结构比例及碳排放强度。

2011 年，全球道路运输 CO_2 排放达 51.7 亿 t，占交通化石能源消费 CO_2 排放的近 3/4，比 1990 年增长 57%，是交通 CO_2 排放增长的绝对主体和最主要驱动因素（图 2-27）。

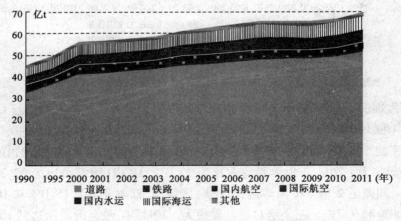

图 2-27 1990—2011 年世界交通 CO_2 排放结构

数据来源：IEA,《CO_2 Emissions from Fuel Combustion Highlights》(2011—2013)。

运输结构不同会导致燃料消耗和 CO_2 排放水平明显差异。2010 年，OECD 国家平均每千人拥有轻型载客汽车（轿车、SUV 等）超过 500 辆，美国为 812 辆，非 OECD 国家平均只有 128 辆，中国为 52 辆。由表 2-4 可见，轻型载客汽车成为 OECD 国家客运主体，航空比例也较高，因此其交通 CO_2 排放也较高。非 OECD 国家在客运上公交占比最高，两轮车（摩托车等）比例也较高。

2010 年世界客运周转量及其 CO_2 排放比例　　　　　　表 2-4

国家类别	运输方式	客运周转量比例(%)	CO_2 排放比例(%)
OECD	轻型载客汽车	71	79
	民航	15	17
	铁路	4	0
	公交	9	3
	两轮车	1	1
非 OECD	轻型载客汽车	25	51
	民航	7	20
	铁路	10	2
	公交	46	20
	两轮车	12	7

数据来源：OECD/ITF，《Transport Outlook 2012：Seamless Transport for Greener Growth》。

不同交通方式的燃油经济性和碳排放强度差异也较大。ITF 对 2007 年全球不同客货运输方式的温室气体排放水平研究表明，客运中公交和铁路碳排放水平较低，货运中水运和铁路碳排放水平较低（图 2-28）。

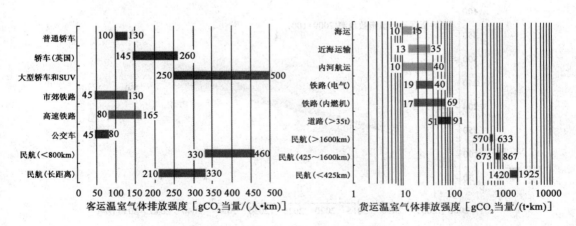

图 2-28　不同运输方式温室气体排放强度

数据来源：OECD/ITF，《Greenhouse Gas Reduction Strategies in the Transport Sector-Preliminary Report》。

2.3.2　世界交通碳排放趋势

1）世界交通运输需求

世界交通碳排放趋势与世界经济发展、人口增长、运输需求、燃油价格、机动车保有量及节能减排技术发展,以及各国能源政策、运输结构发展等紧密相关。

ITF 研究预测,2050 年世界客运周转量将比 2000 年增长 3.06~4.14 倍(图 2-29),世界货运周转量将比 2000 年增长 2.6~3.48 倍(图 2-30)。非 OECD 国家增速要快于 OECD 国家。在客运周转量方面,OECD 国家约增长 30%~40%,全球占比由 54% 下降到 22%;非 OECD 国家提高 5~6.5 倍,全球占比由 46% 增加到 78%。在货运周转量方面,OECD 国家约增长 65%~90%,全球占比由 52% 下降到 31%;非 OECD 国家提高 3.8~4.8 倍,全球占比由 48% 增加到 69%(图 2-31 和图 2-32)。

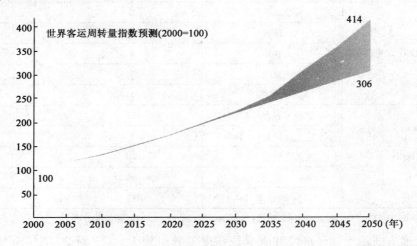

图 2-29　世界客运周转量变化趋势

数据来源:OECD/ITF,《Transport Outlook 2011: Meeting the Needs of 9 Billion People》。

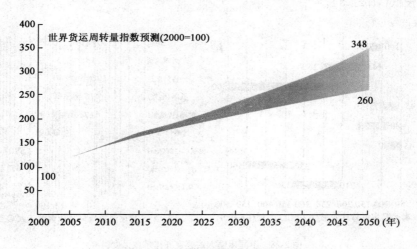

图 2-30　世界货运周转量变化趋势

数据来源:OECD/ITF,《Transport Outlook 2011: Meeting the Needs of 9 Billion People》。

在客运结构方面,随着私家车保有量增加,2050 年全球轿车和轻型卡车客运分担比例将明显提高,民航绝对增量最快,而公交比例下降最为明显,铁路比例略有下降。在路面货运结构方面,2050 年全球道路货车分担比例将明显提高,而铁路明显下降(图 2-33)。

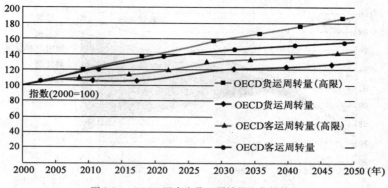

图 2-31　OECD 国家客货运周转量变化趋势

数据来源：OECD/ITF,《Transport Outlook 2011：Meeting the Needs of 9 Billion People》。

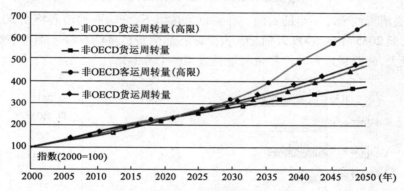

图 2-32　非 OECD 国家客货运周转量变化趋势

数据来源：OECD/ITF,《Transport Outlook 2011：Meeting the Needs of 9 Billion People》。

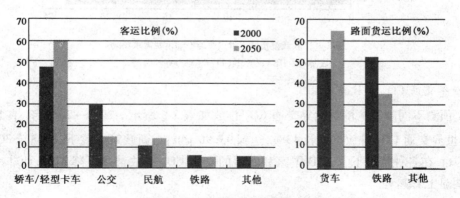

图 2-33　世界不同交通方式客货运周转量比例变化趋势

数据来源：OECD/ITF,《Transport Outlook 2011：Meeting the Needs of 9 Billion People》。

2）世界交通能源消费需求

IEA 预测,在高能效情境下,世界石油消费需求将由 2020 年前的峰值 9100 万桶/天,降到 2035 年的 8710 万桶/天,比新政策情境减少 1270 万桶/天（图 2-34）。其中,交通消费量减少最多,预期内累计节能超过 60%。

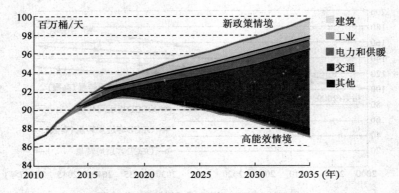

图 2-34　高能效情境下世界石油消费需求预测
数据来源：IEA，《World Energy Outlook 2012》。

目前,交通消费约全球一半的石油。在新政策情境下,交通石油消费将由 2011 年的 4600 万桶/天,增长到 2035 年的 6000 万桶/天,占全球石油消费总量约 60%。其中,轻型载客汽车石油消费量最大,公路货运石油消费量将增长近 40%(图 2-35)。

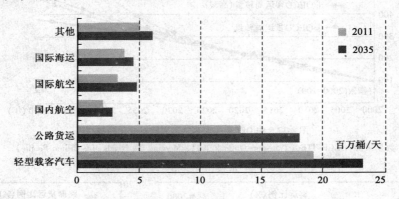

图 2-35　新政策情境下世界交通石油消费需求预测
数据来源：IEA，《World Energy Outlook 2012》。

3）世界交通 CO_2 排放趋势

IEA 预测不同政策情境下世界交通 CO_2 排放如表 2-5 所示。2010—2035 年,在当前政策情境下,世界交通 CO_2 排放将增长 43%,达到 93.96 亿 t；在新政策情境下,将增长 30%,达到 85.19 亿 t。在各种情境下,OECD 国家和欧盟的交通 CO_2 排放都呈下降趋势,而非 OECD 国家都呈明显上升趋势。

不同政策情境下世界交通 CO_2 排放预测　　　　表 2-5

区域	政策情境	交通 CO_2 排放（亿 t）				占能源 CO_2 排放比例		2010—2035 年均增长
		2010 年	2020 年	2030 年	2035 年	2010 年	2035 年	
世界	当前政策情境	65.65	76.17	87.32	93.96	41%	43%	1.4%
	新政策情境	65.65	75.12	81.62	85.19	41%	42%	1.0%
	450 情境	65.65	72.34	66.84	62.51	41%	39%	-0.2%

续上表

区域	政策情境	交通 CO_2 排放（亿 t）				占能源 CO_2 排放比例		2010—2035 年均增长
		2010 年	2020 年	2030 年	2035 年	2010 年	2035 年	
OECD 国家	当前政策情境	32.66	31.34	30.07	29.92	48%	45%	-0.3%
	新政策情境	32.66	30.84	26.86	25.13	48%	42%	-1.0%
	450 情境	32.66	29.91	21.62	17.47	48%	38%	-2.5%
非 OECD 国家	当前政策情境	22.07	32.68	43.36	49.07	27%	35%	3.2%
	新政策情境	22.07	32.18	41.20	45.60	27%	35%	2.9%
	450 情境	22.07	30.62	32.89	32.46	27%	32%	1.6%
欧盟	当前政策情境	8.92	8.06	7.82	7.76	42%	39%	-0.6%
	新政策情境	8.92	7.79	6.92	6.54	42%	36%	-1.2%
	450 情境	8.92	7.43	5.31	4.40	42%	32%	-2.8%

数据来源：IEA，《World Energy Outlook 2012》。

目前，道路交通占全球交通 CO_2 排放的 3/4，未来可以通过减少使用（如高油价）、推广新能源汽车、燃油经济性标准、使用生物燃料等途径减排。其中，提高能源利用效率是最有效的途径。预计到 2035 年，轻型载客汽车的燃油经济性将提高 40%～67%，货车能耗将减少 30%～50%。在 450 情境下，最有效的途径是提高汽车燃油经济性标准和提高乙醇、生物柴油使用率，到 2035 年可分别减排 51% 和 24%；采用混合动力汽车、插电式混合动力汽车、纯电动汽车可减排 18%（图 2-36）。

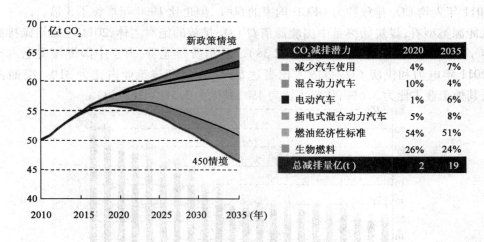

图 2-36　450 情境下世界道路交通 CO_2 减排途径

数据来源：IEA，《World Energy Outlook 2012》。

ITF 综合考虑客货运周转量增加、运输结构变化以及汽车燃油经济性的提高，2050 年全球交通 CO_2 排放将快速增加到 2000 年的 2.6～3 倍，即 147～170 亿 t（图 2-37）。

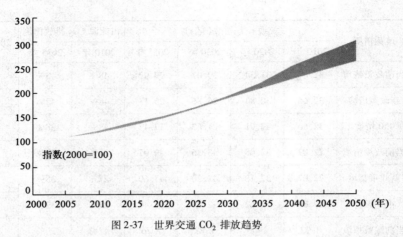

图 2-37 世界交通 CO_2 排放趋势

数据来源:OECD/ITF,《Transport Outlook 2011: Meeting the Needs of 9 Billion People》。

2.4 中国交通碳排放特征与趋势

2.4.1 中国交通碳排放特征

1) 交通碳排放量大、增速快

2006 年中国超过美国,成为能源消费 CO_2 排放最大的国家,尽管美国仍是全球累计和人均 CO_2 排放第一大国。1990—2011 年,由于经济发展和能源需求的急剧增长,中国能源消费 CO_2 排放增长 3.5 倍,年均增长 12%,由 22.78 亿 t 增长到 79.99 亿 t,接近全球总量的 1/4。虽然 2011 年人均 CO_2 排放约为 OECD 国家的 60%,但也比 1990 年增长了 3 倍。

从能源类型看,煤炭始终是中国能源消费 CO_2 排放的绝对主体,2011 年煤炭碳排放占比为 83%,石油为 14%,天然气为 3%(图 2-38)。从消费行业看,由于中国燃煤发电占比高于 80%,2011 年电力和供暖 CO_2 排放占比高达 50%,制造和建筑业占比为 31%;交通占比为 7.9%,其他工业占比为 3.6%,住宅占比为 4%,其他为 3.5%(图 2-39)。

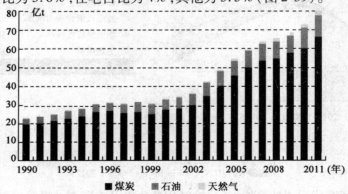

图 2-38 1990—2011 年中国分燃料能源消费 CO_2 排放

数据来源:IEA,《CO_2 Emissions from Fuel Combustion Highlights》(2013)。

1990—2011 年,交通 CO_2 排放从 1.36 亿 t 增加到 6.29 亿 t,列世界第二位(占全球交通 CO_2 排放总量的9%),增长 4.63 倍,年均增长 17.3%,明显高于中国能源消费 CO_2 排放增速,也远高于 2.5% 的世界平均增速,交通占能源消费 CO_2 排放的比例也由 6% 增加到 7.9%。

2)交通碳排放道路占比高、民航增速快

1990—2011 道路交通 CO_2 排放以年均 31.3% 的高增速,从 0.66 亿 t 迅速增长到 5.0 亿 t,在交通 CO_2 排放占比也由 48.1% 提高到 79.5%。2008 年交通 CO_2 排放 5.25 亿 t,道路 3.34 亿 t 占 63.8%,民航 0.62 亿 t 占 11.9%,水运 0.59 亿 t 占 16.4%(图 2-40)。

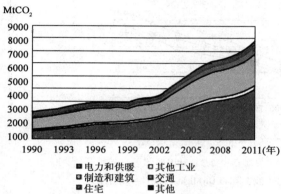

图 2-39　1990—2011 年中国分行业能源消费 CO_2 排放

数据来源：IEA,《CO_2 Emissions from Fuel Combustion Highlights》(2013)。

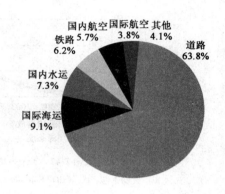

图 2-40　2011 年中国不同交通方式 CO_2 排放

数据来源：ITF/OECD,《Greenhouse Gas Emissions: Country Data 2010》。

1990—2008 年,国内航空 CO_2 排放增长最快,增长 1461 倍,年均增长 75.6%;国际海运增长 524 倍,年均增长 23.5%;道路增长 510 倍,年均增长 22.8%;国内水运增长 453 倍,年均增长 19.6%;国际航空增长 323 倍,年均增长 12.8%;铁路下降 27.9%(图 2-41)。

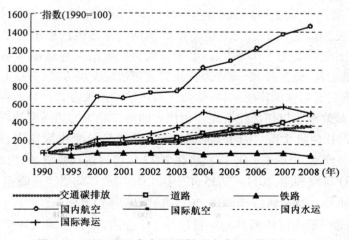

图 2-41　1990—2008 年中国不同交通方式 CO_2 排放变化

数据来源：ITF/OECD,《Greenhouse Gas Emissions: Country Data 2010》。

3）交通碳排放增长受多因素驱动

2000—2011年,中国经济增长快速,人均GDP增长了125%,综合运输强度增长了216%,交通能源强度增长了139%,人口增长了6.5%,人均CO_2和人均交通CO_2排放均增长了124%(图2-42)。说明交通CO_2排放的快速增长主要受经济发展、交通运输量和交通能源消耗的驱动。如果不是交通能效强度降低了24%,交通CO_2排放增速会更快。

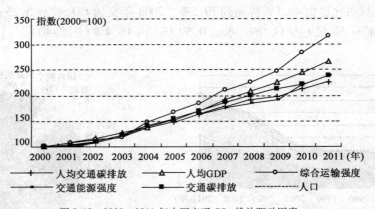

图2-42　2000—2011年中国交通CO_2排放驱动因素

数据来源:IEA,《CO_2 Emissions from Fuel Combustion Highlights》(2011—2013)。

2.4.2　中国交通碳排放趋势

2009年,国务院常务会议作出决定:到2020年,中国单位GDP CO_2排放将比2005年下降40%~45%。计划到2020年使非化石能源占一次能源消费比重达到15%左右,并增加"森林碳汇",使森林面积比2005年增加4000万公顷。

交通运输作为主要碳排放源之一,是国际温室气体减排、缓解气候变化的重要领域,建设低碳交通运输体系是我国实施应对气候变化国家战略的迫切要求。2010年,交通运输部启动了"车船路港"千家企业低碳交通运输专项行动。2011年,交通运输部发布了《建设低碳交通运输体系指导意见》和《建设低碳交通运输体系试点工作方案》,提出力争到2020年,基本建立起符合国家应对气候变化工作要求、以低碳排放为特征的交通运输体系。低碳交通运输是一种以高能效、低能耗、低污染、低排放为特征的交通运输发展方式,其核心在于提高交通运输的能源效率,改善交通运输的用能结构,优化交通运输的发展方式。目的在于使交通基础设施和公共运输系统最终减少以传统化石能源为代表的高碳能源的高强度消耗。

2013年,中国社会科学院、中国气象局联合发布《气候变化绿皮书:应对气候变化报告(2013)》。绿皮书预测,中国的CO_2排放将在2025年前后达到峰值,约为85.6亿t。

2013年WEO研究预测,2011—2035年中国CO_2排放年均增速将降至1.0%,排放量将增长30%;其中交通CO_2排放将持续增长,2035年占比达到13%。

发达国家交通一般占能源消费CO_2排放的1/3左右,而且中国人均交通CO_2排放仅为世界平均水平的一半,这表明未来随着经济发展,中国交通CO_2排放还有较大的增长空间,将成为碳排放的主体之一。

IEA《2013 世界能源展望》预测,2035 年非 OECD 国家 CO_2 排放量将达到 OECD 国家水平,中国人均排放量会超过欧洲,2012 年中国 CO_2 排放比美国多 60%,到 2035 年将达到美国的两倍。

道路是中国交通 CO_2 排放增长的绝对主体和主要驱动力,1990—2008 年道路交通 CO_2 排放增长了 410%,占比也从 48% 提高到 64%。欧盟的道路在交通 CO_2 排放中的占比高达 90% 以上,美国 85% 以上。而且,中国每千人拥有轻型载客汽车(主要是私家车)远低于非 OECD 国家平均水平。因此,未来随着机动车保有量的增长,中国道路客运交通 CO_2 排放很可能有较大幅度的增长。

美国埃森哲(Accenture)咨询公司研究表明,为实现减排目标,2020 年中国交通替代能源将占到交通总能源的 30%,柴油比例将明显下降(图 2-43);2020 年汽车保有量将达到 2 亿辆,年交通能源消费量将翻一番,汽油达到 8 千万 t 和柴油达到 1.8 亿 t,交通石油消费占比将由 33% 增加到 45%,交通 CO_2 排放将超过碳排放总量的 20%(图 2-44)。

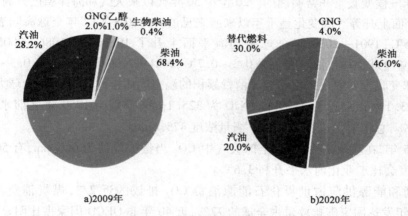

图 2-43 中国 2009 年和 2020 年交通能源结构

数据来源:Accenture,《The United States and China- The Race to Disruptive Transport Technologies》(2011)。

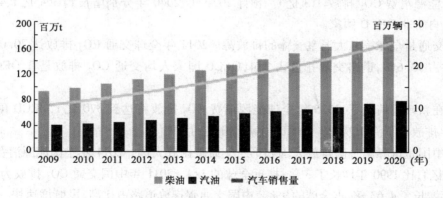

图 2-44 中国交通燃料消费量和汽车销售量预测

数据来源:Accenture,《The United States and China- The Race to Disruptive Transport Technologies》(2011)。

据 IEA 预测,2010—2035 年,在当前政策情境下,中国交通 CO_2 排放年均增长 4.5%,达到 15.05 亿 t,在能源消费 CO_2 排放中的占比也将由 15% 提高到 30%;在新政策情境下,年均增长 4.1%，达到 13.71 亿 t；在 450 情境下，年均增长 2.4%，达到 9.12 亿 t。三种政策情境下，年均增长率都远高于世界平均水平，也明显高于非 OECD 国家水平（表 2-6）。

不同政策情境下中国交通 CO_2 排放预测　　　　　　表 2-6

政策情境	交通 CO_2 排放（亿 t）				占能源 CO_2 排放比例		2010—2035 年均增长
	2010 年	2020 年	2030 年	2035 年	2010 年	2035 年	
当前政策情境	5.05	9.72	13.60	15.05	15%	30%	4.5%
新政策情境	5.05	9.63	12.85	13.71	15%	30%	4.1%
450 情境	5.05	9.23	9.78	9.12	15%	26%	2.4%

数据来源：IEA，《World Energy Outlook 2012》。

总结

（1）全球气候变暖是非常明确的。20 世纪 50 年代以来大气和海洋温度升高、冰雪覆盖面积减少、海平面上升等气候变化是千年以来所未见的。1880—2012 年全球海陆表面平均温度升高了 0.85℃；1901—2010 年全球平均海平面上升了 19cm。以 1986—2005 年为标准，2016—2035 年全球平均气温可能上升 0.3～0.7℃，2081—2100 年可能上升 0.3～4.8℃。

（2）全球变暖主要取决于化石能源消费累积的温室气体排放。2012 年全球大气中 CO_2 平均浓度为 393.1ppm、CH_4 为 1819ppb、N_2O 为 325.1ppb，分别为 1750 年之前水平的 141%、260% 和 120%，总辐射强迫相当于 CO_2 当量浓度 475.6ppm。

（3）2035 年，在新政策情境下，全球大气中 CO_2 当量浓度约为 660ppm，有 50% 的可能性全球平均温度会比工业化前水平升高 3.6℃。

（4）交通和能源供应占世界化石能源消费 CO_2 排放的近 2/3，煤炭消费占比为 45%。1950—2000 年发达国家碳排放量占全球的 77%，近 40 年非 OECD 国家占比明显提高。

（5）近 20 年全球 CO_2 排放增长近 50%，人口和人均 GDP 增长是主要驱动因素。2011 年世界化石能源消费 CO_2 排放 313 亿 t。预计 2020 年、2040 年分别增长到 364 亿 t、455 亿 t，主要增长来自于非 OECD 国家。

（6）交通是全球第二大温室气体的排放源。2011 年全球交通 CO_2 排放达 70.0 亿 t，石油消费排放占 93.6%，道路交通排放占 3/4，OECD 国家人均交通 CO_2 排放是非 OECD 国家的 2.5 倍。

（7）在新政策情境下，2035 年全球能源消费 CO_2 排放将达到 370 亿 t，OECD 国家的能源消费 CO_2 排放将下降 16%，非 OECD 国家将升高约 50%。

（8）中国是世界第一碳排放大国和第二交通碳排放大国。2011 年中国能源消费 CO_2 排放为 79.99 亿 t，比 1990 年增长了 3 倍，接近全球的 1/4。2011 年中国交通 CO_2 排放为 6.29 亿 t，比 1990 年增长了 4.63 倍，占全球的 9%。中国交通碳排放道路占比高、民航增速快。2011 道路交通 CO_2 排放为 5.0 亿 t，占比为 79.5%。1990—2008 年，国内航空 CO_2 排放增长 1461 倍。

（9）2010—2035 年，在当前政策情境下，中国交通 CO_2 排放年均增长 4.5%，达到 15.05 亿 t，在能源消费 CO_2 排放中的占比也将由 15% 提高到 30%。

拓展资料：应对气候变化国际合作与碳交易

1. 应对气候变化的国际合作

全球气候变化是21世纪人类面临的最复杂挑战之一，已经成为影响世界经济秩序、政治格局和世界环境的一个重要因素，也是决定世界能源前景的关键。遏制气候危机、拯救地球家园，是全人类共同的使命。自20世纪90年代以来，国际社会就对温室气体减排给予格外关注，一系列的国际行动框架逐步建立，全球温室气体减排行动更是如火如荼地开展。

1988年11月IPCC成立后，1990年发布了第一次气候变化评估报告。1990年12月，第45届联合国大会决定设立气候变化框架公约政府间谈判委员会。1992年5月，在纽约联合国总部通过了《联合国气候变化框架公约》(UNFCCC)，1992年6月，在首届联合国环境与发展大会上提交参会各国签署，于1994年3月21日生效，目前共有190多个国家和区域组织成为缔约方。确立了"稳定大气层中温室气体的浓度水平，控制人类对全球气候系统的影响"的目标，明确了发达国家和发展中国家之间负有"共同但有区别的责任"，规定发达国家应在20世纪末将温室气体排放恢复到其1990年的水平。

1997年12月，第3次缔约方会议在日本京都举行，通过了《〈联合国气候变化框架公约〉京都议定书》，规定了发达国家减排义务和促进发展中国家可持续发展的双重目标。规定了39个发达国家一期(2008—2012年)减排目标，即在1990年排放量的基础上6种主要温室气体排放量平均减少5.2%。并就减排途径提出了三种灵活机制：清洁发展机制(CDM)、联合履行(JI)和排放贸易(ET)。2005年2月16日《京都议定书》正式生效，目前共有129个国家和区域组织签署了《京都议定书》，但美国、澳大利亚等能源消耗大国以种种理由拒签议定书。

2005年底，在加拿大蒙特利尔召开的第11次缔约方大会，正式启动了2012年后的议定书二期减排谈判。2007年底，在印尼巴厘岛召开的第13次缔约方大会上通过了"巴厘路线图"，要求包括美国在内的所有发达国家缔约方都要履行可测量、可报告、可核实的温室气体减排责任，强调国际社会必须重视适应气候变化、技术开发和转让、资金三大问题。

2009年底，在丹麦哥本哈根召开的第15次缔约方大会上，产生了一个没有被缔约方大会通过的《哥本哈根协议》。就发达国家实行强制减排和发展中国家采取自主减缓行动做出了安排，并就全球长期目标、资金和技术支持、透明度等焦点问题达成广泛共识。2010年底，在墨西哥坎昆召开的第16次缔约方大会上，通过了《坎昆协议》。促使所有政府更加坚定地迈向低排放的未来之路，并支持加强发展中国家应对气候变化的行动。

在未来的全球气候变化谈判中，合作是大势所趋，各种力量将在竞争中磨合，协同塑造全球应对气候变化新格局。目前，在控制全球气候变暖的总体目标上，国际社会已经达成"2度共识"，即全球平均气温不应当比工业化前高出2℃，到2020年温室气体排放应比1990年降低25%~40%。目前各方虽然没有就2020年乃至2050年的量化减排指标达成一致意见，但发达国家应当减排40%以上，才能够为发展中国家仍将增排、逐步达到峰值留出余地。

2. 碳交易

碳交易是为促进全球温室气体减排，减少全球CO_2排放所采用的市场机制，就是合同的一方通过支付另一方获得温室气体减排额，买方可以将购得的减排额用于减缓温室效应从而实现其减排的目标。其交易市场被称为碳市场。

《京都议定书》规定了主要工业发达国家的温室气体减排目标,而发展中国家在2012年以前不需要承担减排义务,同时建立清洁发展机制(CDM),发达国家如果完不成减排任务,可以在发展中国家实施减排项目或购买温室气体排放量,作为自己的减排量。

由于发达国家的能源利用效率高,能源结构优化,新的能源技术被大量采用,进一步减排的成本高,在100美元/t碳以上。而在大多数发展中国家进行CDM活动,减排成本可降至20美元/t碳。这种巨大的减排成本差异形成了CO_2排放权的交易。发达国家更愿意把资金和技术投入到发展中国家,从而间接获得排放配额。发展中国家获得资金和技术时,发达国家及直接参与交易的碳交易商也会从交易中受益。

碳交易市场可以分为强制性市场和自愿市场。强制性市场是指在那些制定了强制性温室气体排放上限的国家或地区,控排主体为达标合规目的而进行碳交易。自愿市场则是指企业为企业社会责任、品牌建设、社会效益等目的,一方自愿减排产生减排量指标,另一方自愿购买减排量指标,达成交易。

强制性市场又分成两大类:一是基于配额的交易,买家在"总量管制与交易"体制下购买由管理者制定、分配或拍卖的排放配额;二是基于项目的交易,在"总量管制与交易"体制前提下,控排主体可以向可证实减低温室气体排放的项目购买经核证的减排指标,作为自身排放的抵扣。

欧盟于2005年1月建立了欧盟排放贸易体系(EU ETS),成为全球最大的多国家、多领域温室气体排放权交易体系。各成员国根据每年的总排放量向各企业分发碳排放配额,如果企业在一定期限内没有使用完碳排放配额,则可以出售;一旦企业的排放量超出分配的配额,就必须从没有用完配额的企业手中购买配额。EU ETS共包括约12000家大型企业,主要分布在能源密集度较高的重化工行业,包括能源、采矿、有色金属制造、水泥、石灰石、玻璃、陶瓷、制浆造纸、航空等。

目前,欧盟的碳交易市场最成熟,欧洲碳市场占据了全球大约80%的份额,美国的自愿碳交易行业更发达。全球碳排放交易额呈爆炸性增长,2004年3.77亿欧元,2008年达到910亿欧元,但从2009年下半年起,碳交易市场的扩张速度明显放缓,2013年交易量增长到120亿t。世界银行预测,到2020年全球碳排放交易量会达到3.5万亿美元,或将超过石油市场,成为最大的能源交易市场。

2008年以来,中国一直是国际碳市场的最大供给方,主要通过开发CDM项目接受发达国家的资金、技术支持,将项目产生的核证减排额出售,以出口方式参与碳交易。据联合国CDM执行理事会统计,截至2012年11月底,CDM注册项目有5139个,其中中国的注册项目超过2600个,占比近52%。

近年来,我国积极推进国内碳交易平台建设,成立了北京环境交易所、上海环境能源交易所、天津排放权交易所、深圳排放权交易所、广州碳排放交易所、湖北碳排放权交易中心和重庆碳排放交易中心等一批排放权交易机构。还有一些省份也在探索开展地方性碳交易平台建设。截至2013年12月,北京、上海、天津、深圳等碳交易所已经启动了碳排放权交易。试点交易涉及领域覆盖钢铁、化工、电力、热力、石化、造纸、有色、油气开采、大型建筑等,共有1558家企业或机构被纳入首批控排范围中。我国有望成为全球碳排放权交易第二大市场,覆盖7亿t碳排放。

本专题参考文献

[1] IPCC. Climate Change 2013: The Physical Science Basis. Working group Ⅰ contribution to the fifth assessment report (AR5) [R]. 2013.

[2] IPCC. Climate Change 2007: The Physical Science Basis. Contribution of working group Ⅰ to the fourth assessment report (AR4) [M]. Cambridge University Press, 2007.

[3] IPCC. 2006 IPCC guidelines for national greenhouse gas inventories, volume 2 energy [M]. Institute for Global Environmental Strategies (IGES), 2006.

[4] IPCC. Workshop report of the intergovernmental panel on climate change workshop on impacts of ocean acidification on marine biology and ecosystems [R]. Carnegie Institution, 2011.

[5] IPCC. Meeting report of the intergovernmental panel on climate change expert meeting on geoengineering [R]. Potsdam Institute for Climate Impact Research, 2012.

[6] WMO. 温室气体公报: 基于2012年全球观测的大气温室气体状况 [EB/OL]. 2013.

[7] IEA. CO_2 Emissions from fuel combustion highlights (2011, 2012, 2013 Edition) [M]. OECD/IEA.

[8] IEA. World energy outlook 2012 [M]. OECD/IEA, 2012.

[9] IEA. CO_2 emissions from fuel combustion (2013 Edition) [M]. OECD/IEA, 2013.

[10] IEA. Key world energy statistics 2013 [M]. OECD/IEA, 2013.

[11] IEA. Transport energy efficiency-implementation of iea recommendations since 2009 and next steps [M]. OECD/IEA, 2010.

[12] OECD/ITF. Greenhouse gas reduction strategies in the transport sector, preliminary report [R]. 2008.

[13] OECD/ITF. Greenhouse gas emissions: country data 2010 [EB/OL]. 2010.

[14] OECD/ITF. Reducing transport greenhouse gas emissions: trends & data 2010 [EB/OL]. 2010.

[15] OECD/ITF. Transport outlook 2011: meeting the needs of 9 billion people [R]. 2011.

[16] OECD/ITF. Transport outlook 2012: seamless transport for greener growth [EB/OL]. 2012.

[17] OECD. Environment at a glance 2013: OECD indicators [EB/OL]. 2013.

[18] Accenture. The United States and China-the race to disruptive transport technologies [R]. 2011.

[19] ECMT (European Conference of Ministers of Transport). Cutting transport CO_2 emissions: what progress [M]. OECD, 2007.

[20] 蔡博峰, 冯相昭, 陈徐梅. 交通二氧化碳排放和低碳发展 [M]. 北京: 化学工业出版社, 2012.

[21] 交通运输部. 公路水路交通节能中长期规划纲要 [EB/OL]. 2008.

[22] 交通运输部. 公路水路交通运输节能减排"十二五"规划 [EB/OL]. 2011.

[23] 交通运输部. 建设低碳交通运输体系指导意见 [EB/OL]. 2011.

[24] 交通运输部. 建设低碳交通运输体系试点工作方案 [EB/OL]. 2011.

专题3 绿色汽车

引 言

汽车工业发展经历了一个多世纪,它对人类社会的文明带来巨大影响。汽车在满足人们的物质生活需求的同时,也造成了能源的枯竭和环境的巨大破坏。因此,大力发展节能环保的绿色汽车将是人类在很长一段时期的历史任务。

为了实现各阶段的节能减排目标,世界各国及其汽车生产商都投入了很大的力量从事研发工作,包括传统内燃机汽车的进一步提升、各种新能源汽车的研发、代用燃料的利用,等等。中国已经成为世界第一汽车生产大国,应该因地制宜地推广应用适合的各种节能环保汽车。

3.1 燃油汽车能耗与排放

3.1.1 汽车能耗水平与各国的节能目标

能源与环境的压力促使世界各个国家及其汽车制造商在车辆节能方面不断进步。国际能源署(IEA)的研究数据表明,在过去的几年中,在道路上行驶的不同类型车辆的燃油经济性都有所提高。图3-1表明了1990—2010年之间世界范围内各类汽车的平均油耗。

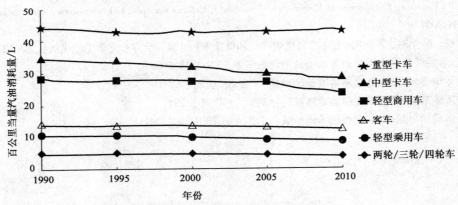

图3-1 1990—2010年世界范围内各类汽车的平均油耗
来源:IEA,2012年。

为了进一步降低汽车的能源消耗,世界上许多国家都出台了各自的标准来提高轻型车辆的燃油效率,降低二氧化碳排放(表3-1)。这些标准促使汽车制造商更快采用最新技术来降低油耗,同时限制或避免增加轻型车辆的尺寸、重量和功率。对于重型车的节能标准,许多国家还没有正式出台,目前世界上只有日本和美国等少数国家出台了标准。中国的行业标准QC/T 924—2011《重型商用车辆燃料消耗量限值(第一阶段)》于2012年7月1日起正式实施。

各国轻型车辆节能标准体系比较(截至2011年8月)　　　表3-1

国家或地区	目标年	标准类型	标准	目标车型	测试循环
美国/加州（制定）	2016	燃油经济性/GHG	34.1 mpg 或 250 gCO_2/mi	轿车/轻型卡车	US combined
美国（补充）	2025	燃油经济性/GHG	49.6 mpg 或 163 gCO_2/mi	轿车/轻型卡车	US combined
加拿大（制定）	2016	GHG	153（141）gCO_2/km	轿车/轻型卡车	US combined
欧盟（制定）	2015	CO_2	130 gCO_2/km	轿车/SUV	NEDC
欧盟（建议）	2020		95 gCO_2/km		
澳大利亚（自愿）	2010	CO_2	222 gCO_2/km	轿车/SUV/轻型商用车	NEDC
日本（制定）	2015	燃油经济性	16.8 km/L	轿车	JC08
日本（建议）	2020		20.3 km/L		
中国（建议）	2015	油耗	6.9 L/100km	轿车/SUV	NEDC
韩国（建议）	2015	燃油经济性/GHG	17 km/L 或 140 gCO_2/km	轿车/SUV	US combined

来源:IEA,《Fuel Economy of Road Vehicles 2012》。

国际能源署根据各国的节能标准和潜在技术的可能性,对主要车型的油耗进行了预测,如表3-2所示。按照现有的技术水平和发展趋势,到2030年,轻型乘用车的油耗将降低一半,中型和重型卡车的油耗降低30%左右,而两轮车的油耗则降低20%左右,轻型乘用车的年均降幅最大。

主要车型的油耗预测比较(百公里当量汽油消耗量/L)　　　表3-2

	2005	2010	2020	2030	年均降幅
乘用轻型车	8.1	7.6	5.4	4.1	-2.7%
轻/中型卡车	13.7	13.4	10.7	9.5	-1.5%
重卡和客车	39.1	35.9	38.1	27.1	-1.5%
两轮车	2.8	2.9	2.6	2.3	-0.8%

来源:IEA,《Fuel Economy of Road Vehicles 2012》。

3.1.2　汽车主要排放污染

除了氢内燃机,几乎所有装载内燃机的汽车都是利用碳氢化合物燃料的燃烧来获得驱动力。在实际内燃机的燃烧中,除了生成 CO_2 和 H_2O 之外,还会生成一定量的氮氧化物(NO_x)、一氧化碳(CO)、未燃碳氢(HC)、硫氧化物(SO_x)和颗粒(PM)等,NO_x 和 HC 等一次排放物在太阳光的作用下还会产生光化学烟雾。这些生成物会对人体健康和环境造成伤害。目前排放法规限值的是 NO_x、HC、CO 和微粒 4 种。

1) NO_x

氮气是一种惰性气体,常规条件下,不会与空气中的氧气发生反应。但是在发动机内,高温高压对 NO_x 的形成创造了有利条件。发动机中产生 NO_x 必须同时具备 3 个条件:高温、高温持续时间、富氧,其中温度是最重要的参数。最容易产生的是 NO,N_2 和 N_2O 相对较少。NO 排放到空气中会与 O_2 发生反应生成 NO_2,NO_2 与水反应生成 HNO_3,并形成"酸雨"。酸雨会破坏森林植被,还会对历史遗迹产生剥蚀作用。汽车尾气中的氮氧化物与碳氢化合物经紫外线照射发生反应形成的有毒烟雾,称为光化学烟雾。光化学烟雾具有特殊气味,刺激眼睛,伤害植物,并能使大气能见度降低。

2) CO

发动机中的 CO 是因为碳氢化合物在缺氧条件下不完全燃烧产生的。由于汽油机属于当量比燃烧,容易产生大量的 CO 排放,大约占排放总量的 0.2%~0.5%。即使是柴油机,虽然总体上属于稀薄燃烧,但其混合气成分极不均匀,局部缺氧也会生成 CO,但其量值比汽油机小很多。一氧化碳是无色、无臭、无味的气体。一氧化碳进入人体之后会和血液中的血红蛋白结合,产生碳氧血红蛋白,进而使血红蛋白不能与氧气结合,从而引起机体组织出现缺氧,导致人体窒息死亡。

3) HC

仅由碳和氢两种元素组成的有机化合物称为碳氢化合物。碳氢的种类非常多,结构已知的烃在 2000 种以上。如果尾气不进行后处理,汽油机中的未燃碳氢排放可能高达 6000ppm。未燃碳氢是碳氢燃料不完全燃烧的产物,对生命体是有害的,其中有些是直接的毒物或致癌物,例如颗粒状物质、苯等。同时,汽车排放的碳氢化合物(除了甲烷)也是光化学烟雾的主要生因之一。

4) SO_x

燃料杂质产生的排放污染主要是硫化物。燃料中的硫或硫化物(例如硫化氢)在发动机内与氧气燃烧会产生 SO_x,其中主要为 SO_2。当 SO_2 进一步与空气接触时会产生 SO_3,随后 SO_3 与水反应生成硫酸,成为酸雨的主要成分。

5) PM

虽然柴油机总体上讲属于稀薄燃烧,但在气缸内的局部存在富油区域,燃烧时会产生大量碳烟排放,并且主要是在发动机全负荷或加速工况条件下产生。人们平常看到柴油车爬坡或加速时尾气冒黑烟,正是这个原因。根据目前的研究,汽车排放中的颗粒(Particulate Matter, PM)主要有三种,如表 3-3 所示。

汽车尾气冒烟,是人们平常能够看到的颗粒排放,此外还有更细小的颗粒排放,是用肉眼无法观测到的,例如 PM2.5(细颗粒物)。细颗粒物指环境空气中空气动力学当量直径小于等于 2.5μm 的颗粒物,其直径小于人类头发的 1/20。它能较长时间悬浮于空气中,其在空气中含量浓度越高,就代表空气污染越严重。PM2.5 粒径小,面积大,活性强,易附带有毒、有害物质(例如,重金属、微生物等),且在大气中的停留时间长、输送距离远,因而对人体健康和大气环境质量造成严重影响。

汽车颗粒排放成分与质量分数　　　　　　　表 3-3

成　分	质　量　分　数	成　分	质　量　分　数
干碳烟(DS)	40% ~ 50%	硫酸盐(Sulfate)	5% ~ 10%
可溶性有机成分(SOF)	35% ~ 45%		

美国国家航空航天局(NASA)2010 年 9 月公布了一张全球空气质量地图,专门展示世界各地细颗粒物的密度。地图由达尔豪斯大学的两位研究人员制作,他们根据 NASA 的两台卫星监测仪的监测结果,绘制了一张显示出 2001 年至 2006 年细颗粒物平均值的地图,如图 3-2 所示。

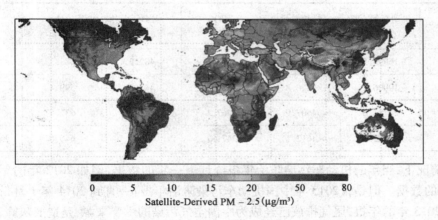

图 3-2　2001—2006 年全球细颗粒物平均值

世界卫生组织(WHO)认为,细颗粒物小于 10 是安全值,而中国这些地区全部高于 50 接近 80,比撒哈拉沙漠还要高很多。图中所示还仅仅是 2006 年以前的数据。

6)光化学烟雾

光化学烟雾(Photochemical Smog)是汽车、工厂等污染源排入大气的碳氢化合物(HC)和氮氧化物(NO_x)等一次污染物在阳光(紫外光)作用下发生光化学反应生成臭氧(O_3)和其他二次污染物,参与光化学反应过程的一次污染物和二次污染物的混合物(其中有气体污染物,也有气溶胶)所形成的烟雾污染现象。

光化学烟雾中的臭氧会强烈刺激人的呼吸道,造成咽喉肿痛、胸闷咳嗽、引发支气管炎和肺气肿;造成人的神经中毒,头晕头痛、视力下降、记忆力衰退;对人体皮肤中的维生素 E 起到破坏作用,致使人的皮肤起皱、出现黑斑;臭氧还会破坏人体的免疫机能,诱发淋巴细胞染色体病变,加速衰老,致使孕妇生畸形儿;光化学烟雾能促使哮喘病患者哮喘发作,能引起慢性呼吸

交通与能源

系统疾病恶化、呼吸障碍、损害肺部功能等症状,长期吸入氧化剂能降低人体细胞的新陈代谢,加速人的衰老。

光化学烟雾会加速橡胶制品的老化和龟裂,腐蚀建筑物和衣物,缩短其使用寿命。影响植物的生长,降低植物对病虫害的抵抗力。

光化学烟雾的重要特征之一是使大气能见度降低、视程缩短,这主要是由于污染物质在大气中形成的光化学烟雾气溶胶所引起的。这种气溶胶颗粒不易因重力作用而沉降,能较长时间悬浮于空气中,长距离迁移。它们与人视觉能力的光波波长相一致,能散射太阳光,从而明显地降低大气的能见度,妨害汽车与飞机等交通工具的安全运行,导致交通事故增多。

3.1.3 中国机动车排放现状

中国近几年开始发布中国机动车污染防治年报,表3-4列出了我国自2009—2012以来的机动车排放情况。

中国2009—2012年机动车排放情况　　　　　　　　　　表3-4

年份 (年)	机动车保有量 (万辆)	排放总量 (万t)	CO (万t)	HC (万t)	NO_x (万t)	PM (万t)
2009	16993.5	5143.3	4018.8	482.2	583.3	59.0
2010	19006.2	5226.8	4080.4	487.2	599.4	59.8
2011	20754.6	4607.9	3467.1	441.3	637.5	62.1
2012	22382.8	4612.1	3471.7	438.2	640.0	62.2

通常情况下,当年的机动车污染防治年报统计上一年的数据,例如2012年的年报统计的是2011年的数据。但是,《2013年中国机动车污染防治年报》一直到2014年1月份才发布出来。根据2013年的年报,尾气排放已经成为中国空气污染的主要来源,是造成灰霾、光化学烟雾污染的重要原因。据测算,未来5年,中国还将新增机动车1亿辆以上,新增车用汽柴油消耗1亿～1.5亿t,由此造成巨大的环境压力。

近年来,国家先后实施了《重点区域大气污染防治"十二五"规划》、发布了《大气污染防治行动计划》。主要从六个方面推进机动车污染治理工作:一是加强城市交通管理。优化城市功能和布局规划,推广智能交通管理,缓解城市交通拥堵;二是提升燃油品质。力争在2014年底前供应国四车用柴油,2015年底前京津冀、长三角、珠三角等区域内重点城市全面供应国五车用汽柴油,2017年底前全国供应国5车用汽柴油;三是加速淘汰"黄标车"和老旧车辆;四是加强机动车环保管理。加大对新生产机动车环保监管力度,全面推行在用机动车环保标志管理;五是加快推进低速汽车升级换代。不断提高低速汽车节能环保要求,促进相关产业和产品技术升级换代;六是大力推广使用新能源汽车。

2012年,中国机动车保有量比2011年增长7.8%,但四项污染物排放总量与2011年基本持平,这与实施更严格的机动车排放标准、加快淘汰高排放的"黄标车"、提升车用燃油品质等措施有关。

3.1.4 排放性法规

快速发展的汽车工业不仅为人类做出了重要的贡献,同时也给环境带来极大的危害。1955年美国洛杉矶的光化学烟雾污染事件,促使人们进行反思,意识到汽车尾气对环境的危害。随着世界经济快速发展和人们环保意识不断提高,世界各国制定了越来越严格的环保法规或汽车排放法规。世界上汽车排放法规主要有三个体系:美国、欧洲和日本。日本汽车技术法规正在向欧洲法规体系靠拢,作为三大法规体系之一的地位正在不断的弱化。世界其他大多数国家是参照欧洲或美国制定本国排放法规。国外的汽车排放法规的形成和发展大体可分为三个阶段:

第一阶段:1966—1974年,汽车排放法规的形成阶段。这一阶段,美、日、欧等分别制定了国家汽车排放法规,从控制汽油车曲轴箱排放的HC开始,到限制怠速排放的CO、HC、NO_x的排放量。1966年,美国加利福尼亚州实施世界上第一个"汽车排放法规"(7工况法),1968年前美国一直采用加州汽车排放标准。从1968年起美国才有了联邦汽车排放标准。1966年日本实施"大气污染防止法"(怠速检测CO),1970年欧洲开始实施排放法规(怠速检测CO、HC)。

第二阶段:1975—1992年,汽车排放法规的加强和完善阶段。美国从1975年实施《马斯基法》并采用FTP-75规程LA-4CH工况,不断强化CO和HC限值,并逐年加强对NO_x的限值。日本于1991年在10工况后增加了高速工况称为10.15工况。10.15工况的排放限制与10工况相比没有改变,但由于增加了高速工况,使NO_x排放量增加,实质上加严了排放限制。

欧洲ECE(欧洲经济委员会)法规在这一阶段变化较大。1975年10月执行R15/01法规,只对CO及HC进行了限制。1977年10月执行R15/02法规,增加对NO_x的限制。1979年执行R15/03法规,1982年执行R15/04法规,将HC+NO_x加到一起进行限制。

第三阶段:1992年以后,加强对HC的控制进入低污染车时期。1998年ECE开始实施ECE-R83新法规,将排放限值减少到原来的40%,并将按车辆质量划分限值改为按发动机排量划分。这一阶段是汽车排放控制技术发展最快、大气质量改善最为明显的时期。三效催化剂和电子燃油喷射技术就是在这一时期发展的。欧Ⅳ和欧Ⅴ标准分别在2005年和2009年实行,而欧Ⅵ标准于2014年9月实施。表3-5为欧洲轻型车欧1-欧6排放法规限值,表3-6为欧洲轻型车NEDC测试循环,表3-7和表3-8分别为欧洲重型车ESC和ETC测试循环的排放法规限制。

欧洲轻型车欧1~欧6排放法规限值　　　表3-5

描述		EU1 1992	EU2 1996	EU3 2000	EU4 2005	EU5 2009	EU5+ 2011	EU6 2014
平均废气排放		是				+	+	+
点燃式发动机	CO mg/km	2720	2200	2300	1000	1000	1000	1000
	HC mg/km	—	—	200	100	100	100	100
	HC+NO_x mg/km	970	500					
	NO_x mg/km	—	—	150	80	60	60	60
	NMHC mg/km					68	68	68
	PM mg/km			—	—	5	4.5	4.5

续上表

描述			EU1 1992	EU2 1996	EU3 2000	EU4 2005	EU5 2009	EU5+ 2011	EU6 2014
压燃式发动机	CO	mg/km	2720	1000	640	500	500	500	500
	HC+NO_x	mg/km	970	700	560	300	230	230	170
	NO_x	mg/km	—	—	500	250	180	180	80
	PM	mg/km	140	80	50	25	5	4.5	4.5
	PN	#/km				—		6E11	6E11

注:#/km 表示单位距离排放颗粒物数量。

欧洲轻型车 NEDC 测试循环　　　　　　　　　　　　　　　　　　表 3-6

参数	单位	ECE 15	EUDC
测试距离	km	4×1.013=4.052	6.955
持续时间	s	4×195=780	400
平均速度	km/h	18.7(包括怠速)	62.6
最大速度	km/h	50	120

欧洲重型车 ESC 循环排放法规限值　　　　　　　　　　　　　　表 3-7

描述			EU-Ⅰ 1990	EU-Ⅱ 1996	EU-Ⅲ 2000	EU-Ⅳ 2005	EU-Ⅴ 2008	EU-Ⅵ 2013
ESC测试循环	CO	g/(kW·h)	4.50	4.00	2.10	1.50	1.50	1.50
	THC	g/(kW·h)	1.10	1.10	0.66	0.46	0.46	0.13
	NMHC	g/(kW·h)			—			
	CH_4	g/(kW·h)			—			
	NO_x	g/(kW·h)	8.00	7.00	5.00	3.50	2.00	0.40
	PM	g/(kW·h)	3.60	0.15	0.10	0.02	0.02	0.01
	NH_3	ppm	—	—	—	25	25	10

欧洲重型车 ETC 循环排放法规限值　　　　　　　　　　　　　　表 3-8

描述			EU-Ⅰ 1990	EU-Ⅱ 1996	EU-Ⅲ 2000	EU-Ⅳ 2005	EU-Ⅴ 2008	EU-Ⅵ 2013
ETC测试循环	CO	g/(kW·h)	—	—	5.40	4.00	4.00	4.00
	THC	g/(kW·h)						0.16
	NMHC	g/(kW·h)	—	—	0.78	0.55	0.55	—
	CH_4	g/(kW·h)	—	—	1.60	1.10	1.10	—
	NO_x	g/(kW·h)	—	—	5.00	3.50	2.00	0.40
	PM	g/(kW·h)	—	—	0.16	0.03	0.03	0.01
	NH_3	ppm	—	—	—	25	25	10

以美国为代表,从 1990 年大幅度修改大气清洁法,要求到 2003 年以后,对 CO、HC 和 NO_x

的限制从 1993 年的基准分别降低到 50%、25% 和 20%。美国加州的排放法规比美国环保署的要求严格得多。20 世纪 90 年代初,美国加州政府根据其环保目标,制订了一套更为严格的车辆排放标准——低排放车辆法规。该法规将轻型车分为过渡低排放车辆(TLEV)、低排放车辆(LEV)、超低排放车辆(ULEV)和零排放车辆(ZEV)。1990 年,提出低排放汽车(LEV)和零排放汽车(ZEV)的排放标准;1998 年,采用 LEV Ⅱ 排放标准;1999—2003 年,实施 Tier 1 和 TLEV 标准;2004 年,开始实施 LEV Ⅱ 标准。表 3-9 为加州低排放车(LEV Ⅱ)标准。

LEV Ⅱ 排放标准(针对乘用车和重量小于 8500 磅的轻型车)(单位:g/mile)   表 3-9

类别	50000mile/5 年					120000mile/11 年				
	NMOG	CO	NO_x	PM	HCHO	NMOG	CO	NO_x	PM	HCHO
LEV	0.075	3.4	0.05	—	0.015	0.090	4.2	0.07	0.01	0.018
ULEV	0.040	1.7	0.05	—	0.008	0.055	2.1	0.07	0.01	0.011
SULEV						0.010	1.0	0.02	0.01	0.004

LEV—Low Emission Vehicle
ULEV—Ultra-Low Emission Vehicle
SULEV—Super Ultra Low Emission Vehicle
NMOG—非甲烷有机气体;HCHO—甲醛

为了进一步降低汽车能耗并降低二氧化碳排放,美国环境保护局和高速公路安全管理局根据 2012 年的车型,制定了 2025 年主要车型节能减排必须达到的标准,如表 3-10 所示。

美国 2012 年代表车型 2025 年 CO_2 排放与燃油经济性目标   表 3-10

车型	车型代表	投影面积(sq.ft)	EPA CO_2 排放目标 (g/mile)	NHTSA 燃油经济性目标 (mile/gal)
轿车				
小型车	Honda Fit	40	131	61.1
中型车	Ford Fusion	46	147	54.9
全尺寸车	Chrysler 300	53	170	48.0
轻型车				
小型 SUV	4WD Ford Escape	43	170	47.5
中型酷越	Nissan Murano	49	188	43.4
小型货车	Toyota Sienna	56	209	39.2
大型皮卡	Chevy Silverado	67	252	33.0

中国从 1984 年 4 月 1 日开始实施汽车排放法规,最初的 GB 3842~3844—83 分别为汽油车怠速污染物、柴油车自由加速度烟度、柴油车全负荷烟度排放标准,仅规定了单一工况的排放限值,也没有控制 NO_x 排放。后参照欧洲排放法规,于 1989 年颁布了轻型车排放标准 GB 11641—1989 及其测试方法 GB 1162—1989,采用 15 工况测试循环。后来实施的各阶段排放法规限制基本与欧洲标准一致。

2000 年 1 月,中国开始实施 GB 14761—1999 法规(简称国Ⅰ标准),其标准和测试方法基本与欧Ⅰ标准等效。时间与欧洲相差 8 年。后来,又分别于 2004 年 7 月和 2007 年 7 月实施了国Ⅱ和国Ⅲ(相当于欧Ⅱ和欧Ⅲ)排放法规。为了缓解日益严峻的市区大气污染状况,北京率先于1999年1月实施国Ⅰ标准,并于2008年3月提前实施国Ⅳ标准。而全国实施国Ⅳ标准的时间为2010年,但各地实际执行的时间又各不相同。而国Ⅴ标准全面实施日期为2018年1月1日,包括对车和油的限制。国Ⅴ标准中,汽车污染控制装置的耐久性里程翻倍,由原来的8万km增加到16万km。即在16万km之内,汽车污染物排放应达到该标准限值要求。对于大多数家用轿车来说,16万km基本涵盖了整个使用寿命期。表3-11和表3-12分别显示了国Ⅲ以后的各测试循环的法规限制。

ESC 和 ELR 试验限制   表3-11

阶段	一氧化碳(CO) [g/(kW·h)]	碳氢化合物(HC) [g/(kW·h)]	氮氧化物(NO_x) [g/(kW·h)]	颗粒物(PM) [g/(kW·h)]	烟度(m^{-1})
Ⅲ	2.1	0.66	5.0	0.10 0.13(1)	0.8
Ⅳ	1.5	0.46	3.5	0.02	0.5
Ⅴ	1.5	0.46	2.0	0.02	0.5
EEV	1.5	0.25	2.0	0.02	0.15

注:对每缸排量低于$0.75dm^3$,及额定功率转速超过3000r/min的发动机。

ETC 试验限制   表3-12

阶段	一氧化碳(CO) [g/(kW·h)]	非甲烷碳氢化合物(NMHC) [g/(kW·h)]	甲烷(CH_4)① [g/(kW·h)]	氮氧化物(NO_x) [g/(kW·h)]	颗粒物(PM)② [g/(kW·h)]
Ⅲ	5.45	0.78	1.6	5.0	0.16(0.21③)
Ⅳ	4.0	0.55	1.1	3.5	0.03
Ⅴ	4.0	0.55	1.1	2.0	0.03
EEV	3.0	0.40	0.65	2.0	0.02

注:①仅对NG发动机;
②不适用于第Ⅲ、Ⅳ和Ⅴ阶段的燃气发动机;
③对每缸排量低于$0.75dm^3$及额定功率转速超过3000r/min的发动机。

3.2 燃油汽车节能减排技术

3.2.1 汽车节能减排技术路径

除了智能交通技术、交通物流网技术等方面,单从汽车技术的角度出发,要实现汽车节能减排,目前汽车行业主要从以下几个方面开展工作。

1) 发动机高效化

在当前技术水平条件下,汽油机和柴油机的热效率分别为30%和40%左右。要实现节能减排,需要在传统发动机上进一步挖掘潜力,例如提高压缩比、采用稀薄燃烧、缸内直喷等技术可以提高发动机的热效率。采用新的燃烧模式,例如HCCI燃烧模式、柴油压缩引燃混合气燃烧模式等。此外,现代汽车行业将动力总成(包括发动机和变速箱等部件)进行优化匹配设计,以达到节能减排的目的。

2）汽车轻量化

汽车轻量化，就是在保证汽车的强度和安全性能的前提下，尽可能地降低汽车的整备质量，从而提高汽车的动力性，减少燃料消耗，降低排气污染。已有实验证明，若汽车整车重量降低10%，燃油效率可提高6%~8%；汽车整备质量每减少100kg，百公里油耗可降低0.3~0.6L。目前轻量化设计主要采用的技术主要归纳为两大技术路线：一是车身结构优化设计，包括主流车型持续优化，采用计算机辅助设计，以及采用承载式车身等技术；二是采用轻质材料，例如铝合金、高强度钢板、塑料以及其他新型材料。

3）轿车柴油化

对比汽油车，柴油车更环保、节能。经过十几年发展，特别是高压共轨技术的应用，使得现代柴油机排放更清洁、具有更高的经济性和动力性。数据显示，与同排量的汽油机相比，柴油车可实现节油30%、减少二氧化碳排放25%，而动力却可以提升50%。从可靠性上来看，柴油发动机的转速较低，气缸燃烧温度相比较低，零部件磨损比汽油发动机小，寿命相对较长，因此，柴油发动机的故障率远低于汽油发动机。从使用性能上来看，柴油机的动力性能更好。柴油机在部分负荷运转时的燃烧比全负荷时更好，无进气节流损失，因此，城市工况下柴油机的动力性能更优于汽油机。

4）新能源汽车

发展混合动力、纯电动、燃料电池等新能源汽车。混合动力汽车可以回收制动、下坡、怠速等工况的能量。市区拥堵时候可以关闭发动机，不消耗燃油，实现零排放。是目前运用较为成功的一种模式。纯电动汽车和燃料电池汽车从技术上来讲，与商业化应用的要求还有较大的差距，主要瓶颈在于电池技术。另外，发展生物质燃料（包括乙醇、二甲醚）、氢气、掺氢燃料等新型替代燃料汽车，也是促进节能环保的重要措施。

3.2.2　发动机先进技术

1）涡轮增压技术

发动机增压的目的是提高进气密度，增加进气量，这样可以供给更多的燃料，产生更大的功率。发动机增压包括机械增压、气波增压和涡轮增压等技术，而涡轮增压技术应用最为广泛，车用柴油机几乎都采用涡轮增压技术，车用汽油机也越来越多地采用涡轮增压技术，并且将其应用到小排量发动机上。发动机增压原理如图3-3所示。发动机排出的高温高压废气推动涡轮增压器的涡轮旋转，涡轮与压气机叶轮在同一根轴上，因此涡轮带动压气机叶轮一起旋转，将新鲜空气吸入压气机中进行压缩，提高空气压力同时，也会提高空气温度。将压缩后的空气送入中冷器进行冷却，进一步提高进气密度，然后进入气缸，使得每循环进入气缸的空气量增加，因此可以多喷燃料进行燃烧，产生更大的功率。

涡轮增压的主要优点有：提高发动机升功率、提高动力性；降低单位功率造价；降低排气噪声；具有高原恢复功率能力；降低发动机压力升高比，降低燃烧噪声；即时适应性广。主要缺点是：增加发动机的机械负荷和热负荷，低速转矩特性和加速性受到挑战。

现代涡轮增压技术发展很快，VGT/VNT、可调二级增压、电控涡轮增压等先进技术已经逐步在商业产品上应用，对提高发动机性能起到了至关重要的作用。

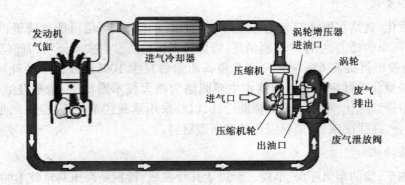

图 3-3　发动机涡轮增压原理示意图

2) 汽油机缸内直喷技术(GDI)

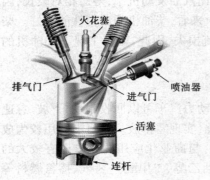

图 3-4　汽油机缸内直喷技术示意图

缸内直喷就是将燃油喷嘴安装于气缸内,直接将燃油喷入气缸内,与进入气缸中的新鲜空气混合形成可燃混合气,如图 3-4 所示。对于气缸外形成混合气的发动机(包括化油器式发动机和进气道喷射发动机),具有以下难以克服的缺点:①由于采用节气门控制造成较大的泵气损失;②为了防止爆震而采用较低的压缩比;③混合气绝热指数较低;④当量比燃烧造成很高的 NO_x 排放。而缸内直喷技术则可以使汽油机在很大程度上克服上述缺点。缸内直喷汽油机将燃料直接喷入燃烧室,喷油时刻控制灵活,可以实现均质当量比和分层稀薄燃烧两种混合气形成方式。

3) 分层稀薄燃烧技术

所谓分层稀燃,是指通过缸内直喷技术,可以采用一次喷射或多次喷射,在火花塞附近形成较浓的混合气,有利于点燃混合气,而在远离火花塞的地方形成较稀薄的混合气,混合气浓度从火花塞到缸壁逐渐降低,缸内混合气总体上属于过量空气系数大于 1 的稀薄燃烧。

分层稀薄燃烧技术是在汽油机 GDI 技术基础之上发展起来的。20 世纪 90 年代以后,制造精密、性能优良的内燃机部件的应用和精度高、响应快的电控手段的开发,促使缸内直喷汽油机的研究得到长足的发展。

世界上大多数 GDI 发动机都是根据不同工况而采用不同的混合燃烧模式:在发动机中小负荷区域,通过在压缩冲程后期喷油和燃烧系统的合理配合,形成分层稀薄快燃的混合气,空燃比一般可达 25~50,极大提高了汽油机部分负荷下的燃油经济性;而在大负荷工况下,在进气冲程就喷入燃油,形成均质混合气,保持了原汽油机动力性好的优点。

4) HCCI 技术

HCCI 是指均质混合气压缩燃烧。HCCI 发动机按油品可分为汽油、柴油、代用燃料以及多燃料组合等形式。HCCI 燃烧有可能使汽油机达到与柴油机同样高的热效率,而且可以使

碳烟和 NO_x 排放同时降至几乎为零。相对于汽油机的火花点燃方式,汽油机的 HCCI 燃烧有以下特征:①HCCI 燃烧是多点大面积同时压缩着火,没有火焰传播前锋面,因此可以在极短时间内(大约 10°CA 曲轴转角以内)完成燃烧放热,其燃烧放热率和等容度要远比传统火花点燃火焰传播方式高得多,因而指示热效率会明显改善;②HCCI 采用稀薄均匀混合气,并引入大量 EGR(废气再循环),因而局部燃烧温度可控制在 1800K 以下,消除了热 NO 的基本生成条件;③由于是稀薄燃烧,进气节流可大大减少或完全不节流,改善了传统汽油机节流损失过高的弊端;④采用均质混合气燃烧,理论上不生成碳烟。

上述 4 项中,核心问题是均质、低温和快速放热三点。均质可以避免扩散燃烧引起的碳烟生成;低温燃烧使 NO_x 无法产生;快速放热可以提高汽油机的热效率,而实现快速放热最好的方式是多点自燃。至于是否稀燃并不是必要条件,因为稀燃会限制功率密度;是否存在火焰传播也不重要,只要能保持整体放热率较高即可。

HCCI 是一种"融合汽油机和柴油机优点于一身"的理想燃烧模式,是 100 多年来内燃机燃烧理论的一次重大创新。但是,由于着火和燃烧速度难以控制、运行工况范围窄等缺点,使得 HCCI 发动机当前难以实现商业化,仅在一些机型上部分实现了 HCCI 燃烧模式。

5)可变进气歧管技术

可变进气歧管是通过改变进气管的长度或截面积,提高燃烧效率,使发动机在低转速时更平稳、扭矩更充足,高转速时更顺畅、功率更强大。进气歧管一端与进气门相连,一端与进气总管后的进气谐振室相连,每个气缸都有一根进气歧管。发动机在运转时,进气门不断地开启和关闭,气门开启时,进气歧管中的混合气以一定的速度通过气门进入汽缸,当气门关闭时混合气受阻就会反弹,周而复始会产生振动频率。如果进气歧管很短,显然这种频率会更快;如果进气歧管很长的话,这个频率就会变得相对慢一些。如果进气歧管中混合气的振荡频率与进气门开启的时间达到共振的话,那么此时的进气效率显然是很高的。因此可变进气歧管,在发动机高速和低速时都能提供最佳配气。发动机在低转速时,用又长又细的进气歧管,可以增加进气的气流速度和气压强度,并使得汽油得以更好地雾化,燃烧的更好,提高扭矩。发动机在高转速时需要大量混合气,这时进气歧管就会变得又粗又短,这样才能吸入更多的混合气,提高输出功率,如图 3-5 所示。

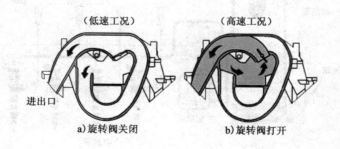

图 3-5 可变进气歧管示意图

6)VVT 技术

发动机可变气门正时技术(Variable Valve Timing,VVT)根据发动机的运行情况,调整进排气门的升程、开启或关闭的时刻,以使进入气缸的空气量达到最佳,提高发动机效率。

发动机理想的配气机构应当满足以下要求:①低速时,采用较小的气门重叠角和较小的气门升程,防止缸内新鲜充量向进气系统倒流,以增加扭矩,提高燃油经济性;②高速时,应具有最大的气门升程和进气门迟闭角,最大限度地减小流动阻力,充分利用进气惯性,提高充气系数,以满足动力性要求;③能够调整进排气门的开闭时刻。

传统式发动机的凸轮配气相位是通过各种不同配气相位的试验,从中选取某一固定配气相位兼顾各种工况,是发动机性能的一种折中方案,因而不可能在各种情况下均达到最佳性能。从理论上讲,发动机可变门正时技术可以在发动机整个工作范围内,根据不同工况,调整进排气门开启时刻、关闭时刻以及气门升程,从而改善发动机进、排气性能,较好地满足高转速和低转速、大负荷和小负荷时的动力性、经济性、废气排放的要求。

可变配气相位在汽油机上应用,可以提高发动机的动力性和经济性,改善废气排放,改善怠速稳定性和低速时的平稳性,提高充气效率和低速扭矩,降低怠速转速。可变配气相位在柴油机上应用,可以控制发动机的有效压缩比,使其既具有良好的起动性能,又能降低燃油消耗率,提高各种转速下的充气系数,增加总功率,改善废气涡轮增压器与发动机在高、低转速下的匹配。

7) 高压共轨技术

高压共轨电喷技术是指在高压油泵、压力传感器和电子控制单元(ECU)组成的闭环系统中,将喷射压力的产生和喷射过程彼此完全分开的一种供油方式。由高压油泵将高压燃油输送到公共供油管,通过对公共供油管内的油压实现精确控制,使高压油管压力大小与发动机的转速无关,可以大幅度减小柴油机供油压力随发动机转速变化的程度。ECU 控制喷油器的喷油量,喷油量大小取决于燃油轨(公共供油管)压力和电磁阀开启时间的长短。

图 3-6 是高压共轨系统的示意图,供油系统包括低压供油部分和高压供油部分,其中低压供油部分包括燃油箱、输油泵、燃油滤清器及低压油管;高压供油部分包括带调压阀的高压泵、高压油管、作为高压存储器的共轨(带有共轨压力传感器)、限压阀和流量限制器、喷油器、回油管。

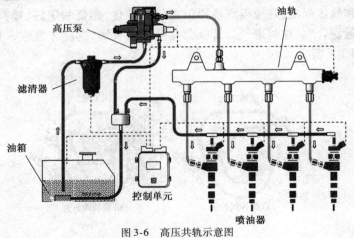

图 3-6 高压共轨示意图

共轨式喷油系统于 20 世纪 90 年代中后期才正式进入实用化阶段。比较成熟的系统有:德国 ROBERT BOSCH 公司的 CR 系统、日本电装公司的 ECD-U2 系统、意大利的 FIAT 集团的 Unijet 系统、英国的 DELPHI DIESEL SYSTEMS 公司的 LDCR 系统等。

3.2.3 替代燃料

广义上讲,替代燃料是可以被用作燃料、用来代替传统燃料的任何材料或者化学物质。这里主要讲解其中的可再生生物燃料和氢燃料。生物燃料是从有机质中提取的液体和气体燃料,可在减少交通运输行业二氧化碳排放和增强能源安全方面发挥重要作用。根据国际能源署的预测,到 2050 年,全球生物燃料可占到交通运输燃料总量的 27%,尤其可在替代柴油、煤油和航油方面做出贡献,预计每年可减少 21 亿 t 二氧化碳排放。目前,可用于汽车发动机的液体代用燃料主要有生物柴油、甲醇和乙醇等,其主要理化特性如表 3-13 所示。

1) 生物柴油

生物柴油又称脂肪酸甲酯,是以植物或动物脂肪油做原料,与低碳醇(甲醇或乙醇)经酯交换反应后生成的 C12-C24 的脂肪酸单烷基酯。如表 3-10 所示,生物柴油的分子量和主要性能与柴油接近,可以任意比例混兑在柴油中使用,或者单独使用来替代柴油。同时具有无硫、无芳烃、十六烷值高、润滑性好、闪点高(使用安全性高)的特点,而且生物降解性好。由于生物柴油含氧 10% 左右,因而可以显著降低柴油机碳烟和颗粒的排放。生物柴油是继乙醇之后第二种大规模应用的液体替代燃料。

生物柴油来源广泛,最常用的有大豆油、菜籽油、棉籽油、花生油、棕榈油等植物油。柴油机在不做任何改动的条件下,可以直接使用 100% 生物柴油,也可以使用不同掺混比例的混合油。已有的研究表明,柴油机使用生物柴油后可以显著降低碳烟和颗粒的排放。但生物柴油也有一些难以克服的问题,如黏度高于普通柴油,物化性能较差,低温流动性比柴油差,冷滤点高,容易造成寒冷条件下使用时的障碍。

2) 甲醇

甲醇的辛烷值高,抗爆能力强,可以提高发动机的压缩比。如表 3-13 所示,甲醇的低热值约为汽油的 46%,但化学计量空燃比低于汽油,因而其理论混合气热值与汽油相当。甲醇的气化潜热大约是汽油的 3 倍,会妨碍燃料在低温启动时完全气化,使发动机启动性能恶化。甲醇含氧量高,燃烧完全,使 THC(总碳氢)排放降低。甲醇的火焰传播速度约为汽油的两倍,因此在汽油中掺入甲醇后可以提高燃烧速度并减轻汽油机的爆震倾向。

从 20 世纪 70 年代开始,国际石油危机促使各国积极寻找替代能源,美国、日本、德国、加拿大等国家开展了甲醇燃料汽车的研究和试用。中国 2009 年颁布了《车用燃料甲醇》和《车用甲醇汽油(M85)》(M85 代表燃料中含 85% 的甲醇)国家标准。

目前甲醇主要用于汽油机,按照掺甲醇的比例不同,对汽油机的要求也不一样,主要包括低比例甲醇汽油和高比例甲醇汽油。而中比例甲醇由于需要同时调整发动机和燃料,使用成本很高,很少用。使用低比例甲醇汽油(M15 以下)的汽油机可以不做任何改变,仅在甲醇汽油中加入添加剂,要求"油适应车"。优点在于不需要增加成本,而冷启动性和加速性与汽油车没有明显区别,动力性略有增加,热效率基本相当,CO、HC 排放有一定改善,NO_x 排放基本不变。使用高比例甲醇汽油(M80 以上)的发动机需要进行大的技术改造和性能优化,要求"车适应油"。由于压缩比可以提高,功率和热效率优于原汽油机,排放得到明显改善,但冷启动性和耐久性问题突出。

表 3-13 常用燃料成分与理化特性

		汽油	轻柴油	天然气	LPG	甲醇	乙醇	氢	二甲醚	生物柴油
分子式		CnHm	CnHm	CH_4	C_3H_8	CH_3OH	C_2H_5OH	H_2	CH_3OCH_3	$RCOOCH_3$
质量成分	C	0.855	0.874	0.750	0.818	0.375	0.522	—	0.522	0.766
	H	0.145	0.126	0.250	0.182	0.125	0.130	1	0.130	0.124
	O	—	—	—	—	0.500	0.348	—	0.348	0.110
相对分子质量		95~120	180~200	16	44	32	46	2	46	280
液态密度/(kg/L)		0.700~0.750	0.800~0.850	0.420	0.540	0.795	0.790	0.071	0.568	0.860~0.900
沸点/℃		25~215	180~360	-162	-42	65	78	-253	-24.9	182~338
气化潜热/(kJ/kg)		310~320	251~270	510	426	1100	862	450	467	—
化学计量空气量/(kg/kg)		14.8	14.3	17.4	15.8	6.5	9.0	34.5	9.0	12.6
自燃温度/℃		300~400	250	650	365~470	500	420	—	235	—
闪点/℃		-45	45~65	-162以下	-73.3	10~11	9~32	—	—	168~178
低热值/(kJ/kg)		44000	42500	50050	46390	20260	27000	120000	28800	40000
辛烷值	RON	90~106	—	130	96~111	110	106	—	—	—
	MON	81~89	—	120~130	89~96	92	89	—	—	—
十六烷值		—	45~55	—	—	—	—	—	55~60	50~60

无论是单独使用还是与汽油掺混使用,甲醇燃料还存在以下问题需要解决:①甲醇燃烧后会产生未燃甲醇和甲醛等非常规排放,特别是发动机冷启动时的排放难以处理;②甲醇对锡、铜、铝、镁、锌等金属材料具有腐蚀性,在发动机燃油供给系统中腐蚀含有上述金属的零部件;含水甲醇会使钢管或薄钢板件腐蚀生锈;甲醇及其燃烧产物会腐蚀气门及座圈、活塞环和缸套等零部件,导致异常磨损;③甲醇与橡胶件有一定相溶性,某些橡胶件和塑料件受甲醇腐蚀后会发生溶胀变形或脆裂现象,引起供油系统故障;④甲醇经口腔、呼吸道和皮肤进入人体,可出现急性中毒,严重者可能导致失明甚至死亡。

3)乙醇

乙醇是当前世界上应用最广泛的生物燃料。像甲醇一样,乙醇也具有辛烷值高、含氧量高、与汽油互溶性强等特点,但腐蚀性和对人体的毒性要比甲醇轻得多,因此更适合做汽油的替代燃料。

乙醇应用到汽油机上,可以单独燃烧,也可以与汽油掺混燃烧。低比例乙醇允许发动机不做改动,这也是掺混10%的乙醇汽油(E10,下同)目前在世界上应用最广泛的原因。巴西以甘蔗为原料生产乙醇,20世纪70年代已经实现乙醇汽油的商业化应用,并且有多种掺混比,例如E15、E20、E25和试用任意比例乙醇的灵活燃料汽车(FFV)。美国主要以玉米为原料生产乙醇,以E10乙醇汽油为主,是仅次于巴西的乙醇汽油使用大国。中国目前一些省份在使用E10乙醇汽油,但由于存在汽车与人"抢粮食"的问题,中国目前并没有大力倡导使用乙醇汽油或乙醇燃料。目前乙醇在柴油机上还没有大规模的商业化应用,但已有的研究工作表明乙醇对改善柴油机的节能和减排具有很好的效果。

4)二甲醚

二甲醚(DME)可以从煤、天然气和生物原料中制取,其主要理化特性与液化石油气相似,如表3-10所示。二甲醚是一种优良的柴油代用燃料,十六烷值为55~60,高于普通车用柴油。没有C－C键,只有C－O键和C－H键,并且燃料中含有较大比例的氧,燃烧后生成的不完全燃烧产物和碳烟很少。DME可以与柴油以任意比例混合后作为柴油机的燃料,可以降低碳烟排放,同时可以解决单独使用DME时喷油系统异常磨损以及能量密度低的问题。DME也可以与LPG混合使用。

5)氢气

氢作为"能量载体"或者"能量媒介"的想法产生于20世纪50年代核能的发展。西班牙的著名氢能量载体提倡者–Marchetti提出原子核反应器的能量输出既可以以电能的形式传递,也可以以氢燃料的形式传递。Marchetti指出氢气形式的能量可以比电能更稳定地储存,并且氢气的输送成本(传递单位热能)将比电力更低,后来的工程数据证实了他的说法。1970年,通用汽车公司的技术中心提出"氢经济"的概念,主要的思路是利用大型核电站的电力电解水制氢。1974年,受石油危机的影响和启迪,一些学者组建了国际氢能协会(International Association for Hydrogen Energy, IAHE)。

氢气燃烧后不产生二氧化碳,是理想的清洁燃料,可以通过太阳能、风能、海洋能、地热能等能源获得。氢气作为内燃机燃料,容易实现稀薄燃烧,同时实现发动机高效低排放的目标。国际上,许多学者和汽车制造商一直在从事氢内燃机的研发工作。MAN 开发的氢内燃机客车已经在德国示范运行。BMW 公司早在 1996 年的世界氢能大会上展出了他们的氢燃料汽车。

图 3-7 是根据多项"从油井到车轮(WTW)"全生命周期评价研究绘制的,这些研究比较分析了不同生物燃料的温室气体排放与所替代的化石燃料的温室气体排放。该图涵盖了成熟工艺和最新的工艺。每种生物燃料的排放数据范围都比较宽,具体要看工艺细节和原料生产方式。总的来说,使用甘蔗中生产乙醇具有显著的温室气体减排潜力。其他常规生物燃料的减排潜能则比较普通,但可以通过使用可再生能源的副产品等方法加以改进。

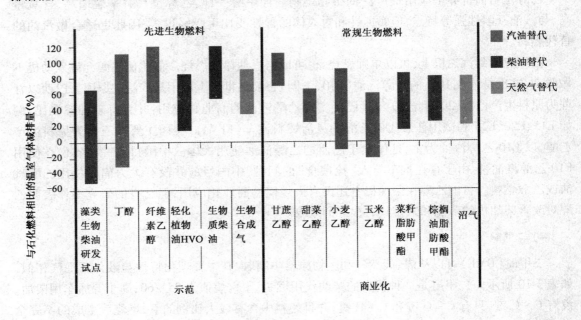

图 3-7 不同生物燃料温室气体平衡与发展现状
数据来源:Technology Roadmap-Biofuels for Transport 2011(IEA)。

在过去几年,关于生物燃料能够在多大程度上为温室气体减排做出贡献,一直存在激烈争论。特别值得一提的是,新的研究显示,生物燃料生产所导致的直接和间接土地用途变更(ILUC)会产生相关排放。在 2007—2008 年农产品价格达到峰值之后,公众对常规生物燃料是否危害粮食安全也产生了争论。对生物燃料生产和使用所产生的环境、经济和社会影响,也存在一些争议。尽管如此,各种生物燃料的产量仍然是逐年攀升的。如图 3-8 所示,全球生物燃料生产从 2000 年的 160 亿 L 增加到 2010 年的 1000 亿 L 以上。如今,(按能量基础计算)生物燃料占全球道路运输燃料总量的约 3%,这一份额在某些国家要高很多。以 2008 年为例,巴西当年道路运输燃料需求的 21% 是由生物燃料提供的,美国的生物燃料占其道路运输燃料的 4%,而欧盟的占比为 3% 左右。

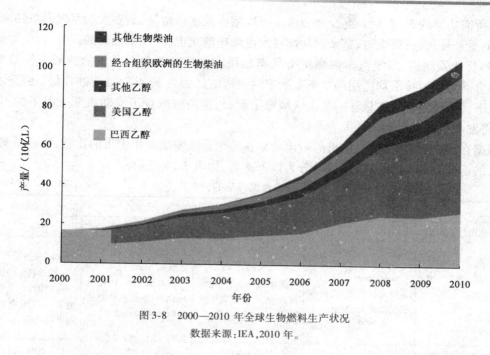

图 3-8　2000—2010 年全球生物燃料生产状况

数据来源：IEA，2010 年。

3.3　新能源汽车

新能源汽车英文为"New Energy Vehicles"。我国 2009 年 7 月 1 日正式实施了《新能源汽车生产企业及产品准入管理规则》，明确指出：新能源汽车是指采用非常规的车用燃料作为动力来源（或使用常规的车用燃料、采用新型车载动力装置），综合车辆的动力控制和驱动方面的先进技术，形成的技术原理先进、具有新技术、新结构的汽车。新能源汽车主要包括混合动力汽车、纯电动汽车（包括太阳能汽车）、燃料电池电动汽车、氢发动机汽车、其他新能源（如高效储能器、二甲醚）汽车等。本书在新能源汽车部分，主要讲述混合动力汽车、纯电动汽车和燃料电池汽车。

3.3.1　新能源汽车的分类、工作原理与对比分析

1）混合动力汽车

混合动力汽车（Hybrid Electric Vehicle，HEV）是通过先进控制系统，将发动机、电动机、能量储存装置（蓄电池等）组合在一起的多动力源驱动的汽车。混合动力汽车的节能特性主要包括以下几个方面：

（1）停车停机：在交通拥堵的城市，停车怠速时间超过总行驶时间的 30% 以上。停车停机，节省传统内燃机车辆怠速时的油耗，实现零排放。

（2）制动能量回收：在频繁加减速的城市行驶工况下，制动消耗的能量会占到车辆行驶能量消耗的 50%。将制动能回收，实现节能目的。

（3）减小发动机排量：传统汽车为满足加速性和最大车速要求，内燃机的峰值功率约为车

辆巡航所需功率的 3~5 倍。混合动力汽车可以减小发动机排量,需要大功率内燃机功率不足时,由电池来补充;负荷少时,富余的功率可发电给电池充电,实现节油目的。

(4)优化发动机:传统汽车内燃机必须满足很大的速度和负载范围的油耗与排放要求。采用混合动力后可按平均需用的功率来确定内燃机的最大功率,此时处于油耗低、污染少的最优工况下。可使原动机在最佳的工况区域稳定运行,避免或减少了发动机变工况下的不良运行,使得发动机的排污和油耗大为降低。

根据在混合动力系统中,电机的输出功率在整个系统输出功率中占的比重,也就是常说的混合度的不同,混合动力系统还可以分为以下 4 类,如表 3-14 所示。

表 3-14 不同混合度汽车的特点

	微混合	轻混合	中混合	全混合
电功率比例(混合度)	5%	5%~25%	25%~50%	50% 以上
功能	Stop/Start 发动机驱动、优化电机轻微助力、发电	Stop/Start 发动机驱动、优化电机助力、发电制动能量回收	Stop/Start 发动机驱动、优化电机助力、发电制动能量回收纯电动行驶	Stop/Start (发动机驱动优化)电机助力、发电制动能量回收纯电动行驶可外接充电
理论最大节油效果	5%~10%	15%~40%	30%~50%	50%以上

(1)微混合动力系统:微混合,也称"启停(Start-Stop)"式;在交通拥堵的城市,可实现节油率 5%~10%;优点是汽车结构改变很小,成本增加很少,易于实现;主要缺点是当停车需要空调时,不起作用。

(2)轻混合动力系统:平时主要使用内燃机动力,电池电机在汽车加速爬坡时提供辅助动力,同时具有制动能量回收和"启停"功能;发动机排量可减少 10%~20%,电机的功率约为内燃机的 10%,节油率可达到 10%~15%;技术难度相对小,成本增加不很多。

(3)中混合动力系统:电机和内燃机可以独立或联合驱动车辆,低速起步、倒车和低速行驶时可以纯电动驱动,同时具有制动能量回收和"启停"功能;电机功率最大可以接近内燃机的 50%,节油率可达到 30%~50%;技术难度较大,成本增加多。

(4)全混合动力系统:典型代表形式为可充电混合动力(Plug-in),可以利用电网的电力进行充电,实现较长距离的纯电动行驶,同时具有制动能量回收功能;电机的功率接近内燃机,电池容量考虑纯电动行驶里程来选定,节油率(不计电能)最大可达到 100%;成本增加,与增加的动力电池容量相关。

根据不同的结构形式,可以将混合动力汽车分为串联式、并联式和混联式三种。

(1)串联式混合动力系统:串联式混合动力汽车是指车辆行驶系统的驱动力只来源于电动机的混合动力电动汽车。结构特点是发动机带动发电机发电,电能通过电机控制器输送给电动机,由电动机驱动汽车行驶。另外,动力电池也可以单独向电动机提供电能驱动汽车行驶,如图 3-9 所示。

(2)并联式混合动力系统:并联式混合动力汽车是指车辆行驶系统的驱动力由电动机及发动机同时或单独供给的混合动力电动汽车。结构特点是并联式驱动系统可以单独使用发动

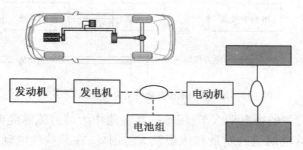

图3-9　串联式混合动力系统结构示意图

机或电动机作为动力源,也可以同时使用电动机和发动机作为动力源驱动汽车行驶,如图3-10所示。

(3)混联式混合动力系统:混联式混合动力汽车是指具备串联式和并联式两种混合动力系统结构的混合动力电动汽车。结构特点是可以在串联混合模式下工作,也可以在并联混合模式下工作,同时兼顾了串联式和并联式的特点,如图3-11所示。

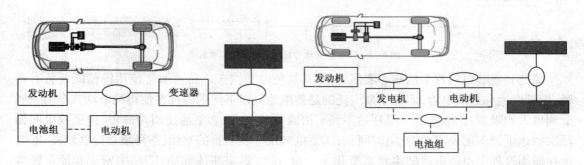

图3-10　并联式混合动力系统结构示意图　　　图3-11　混联式混合动力系统结构示意图

插电式混合电动汽车是减少轻型汽车化石燃料消耗和 CO_2 排放潜在的重要技术。在世界范围内,有可能通过插电式混合电动汽车全电式里程满足大部分日常驾驶的需要。例如在英国,估计97%的行程低于80km。在欧洲,50%的行程不到10km,80%的行程小于25km。在美国,约有60%车辆每天行驶距离不到50km,约85%的汽车每天行驶不到100km。尽管世界各地已发起了少数插电式混合电动汽车示范项目,但目前还没有一家制造商以商业规模生产插电式混合电动汽车。

2)纯电动汽车

纯电动汽车是完全由可充电电池(如铅酸电池、镍氢电池、锂电池)提供获得电力,以电机驱动的汽车。电动汽车的组成包括电力驱动及控制系统、驱动力传动等机械系统、完成既定任务的工作装置等。电力驱动及控制系统是电动汽车的核心,也是区别于内燃机汽车的最大不同点。电力驱动及控制系统由驱动电动机、电源和电动机的调速控制装置等组成。电动汽车的其他装置基本与内燃机汽车相同。目前主要有以下两大类。

(1)用纯蓄电池作为动力源的纯电动汽车:用单一蓄电池作为动力源的纯电动汽车,只装置了蓄电池组,它的电力和动力传输系统如图3-12所示。

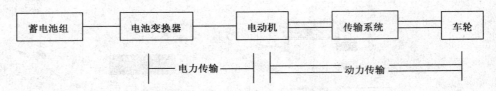

图 3-12　用纯蓄电池作为动力源的纯电动汽车示意图

(2) 装有辅助动力源的纯电动汽车：用单一蓄电池作为动力源的纯电动汽车,蓄电池的比能量和比功率较低,蓄电池组的质量和体积较大。因此,在某些纯电动汽车上增加辅助动力源,如超级电容器、发电机组、太阳能等,由此改善纯电动汽车的启动性能并增加续驶里程。装有辅助动力源的纯电动汽车的电力和动力传输系统如图 3-13 所示。

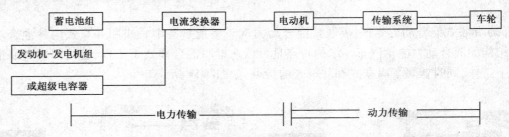

图 3-13　装有辅助动力源的纯电动汽车示意图

储能装置是电动汽车的核心零部件,尤其是纯电动汽车。目前通常使用的储能装置有两种,即蓄电池和超级电容,而使用最广泛的是蓄电池。以下问题的存在使得纯电动汽车的发展受到极大的限制：①电池的可靠性达不到车用的苛刻要求；②电池使用寿命短,深度放电时循环次数达不到车用要求；③充电时间长；④蓄电池尺寸和质量的制约；⑤环境适应性较差；⑥电池在使用过程中单体电池健康状态变化不一致,严重影响整体性能；⑦功率密度和能量密度低；⑧存在二次环境污染问题。

对于整车,驱动电动动机及其控制系统的可靠性和耐久性达不到要求,整车制造成本和使用成本难以被大多数厂家和用户所接受。就当前情况而言,电池成本也是一个很大的问题。为降低汽车成本、保证价格优势（与传统内燃机汽车相比较）,必须将电动汽车/插电式混合电动汽车电池成本降至 300 美元/(kW·h)以下。根据国际能源署的预测,这一目标估计能够在 2020 年实现,如图 3-14 所示。因此,在商业化的道路上,电动汽车还有一段较长的路要走。

3) 燃料电池汽车

燃料电池汽车是利用氢气和氧气反应在燃料电池中产生电能并使其作为主要动力源驱动的汽车。其核心部件燃料电池的电能是通过氢气和氧气的化学作用,而不是经过燃烧,直接变成电能。由电动机带动汽车中的机械传动机构,转动车轮驱动汽车。按"多电源"的配置不同,可以分为：①纯燃料电池 FCEV；②燃料电池与蓄电池混合电源的 FCEV；③燃料电池与蓄电池和超级电容器混合电源的 FCEV。后两种多电源的配置方式是 FCEV 的主要配置方式。

(1) 纯燃料电池驱动的 FCEV

纯燃料电池电动汽车只有燃料电池一个动力源,汽车的所有功率负荷都由燃料电池承担,如图 3-15 所示。

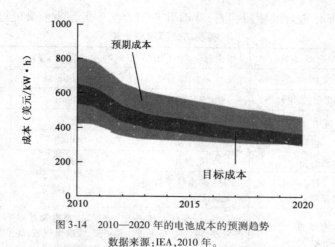

图3-14 2010—2020年的电池成本的预测趋势
数据来源:IEA,2010年。

(2)燃料电池与辅助蓄电池联合驱动(FC+B)的FCEV,如图3-16所示。
(3)燃料电池与辅助蓄电池和超级电容联合驱动(FC+B+C)的FCEV,如图3-17所示。

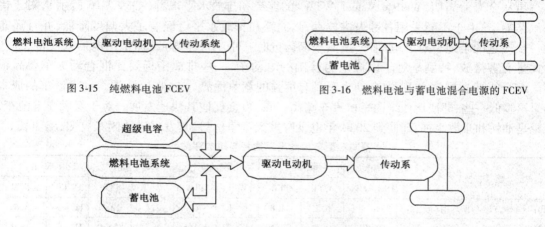

图3-15 纯燃料电池FCEV　　　　图3-16 燃料电池与蓄电池混合电源的FCEV

图3-17 燃料电池与蓄电池和超级电容器混合电源的FCEV

由于在价格和技术上存在以下瓶颈,燃料电池汽车大规模商业应用的前景并不乐观:①燃料电池造价偏高:车用PEMFC成本中质子交换隔膜(USD 300/m²)约占成本之35%;铂触媒约占40%,二者均为昂贵材料;②反应/启动性能:燃料电池的启动速度尚不及内燃机。反应性与稳定性很难同时提高;③碳氢燃料无法直接利用:除甲醇外,其他的碳氢化合物燃料均需经过转化器、一氧化碳氧化器处理产生纯氢气后,方可供现今的燃料电池利用。这些设备亦增加燃料电池系统的投资额;④氢气储存技术:目前FCV的氢燃料是以压缩氢气为主,车载运量受限,每次充填量仅约2.5~3.5kg,尚不足以满足现今汽车单程可跑480~650km的续航力。以-253℃保持氢的液态氢系统虽已测试成功,但却有重大的缺陷:约有1/3的电能必须用来维持槽体的低温,使氢维持于液态,且从隙缝蒸发而流失的氢气约为总存量的5%;⑤氢燃料基础建设不足:加氢站少,加气时间长,还不能满足商业化的需求;⑥氢气的来源:如何满足如此庞大的氢气需求量,目前为止也仍然是一个没有解决的问题。

表3-15对各种新能源汽车进行了比较。可以看出,无论是从驱动方式、能量系统、基础设

施等方面,还是商业化进程的阶段而言,普通混合动力汽车仍是当前最可行的技术方案。

各类新能源汽车比较 表3-15

	普通混合动力(HEV)	插电式混合动力(PHEV)	纯电动汽车(EV)	燃料电池汽车(FCV)
驱动方式	内燃机为主,电动机为辅	电动机为主,内燃机为辅	电动机驱动	电动机驱动
能量系统	内燃机,蓄电池	内燃机,蓄电池	蓄电池	燃料电池
蓄电池种类	镍氢、铅酸	锂电	锂电	—
基础设施	加油站	充电站	充电站	氢气
排放量	较高排量	低排量	零排量	零排量
优势	技术成熟,成本低,无需新增配套设施	节能减排效果好,续航里程长	节能减排效果好	能源效率高,节能减排效果好,续航里程长
不足	混合程度低,节能减排效果有限	成本高,蓄电池技术待突破,需充电站等配套设施	成本高,蓄电池技术待突破,续航里程短,需充电站等配套设施	成本高,技术尚不成熟
商业化进程	已规模化量产	有销售,但未规模化	有销售,但未规模化	仍处于研发阶段

再从全寿命周期(Well-to-Wheel,WTW)的能耗和排放水平来看(如表3-16所示),对于传统汽柴油车,由于不断采用各种先进技术,其油耗和排放水平已经有了大幅度降低,并且还有进一步改进的余地。对于电动车,虽然车辆运行时几乎不产生排放,但生产电需要能源,并产生大量有害排放,特别是对于以煤电为基础的电动车,一些排放指标要比混合动力车要高很多。综合能耗和排放水平,混合动力车具有很强的竞争优势。未来几年,混合动力汽车的成本如果再降低一些,即使比传统内燃机汽车略高一点,也会促使其快速发展。对于氢燃料电池车,无论是油耗和排放水平,即使到2020年也没有多大竞争优势,其发展道路困难更多,路更长。

不同轻型车生命周期能耗与排放评估 表3-16

燃料技术	油耗 Lge/100km	当量CO_2(t)		NO_x(t)		SO_x(kg)		PM(t)	
		WTT	TTW	WTT	TTW	WTT	TTW	WTT	TTW
2010 全球汽油车平均值(欧二)	8.5	6.1	34.8	2E−03	84.9	2.4	12.8	1E−04	3.6
2010 全球柴油车平均值(欧二)	6.7	3.7	27.4	1E−03	121.5	1.7	804.0	7E−05	15.0
2010 新汽油车(欧五)	6.2	4.5	25.3	1E−03	9.0	1.8	9.3	8E−05	0.8
2010 先进柴油车(欧五)	5.8	3.2	24.1	8E−04	27.0	1.5	43.5	6E−05	0.8
2010 混合动力车(欧五)	4.5	3.2	18.4	9E−04	9.0	1.3	6.8	6E−05	0.8
2010 电动车-煤电	2.2	25.1	0	3E−02	0	18.7	0	2E−03	0
2010 电动车-天然气电	2.2	13.0	0	6E−03	0	4.7	0	4E−04	0
2020 氢燃料电池车-煤电	5.4	60.8	0	6E−02	0	45.2	0	6E−04	0
2020 氢燃料电池车-天然气重整	5.4	28.8	0	2E−02	0	11.3	0	9E−04	0

注:表中假设车辆寿命周期为10年,每年运行1.5万km;XE−0X 为科学计数法(例如2E−03等于0.002);Lge:当量汽油消耗量(单位:L);WTT:Well-to-Tank;TTW:Tank-to-Wheel。

数据来源:Energy Technology Perspectives 2010(IEA)。

美国麻省理工学院的 Anup Bandivadekar 等人在其研究报告《On the Road in 2035》中,以中型车为对象,对传统内燃机汽车和各种新能源汽车的当量油耗进行了预测。该报告认为,与2008年的汽车相比较,到2035年,中型车平均可以降低20%的整备质量,空气动力性能可以提高 25%，轮胎的滚动阻力降低 33%。报告对各类车型的燃油经济性进行了预测，如图 3-18 所示。虽然混合动力汽车比传统汽车的油耗低，但由于新技术的应用，传统汽柴油车的效率将比现在更高，混合动力或其他先进新能源汽车在油耗上的优势会被削弱，如果混合动力等新能源汽车要成为主流，降低成本非常重要。

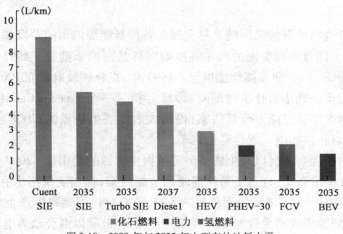

图 3-18　2008 年与 2035 年中型车的油耗水平

数据来源：《On the Road in 2035》，2008。

国际能源署（IEA）规划了一个全球 CO_2 减排蓝图，2050 年全球交通领域 CO_2 排放要比 2005 年降低 30%。为了实现这一减排目标，2050 年轻型电动车和插电式混合动力车必须达到各自的 5000 万辆的年销售量。如图 3-19 所示，为了实现这一宏伟目标，用于轻型汽车的电动汽车和插电式混合动力车技术必须迅速发展，到 2020 年，电动车的年销售量就要达到 250 万辆，而插电式混合动力车的年销售量则要接近 500 万辆。按照此蓝图构想，到 2050 年，在轻型乘用车市场份额里，世界上主流车型是插电式混合动力车、电动车和氢燃料电池车三分天下，传统内燃机汽车所占份额不到 10%，就连普通混合动力车也将被挤出历史舞台。但是，从当前的技术发展水平和市场的响应程度来看，实现该目标的困难非常大。

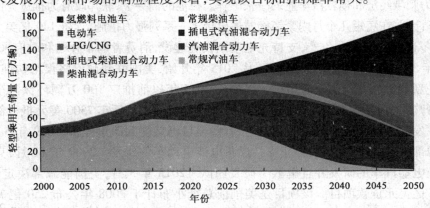

图 3-19　全球各类轻型乘用车年销量的规划蓝图

数据来源：Technology Roadmap：Electric and plug-in hybrid electric vehicles 2011（IEA）

（2011 电动汽车与插电式混合动力汽车技术路线）。

3.3.2 世界各国新能源汽车政策

国外新能源汽车的技术研发、科技推广、汽车制造、销售主要集中在美国、日本、欧盟等国家。

1)美国

石油危机和环境污染促使美国越来越重视对各种新能源汽车的开发和利用。在新能源汽车的发展道路上,美国政府和美国的汽车制造商同样是在摸索前进。1991年,老布什总统支持先进电池(USABC)计划,研发高性能电池。1993年,克林顿政府设立PNGV计划,强调研发电动车和混合动力车。到小布什执政期间,2002年搞了一个FreedomCar计划,研发氢燃料电池汽车;而后于2005年通过能源政策法案,提出大力发展生物质能;2008年又通过一项紧急经济稳定法案,重点转向插电式混合动力汽车。

美国一直致力于提高乙醇以及生物柴油等可再生资源的使用量。2007年1月24日,时任美国总统布什发表国情咨文,宣布了替代能源和节能政策,提出美国努力在未来10年之内将汽油使用量降低20%。为了激励代用燃料的生产,政府对代用燃料生产企业除了进行直接补贴外,还实行一系列的税收减免政策。同时,美国政府也鼓励以混合动力电动汽车为代表的其他新能源汽车的使用。美国的混合动力电动汽车在2004年前后进入商业化推广阶段,2007年5月初,美国国内收入局(IRS)调整针对环保车辆的税收优惠措施,规定消费者购买通用汽车、福特、丰田、日产等公司生产的符合条件的混合动力车,可以享受到250~2600美元不等的税款抵免优惠。

奥巴马总统执政期间,推动新能源汽车发展是其政府能源政策的组成部分,希望通过发展和利用新能源,使美国摆脱对海外石油的过度依赖。通过进一步制定严格的汽车燃油排放标准和新能源汽车政策,以及通过政府采购节能汽车,消费者购买节能汽车减税,设立新能源汽车的政府资助项目,投资促进新能源汽车基础设施建设等策略,美国政府进一步推动汽车产品朝着"小型化"和"低能耗"的方向发展。在奥巴马签署生效的经济刺激计划中,把充电式混合动力电动汽车,作为刺激经济和拯救汽车业的一张王牌。在他的倡导下,联邦政府为推进充电式混合动力电动汽车计划,在短短几个月内紧锣密鼓地出台了一系列强力措施,斥资140亿美元支持动力电池、关键零部件的研发和生产,支持充电基础设施建设,消费者购车补贴和政府采购。

2011年3月,美国总统奥巴马表示,从2015年开始,美国联邦政府将仅采购纯电动、混合动力或其他新能源汽车作为政府用车。提出在2015年以前推广100万辆环保汽车。为鼓励美国消费者购买,他还宣布将给予购买插电式电动汽车的人每辆车7500美元抵税额。

美国在发展多种新能源汽车的道路上,有些项目仍然受到严重挫折,2009年5月,奥巴马政府的能源部长正式宣布,政府停止支持燃料电池电动车的研发。2009年11月,克莱斯勒公司宣布停止电动汽车的研发并且解散了研发团队。2013年3月,美国能源部决定,停止发放剩余的166亿美元贷款项目。该项目是美国前总统小布什于2008年公布250亿美元低息贷款,用于发展包括电动汽车在内的先进汽车。2012年,纯电动汽车在美国卖出了14687辆,仅为美国全年汽车销售量的0.1%。消费者的冷淡,令美国政府不得不更改发展电动汽车的激进目标。2013年,美国能源部称2015年前部署100万辆电动汽车的目标无法实现。

2)日本

日本地域狭小,资源贫乏,因此异常重视新能源汽车的开发。日本经济产业省和资源能源厅于 2006 年 5 月制定了"新国家能源战略",提出到 2030 年,能源效率要比现在提高 30%,将石油依赖度从目前的近 50% 降至 40%,其中运输部门的石油依赖度降低 20%。

日本新能源汽车的产业化成果在全球范围内是最好的。在新能源汽车方面,日本主要走混合动力电动汽车的技术路线。日本在混合动力电动汽车技术领域,领先世界。以丰田普锐斯为代表的日本混合动力电动汽车,在世界低污染汽车开发销售领域已经占据了领头地位。截至 2013 年 6 月底,丰田普锐斯的全球累计销量已突破 300 万辆,成为目前最成功的混合动力车型。到 2013 年 5 月底,丰田全系混合动力车型(包括外插充电式混合动力车)全球累计销量已突破 530 万辆。与此同时,日本还快速发展燃料电池汽车技术,丰田和本田汽车公司已成为当今世界燃料电池汽车市场上的重要企业。

日本政府在 2009 年 6 月启动了"新一代汽车"计划,该计划力争在 2050 年使环保汽车(包括混合动力电动汽车、纯电动汽车、燃料电池汽车等)占据汽车市场总量的一半左右。为了实现这一计划,日本政府通过援建电动汽车基础设施、减税和发放补贴等促进环保汽车发展。此外,日本实施低排放车认定制度。高、中档轿车和经济型轿车都可以申请接受低排放车认定。消费者可根据所购车辆的排放水平享受不同的减税待遇,购置以天然气为燃料或混合动力电动汽车等低公害车辆的地方公共团体,还可得到政府的补助金。

在日本政府的积极扶持下,日本主要汽车生产厂家也无一例外地提出了自己的新能源汽车战略。包括丰田、日产、本田、三菱和富士重工等企业。但是,到目前为止,仍然以混合动力汽车为主,而纯电动汽车的发展进展缓慢甚至停滞。2012 年 9 月,丰田副总裁内山田武宣布,丰田将叫停纯电动车业务,并承认自己对纯电动汽车市场和电池技术满足市场需求的能力存在误判。

3)德国

德国政府对生物柴油等替代燃料的生产和使用进行扶持,如复兴信贷银行的农业领域生物燃料资助计划、降低二氧化碳排放资助计划、可再生能源补贴计划等对生物柴油生产进行资助。政府还对生产生物柴油的企业实行免税,并规定从 2004 年 1 月 1 日起,必须在石油柴油中加入 5% 的生物柴油。

新能源汽车研发方面,德国政府投入大量资金补贴科研机构和企业氢燃料汽车的研究和发展。2006 年 4 月德国交通部宣布,政府将投入 5 亿欧元资金用以促进氢能和燃料电池技术研发。宝马是氢动力发动机车型研究的先行者,早在 2004 年宝马所研发的 H2R 赛车就在法国南方小镇 Miramas 高速赛道创造了 9 项世界纪录。2007 年,推出了 7 系氢动力车型。

2009 年,德国颁布了《国家电动汽车发展计划》,目标是到 2020 年使德国拥有 100 万辆电动汽车。这项计划耗资 5 亿欧元,其中 1.7 亿欧元用于支持车用电池研发,有 1.15 亿欧元用于在德国 8 个地区试验推广电动汽车。但是,大众汽车集团中国总裁兼 CEO 海兹曼 2012 年在巴黎车展期间明确指出,针对纯电动车和插电式混合动力型两种技术,大众汽车认为插电式混合动力更适合未来发展。在 2012 年,欧宝/Vauxhall(沃克斯豪尔)公司已经宣布,由于研发成本过高,停止电动版 Adam 车型的研发工作。这表明德国的企业对纯电动汽车的热情正逐渐衰退。

4)法国

法国雷诺汽车集团 1973 年已经研制出电动汽车。20 世纪 90 年代中期,法国开始推广电动汽车和天然气汽车。从1995年7月1日开始,政府给购买电动汽车的用户提供5000法郎补贴,法国电力公司从自身利益考虑,向电动汽车制造厂生产的电动汽车每辆提供1万法郎的补助。1999年,政府要求所有市政部门的电动汽车及天然气汽车比例必须占市政部门拥有车辆总数的20%以上,以此带动整个社会选择环保车型。

法国政府规定,自2008年1月1日起,政府按所购买新车的尾气二氧化碳排放量多少,对车主给予相应的现金"奖罚",以鼓励购买低排量环保车型。按规定,凡购买尾气二氧化碳排放量介于100~130g的新车,车主可获得现金200~1000欧元不等的环保奖励。若购买超低能耗、低排放的新能源汽车如电动汽车,奖励金额则高达5000欧元。反之,如果尾气二氧化碳排放量在160g以上,将按递增方式向车主征收环保税,税额从200~2600欧元不等。此外,法国政府还鼓励报废能耗大的旧车,并给予一定数额的现金奖励。在这些补贴、征税等政策的指导下,众多汽车商和消费者都将目光投向了更为环保的小排量汽车和新能源汽车。

3.3.3 中国新能源汽车的发展历史与现状

中国在混合动力、纯电动汽车和燃料电池汽车的研发工作起步比较晚,大规模资金支持始于2001年。"十五"期间,中国先后开展了国家863计划电动汽车重大专项和国家科技攻关计划"清洁汽车关键技术研究开发及示范应用"项目。在此基础之上,"十一五"期间,在"863"计划中又启动了"节能与新能源汽车"重大项目,继续支持节能与新能源汽车关键技术研发和产业化。

这期间,中国科技计划累计投入近20亿元,分别组织实施了"电动汽车重大科技专项"和"节能与新能源汽车重大项目",确立了"三纵三横"的研发布局,即燃料电池汽车、混合动力汽车、纯电动汽车三种整车技术为"三纵",多能源动力总成系统、驱动电机、动力电池三种关键技术为"三横"。企业、高校、研究机构开展了史无前例的大规模新能源汽车研发工作。

在国家大力投入新能源汽车研发的同时,各级政府相继出台了各种推广新能源汽车的政策或法规。2009年1月23日,财政部、科技部联合下发《关于开展节能与新能源汽车示范推广试点工作的通知》。由科技部、财政部、发改委、工业和信息化部启动"十城千辆工程",主要内容是,通过提供财政补贴,计划用3年左右的时间,每年发展10个城市,每个城市推出1000辆新能源汽车开展示范运行,涉及这些大中城市的公交、出租、公务、市政、邮政等领域,力争使全国新能源汽车的运营规模到2012年占到汽车市场份额的10%。确定北京、上海、重庆、长春、大连、杭州、济南、武汉、深圳、合肥、长沙、昆明、南昌等13个城市作为节能与新能源汽车示范推广的试点城市。同时颁布《节能与新能源汽车示范推广财政补助资金管理暂行办法》,补助对象包括混合动力汽车、纯电动汽车和燃料电池汽车。其中乘用车和轻型商务车,混合动力汽车最高补助5万元,纯电动汽车补助6万元,燃料电池汽车补助25万元;10m以上城市公交车,混合动力汽车补助5万~42万元,纯电动汽车补助50万元,燃料电池汽车补助60万元。

2009年3月,国务院出台《汽车产业调整和振兴规划》,提出实施新能源汽车发展战略,强调将以新能源汽车为突破口,加强自主创新,形成新的竞争优势。规划提出,推动电动汽车及其关键零部件产业化,中央财政将安排补贴资金,支持节能和新能源汽车在大中城市示范推广。同年6月,工信部公布《新能源汽车生产企业及产品准入管理规则》,并明确了新能源汽车企业准入条件和新能源汽车产品准入条件,以及新能源汽车企业准入的申请程序和新能源汽车产品准入的申请程序。

2010年5月31日,财政部、科技部、工信部和国家发改委联合下发《关于扩大公共服务领域节能与新能源汽车示范推广有关工作的通知》,在已有的13个试点城市的基础上,增加天津、海口、郑州、厦门、苏州、唐山和广州等7个试点城市。同时下发《关于开展私人购买新能源汽车补贴试点的通知》,确定上海、长春、深圳、杭州和合肥等5个城市启动私人购买新能源汽车补贴试点工作。一同下发的还有《私人购买新能源汽车试点财政补助资金管理暂行办法》,该办法所指"新能源汽车"包括"插电式(plug-in)混合动力乘用车"和"纯电动乘用车",同时还明确了私人购买和使用新能源汽车的形式(直接购买、整车租赁和电池租赁)和补助标准。对满足支持条件的新能源汽车,按3000元/(kW·h)给予补贴。插电式混合动力乘用车每辆最高补贴5万元,纯电动乘用车每辆最高补贴6万元。同时,发改委等四部委出台了《关于印发"节能产品惠民工程"节能汽车推广实施细则的通知》,普通HEV被纳入"节能产品惠民工程",按每辆3000元标准给予一次性定额补贴。

2010年7月28日,财政部、科技部、工信部和国家发改委联合下发《关于增加公共服务领域节能与新能源汽车示范推广试点城市的通知》,在已有的20个试点城市的基础上,增加沈阳、成都、呼和浩特、南通和襄阳等5个试点城市。

2011年北京出台新能源汽车扶持政策,私人购买纯电动汽车补贴12万,并且无须摇号。2012年12月上海发布了《私人购买新能源汽车试点财政补助资金管理暂行办法》。相关政策包括免费牌照和最高4万元的补贴。此次列入上海鼓励私人购买和使用新能源汽车试点的车辆包括插电式混合动力和纯电动乘用车,私人直接购买和整车租赁两种形式都将享受补贴政策。插电式混合动力乘用车将获得每辆3万元的补助,纯电动乘用车补助力度为每辆4万元。

2012年,国家通过《节能与新能源汽车产业发展规划(2012—2020年)》,该规划指出,要以纯电驱动为汽车工业转型的主要战略取向,当前重点推进纯电动汽车和插电式混合动力汽车产业化,推广普及非插电式混合动力汽车、节能内燃机汽车。提升我国汽车产业整体技术水平。争取到2015年,纯电动汽车和插电式混合动力汽车累计产销量达到50万辆,到2020年超过500万辆;2015年当年生产的乘用车平均燃料消耗量降至每百千米6.9L,到2020年降至5.0L;新能源汽车、动力电池及关键零部件技术整体上达到国际先进水平。

在国家政策和资金大力扶持的背景下,各地方政府和企业都曾经制定了宏伟的发展目标或计划,如表3-17和表3-18所示,如今看来,这些计划基本都没实现或不可能实现。

地方政府曾经制定的新能源汽车产能规划 表3-17

上海	2010年,上海形成1万辆的新能源汽车产能;2012年,整体实力实现国内领先,产销10万辆左右,产值200亿元;2015年,全面实现产业化,实现产销30万辆左右,形成600亿元左右的产业规模
广州	2020年,将广州打造成世界级新能源汽车研发中心和制造基地,其中节能和新能源汽车产业产值将达2400亿元,并实现新能源汽车产销占比15%
深圳	2012年推广使用新能源汽车2.4万辆以上,2015年推广使用的新能源汽车计划累计达到10万辆
北京	2010年新能源汽车产销规模至少将达到1万辆
重庆	2011年底前推广示范1150辆节能与新能源汽车,包括300辆公务车、700辆出租车、50辆公交车、100辆私家车
武汉	2020年,新能源汽车产能能力争达到60万辆,销售完成50万辆,其中,中高端混合动力客车、充电式混合动力(PHEV)公交车和可快速更换电池组纯电动公交车将成为新动力汽车发展重点之一

国内主要厂商曾经制定的发展规划　　　　　表3-18

上汽集团	2010年底，预计荣威750中混混合动力轿车投放市场，综合节油率约为20%；2012年，推出节油50%以上的荣威550插电式强混轿车及零排放的自主品牌纯电动轿车；2015年上汽集团新能源车的市场占有率达到20%，保持在业界的领先地位
一汽集团	2010年小批量投产客车200辆，轿车100辆。到2012年，建成生产能力为1.1万辆混合动力轿车、1000辆混合动力客车的生产基地，实现客车年产800辆，轿车年产1600辆
长安集团	2012年，长安将在新能源汽车上重点投资10亿元，所有长安自主品牌轿车和微车将全部标配混合动力系统，全力推动纯电汽车研发和产业化能力提升。到2020年，形成年产20万辆节能与新能源汽车整车，关键零部件50万套的能力
东风集团	预计在2011年从日产导入电动车项目。到2014年形成年产新能源客车1万辆、2万台底盘的能力

尽管电动汽车在美国困难重重，但中国依然坚守这一新能源车发展路径。2001年至今，从研发到生产，中国各类新能源汽车有过两次"大规模"运行。第一次是2008年北京奥运会，各类车型共计595辆交付使用。第二次是2010年上海世博会期间，总计投入1017辆新能源汽车。而新能源汽车的销售量则几乎可以忽略不计，2008年新能源乘用车销售仅有899台。中国汽车工业协会数据显示，2012年电动汽车（含纯电动汽车、插电式混合动力车）共售出12791辆，约占当年全部汽车销量的0.7%。如果要实现2015年50万辆电动汽车销量目标，在2012年的基础上年均复合增长需达到350%。中国电动汽车的主要购买方为政府和公共事业部门，如城市公交、出租车公司等。虽然各地政府纷纷推出高额补贴，但私人购买者依旧寥寥无几。

 总结

（1）中国2013年汽车保有量达到1.37亿辆。尽管一些地方发布了"限购"政策，但由于人口基数大，汽车的保有量还将持续增加。许多大城市的空气污染十分严重，PM2.5指数严重超标。2014年3月18日上午9时发布的全国空气质量数据显示，在监测PM2.5的205个城市中，严重污染18个，重度污染28个，中度污染38个，轻度污染50个，良62个，空气质量优的只有9个，环保任务十分艰巨。

（2）为缓解石油压力，发展低碳经济，各地应当根据当地情况，发展小规模新能源利用，例如沼气、秸秆气、焦炉气等。行业应当加快相关国家标准的制定，并给予资金支持。

（3）由于学科理论、工业基础、研发经验等条件的限制，开发混合动力、纯电动、燃料电池等新能源汽车，难以实现"跨越式"发展。中国应该立足本国实际情况，选择合适可行的新能源汽车发展道路。

（4）在今后相当长的一段历史时期内，传统内燃机汽车仍将占据主导地位。因此，进一步挖掘传统内燃机汽车的节能潜力是有必要的，而且是行之有效的方法，比如可以采用混合燃料、采用新的燃烧模式等方法。

（5）相对于纯电动汽车和燃料电池汽车，就目前的情况而言，混合动力汽车是最能够让消费者接受的，这个过渡产品的"过渡"时间会持续很长的时间，并具有稳步增长的趋势。丰田普锐斯混合动力汽车在全球的销售业绩证明了这一点。

（6）从全生命周期的角度出发，以煤电为基础的电动车排放水平不一定具有明显优势，甚至可能比混合动力车的排放更高，发展电动车，还需要解决清洁电能的来源问题。燃料电池汽车的路则更加遥远。

拓展资料：新能源汽车的出路在哪里？

（1）纯电动汽车的能量来源是一个大问题。电能本身不是新能源，当前的情况是火电约占78%、水电约占20%、风电及核电等约占2%。火力发电必然产生二氧化硫和粉尘等污染，且效率并不高。使用纯电动汽车，是将城市里的污染转嫁到城市以外的地方，并且从整个能量的传输过程来讲，也不一定是经济的。

（2）突破电池技术是关键。作为动力源，现在还没有任何一种电池能与石油相提并论。目前，电动汽车的电池仍然还有许多技术问题没有解决，成本过高、能量密度过小、电池寿命不能满足商业化需求等技术问题难以克服。另外，生产电池以及废旧电池的回收也是尚未解决的问题。动力电池已成为限制电动汽车发展的瓶颈。

（3）驱动电机呈多样化发展。美国倾向于采用交流感应电机，其主要优点是结构简单、可靠，质量较小，但控制技术较复杂。日本多采用永磁无刷直流电机，优点是效率高，起动转矩大，质量较小，但成本高，且有高温退磁、抗振性较差等缺点。德国、英国等大力开发开关磁阻电机，优点是结构简单、可靠，成本低，缺点是质量较大，易于产生噪声。

（4）由于受续驶里程的影响，纯电动汽车向超微型发展。这种汽车降低了对动力性和续驶里程的要求，充电过程比较简单，车速不高。这样的纯电动汽车，远不能满足普通家庭使用，但比较适合于市内、社区、公园、大型会场等小范围使用。在不能全面铺开的情况下，首先占领这一小部分市场份额，对推动新能源汽车的发展也是具有积极意义的。

（5）混合动力汽车是内燃机汽车和纯电动汽车之间的过渡产品，既充分发挥了现有内燃机技术优势，又尽可能发挥电机驱动无污染的优势。正是这个过渡产品，是目前商业化最成功的模式。无论是从技术的角度，还是商业化模式的角度，燃烧各种燃料的内燃机仍将长期存在于各类汽车上。混合动力汽车将"过渡"很长的一段历史时期。

（6）加快基础设施建设。纯电动汽车商业化的基础设施包括充电站网络、车辆维修服务网络、多种形式的电池营销、服务网络等。建立一定数量的公用充电站、配备专用电缆及插座等是延长行驶里程、实现纯电动汽车产业化的关键。这些公用设施，由当地政府规划，由发电厂和当地城市供电公司共同投资建设，由充电站企业来独立经营，利润不会低于加油站。在一个城市内建设十几个或数十个公用充电站，市区内的出租汽车、私家车、商务车均可在公用充电站快速充电。公交公司也可在终点站、始点站自行建设充电站，为本线路公交车提供充电服务，环卫车辆可在本企业的停车场内充电。但前提必须是需要清洁的电力来源，而非火力发电。

（7）开发新一代车用能源动力系统，发展新能源汽车。重点发展各种液体代用燃料发动机及其混合动力汽车，逐步过渡到采用生物燃料的混合动力汽车和可充电的混合动力汽车；进一步发展以天然气为主体的气体燃料基础设施，分步建设长期可持续利用的气体燃料供应网络；以天然气发动机为基础，发展各种燃气动力，尤其是天然气/氢气内燃机及其混合动力；发展新一代燃料电池发动机及其混合动力；大力推进动力电池的技术进步，发展适合中国国情的纯电动汽车尤其是微型纯电动汽车。

本专题参考文献

[1] 王燕军,王建昕,帅石金,等.汽油机稀薄燃烧研究的新进展—从GDI到HCCI[J].汽车技术,2002(8).

[2] 苏岩,李理光,肖敏,等.国外发动机可变配气相位研究进展—机构篇[J].汽车技术,1999(6).

[3] 李莉,郑国璋,杨庆佛,等.直动式液力间隙调节器可变配气相位机构设计研究[J].车用发动机,2001(8).

[4] 孙柏刚,刘福水,等.氢内燃机NO_x排放特性的试验研究[J].内燃机工程,2011,32(2).

[5] 黄佐华.内燃机节能与洁净利用开发与研究的现状与前沿[J].汽车安全与节能学报,2010,1(2).

[6] 王建昕,帅石金.汽车发动机原理[M].北京:清华大学出版社,2011.

[7] 郑建军,王金华,王彬,等.压缩比对直喷天然气发动机燃烧与排放特性的影响[J].内燃机学报,2010,28(1).

[8] 何义团.HCNG发动机燃烧排放特性与氢急速特性研究[R].北京:清华大学,2011.

[9] 朱大鑫.涡轮增压与涡轮增压器[M].北京:机械工业出版社,1992.

[10] Dipl. -Ing. Frank Pflüger. Regulated two-stage turbocharging-3K-warner's new charging system for commercial diesel engines[EB/OL]. www. turbos. bwauto. com.

[11] Adam Opel AG. Opel twin-turbo revolutionizes diesel engine technology[EB/OL]. www. Germancarfans. com/news. cfm/newsid/2040414. 009/opel/l. html.

[12] Andrew Charles. BMW introduces high performance 535d[EB/OL]. www. auto – report. net/index. html? 535d. html.

[13] Stephane Guilain, Sylvain Saulnier. Computational study of diesel engine downsizing using two – stage turbo-charging[D]. SAE paper,2004-01-0929.

[14] http://www. epa. gov/otaq/climate/documents/420f12051. pdf.

[15] http://www. iea. org/media/translations/chinese/ev_phev_brochure_cn. pdf.

[16] http://www. iea. org/publications/freepublications/publication/biofuels_cn. pdf.

[17] http://www. iea. org/publications/freepublications/publication/FINALFORPRINTEV_PHEVChinese V1WEB. pdf.

[18] http://www. iea. org/publications/freepublications/publication/EV_PHEV_Roadmap. pdf.

[19] http://www. iea. org/publications/freepublications/publication/Fuel_Economy_2012_WEB. pdf.

[20] http://web. mit. edu/sloan – auto – lab/research/beforeh2/otr2035/On% 20the% 20Road% 20in% 202035_MIT_July% 20200. 8. pdf.

专题4 绿色交通

引 言

交通作为国民经济的支柱产业,对经济社会的发展具有决定性的影响。改革开放以来,推动交通运输系统的迅速发展是社会主义市场经济建设的重要内容。但是,一直以来,用牺牲环境及资源来解决交通问题的做法已然威胁到社会的可持续发展。随着人们环保意识的提升,社会各界对交通运输的高污染、高能耗、低效率等问题日益重视。在此背景下,绿色交通的理念应运而生并得到持续的发展。从加拿大人 Chris Bradshaw 于 1994 年第一次提出绿色交通体系的概念以来,到目前为止,该理念已经在世界各国以不同的形式有序开展并取得了显著成果。

绿色交通是一个生态理念,也是一个实践目标。它倡导发展以人为本的、可持续的交通。在现代交通体系中,唯有将绿色理念充分贯彻到规划、管理、建设等各个环节,才能保证绿色交通系统的有效落实。

4.1 绿 色 交 通

4.1.1 绿色交通概念

绿色交通(Green Transport)是一个全新的生态理念,强调交通的"绿色性"。它与可持续发展概念一脉相承,倡导在交通运输过程中合理利用资源,促进社会出行公平,减少环境污染。广义而言,绿色交通是指采用低污染、低能耗、环保和可持续的运输系统来完成社会经济活动的一种交通概念。狭义指为节省建设维护费用而建立起来的低污染,有利于社会、生态环境多元化的协和交通运输系统。

绿色交通理念是三个方面的完整统一结合,即通达、有序;安全、舒适;低能耗、低污染。其主要表现为减轻交通拥挤、降低环境污染,具体体现在以下几个方面:减少个人机动车辆的使用,尤其是减少高污染车辆的使用;提倡步行,提倡使用自行车与公共交通;提倡使用清洁干净的燃料和车辆等。

4.1.2 绿色交通发展历程

绿色交通概念的提出缘于社会经济发展面临的交通瓶颈及生态恶化问题,主要体现在以下三个方面：①城镇化进程的加快；②交通拥堵；③交通环境污染严峻。城镇化、工业化的加快使得人们出行需求越来越多，同时，道路网络的完善及机动化水平的提高使得私人小汽车出行比例急剧增加。而道路系统的滞后性不可避免地引起了交通拥堵、出行延误等问题。与此同时，机动化交通的高速发展也让人们饱尝了其带来的环境污染恶果。交通系统对环境的影响主要体现在大气污染、噪声污染等方面。2013年起，由国家和地方共同打造的环境空气检测网，实时更新发布的PM2.5值显示我国各大城市都不同程度地承受着严重的环境污染，而PM2.5的主要来源就是汽车运行的燃料燃烧。

绿色交通概念由加拿大学者Chris Bradshaw于1994年率先提出，他主张交通系统的"人本性"，综合自然环境、社会、经济等方面的考虑，将交通工具按照对环境污染情况进行排序，分别是步行、自行车、公共交通、合乘车辆、单独驾车。国内关于绿色交通的研究始于台湾。台湾沈添财[1]先生率先将绿色交通理念引入国内，提出"绿色交通系基于永续运输的内涵，发展一套多元化的都市交通工具，以降低交通拥挤、降低污染、促进社会公平、节省费用的交通运输系统"。

随着绿色交通概念在国内的丰富与发展，众多学者都对绿色交通提出了各自的看法，大致可将其观点分为协和说、系统说、人本说、约束说、永续说等五类（表4-1），各类观点对绿色交通理论的表述侧重虽有不同，但其本质都集中于交通系统的优化及绿化生态建设。

绿色交通的几类观点　　　　　　　　　　　　　　　表4-1

观　点	代表人物	主　要　内　容
协和说	杨晓光	交通与社会、环境、资源、未来等多方面的协和
系统说	王静霞	通达有序，安全舒适，低能耗低污染的统一结合
人本说	王建清	坚持以人为本，适应人类居住环境的发展趋势
约束说	王智慧，陆化普	引入交通容量、环境容量和方式能耗，提出基础能源消耗的城市交通结构优化模型和方法
永续说	沈添财，张学孔	以大众运输为导向的都市发展策略，使得环境、经济及社会都永续发展

4.1.3 绿色交通的目标

绿色交通以实现可持续发展为目标，满足人们可达性好、舒适、安全、低污染低能耗的交通需求，同时加强交通对经济的促进作用。具体而言，绿色交通的发展目标可以归纳为以下几点。

1）推动交通与资源、环境的协调发展

绿色交通追求的是一种生态理念，期望在大力发展交通满足日益增长的需求的同时，降低对环境资源的影响。在绿色交通发展过程中，环境容量和环境承载力将会成为其绩效考核的重要衡量指标，对交通系统形成制约和调节。为了将交通对生态环境、资源等的影响范围和力度控制在合理的范围内，就需要采取相当的政策来协调，促使交通系统通过采用新技术、规划布局调整、提高管理手段、加强宣传教育等具体措施，倡导人们选择绿色交通方式出行，实现交

---

[1] 沈添财，时任职于台湾鼎汉国际工程顾问有限公司。

通与环境资源的协调发展。

2）促进交通与经济的协同进步

绿色交通倡导基于交通容量和环境容量相融合来进行城镇的开发，促进地区、城市空间及产业格局的优化升级。交通格局的形成受到土地利用布局的影响，并反作用于土地利用形态的改变。研究各层级、各类型交通系统容量，通过容量规模的合理控制来调整和完善地区间、城镇间的布局结构，可以促进、加速各地区间经济产业格局的优化调整，进而提高资源利用效率，推动经济的稳步、可持续增长。

3）鼓励交通出行的绿化及公平

绿色交通鼓励绿色出行方式的选择，如步行、自行车、公共交通等。目前，慢行交通、轨道交通的大力发展以及清洁能源公共车辆的推出等成为各个城市发展绿色交通的重要策略。根据城市的发展策略，合理进行机动车道、自行车道、人行车道分离、互补干涉，有利于保证步行和自行车使用者的合法权益。同时轨道交通、公交汽车和其他方式的无缝衔接及公交优先策略的实施，将有力提升公共交通的出行承担率。这不仅有利于出行的"绿色"，及交通"权利"的公平，而且能够有效改变人们的出行理念，进一步推动绿色交通的可持续发展。

4）提升交通效率

绿色交通是在现有交通系统的基础上进行调整改进，以实现交通系统的优化升级。绿色交通系统的构建应遵循系统最优原则，使不同层次、不同方式之间相互协调、相互补充，充分发挥各自的优势，形成综合交通系统，兼顾社会、经济效益的统一，实现系统最优。

围绕绿色交通内涵及发展目标，绿色交通的实现涉及到政策引导、经济调节、社会各界公众参与和先进科技应用等领域。就具体程序而言，唯有将绿色交通理念全面贯彻到交通系统构建的各个环节，才能确保"绿色"理想的实现。接下来的三个小节，将具体分析如何在交通规划、交通系统建设及交通管理等环节有效推动"绿色"理念的落实。

4.2 绿色交通规划

4.2.1 绿色交通规划的概念

根据《交通工程总论》，交通规划的概念有广义和狭义之分。广义的交通规划包括交通设施体系布局规划、交通运输发展政策规划（也称"交通发展白皮书"）、交通运输组织规划、交通管理规划、交通安全规划、交通近期建设规划等。狭义的交通规划主要是指交通设施体系布局规划和近期建设规划。

绿色交通规划简单地说就是在绿色交通理念的指导下进行的交通规划。即在交通设施体系布局、运输发展政策、运输组织、交通管理等交通运输体系构建的过程中贯彻"绿色交通"以人为本、可持续发展的战略指导思想。

绿色交通规划是绿色交通理念落实的行动指导和基础。它强调交通系统的环境友好性，

---

❶《交通工程总论》：高等教育"十一五"国家级规划教材，徐吉谦、陈学武编著，人民交通出版社出版。

主张在整个交通系统的规划建设和运营管理过程中注重环境保护和生活环境质量。其广义概念包含推动综合运输体系的发展,加强各类运输方式间的无缝衔接,提高客货运输的效率;狭义概念包括推动公交优先发展、促进人们在短距离出行中选择自行车和步行的出行模式,节约能源、保护环境、建立公共交通为主导的城市综合交通系统等。

4.2.2 绿色交通规划的内容

绿色交通规划应以兼顾效率和公平为目标,对整个交通运输系统进行科学合理的布设,包括对相关的规划政策、基础设施建设布局、运输组织管理等进行系统性设计,以期形成战略性指导方针。

1) 政策措施的制定与调整

政策是以权威形式标准化地规定在一定的时期内,应该达到的奋斗目标、遵循的行动原则、完成的明确任务、实行的工作方式、采取的一般步骤和具体措施。交通发展政策是整个交通系统的指导方针,设定了政府、企业和社会公众参与该系统应遵循的原则。因此,绿色交通系统的建立唯有立足于生态环保的政策理念才能取得持续性的发展。

政府在引导人们出行方式选择及货运方式上扮演着重要的角色,各级政府应该因地制宜地建立有效的交通法律法规体系,优先发展大运量、低污染、低能耗的运输方式,实现交通、环境和资源的协调统一。目前,我国各级政府在推动绿色交通建设方面提出了许多积极的政策。

(1) 交通运输环保法规的制定

为了加强交通环保管理,促进交通事业可持续发展,交通部先后出台了《交通建设项目环境保护管理办法》、《公路建设项目环境影响评价规范》、《公路环境保护设计规范》等法规制度。2004年6月,交通部又下发了《关于开展交通工程环境监理工作的通知》,使交通环保工作逐渐法制化、规范化。"十二五"期间,我国提出了一系列交通环保法规,包括《公路水路交通运输节能减排"十二五"规划》、《道路运输业"十二五"发展规划纲要》、《公路水路交通运输环境保护"十二五"发展规划》等政策文件,各级政府在中央文件的指导下分别制定出适合各地区经济发展情况的地方政策规定,为我国绿色交通运输的发展提供了方向指导及行动指南。

(2) 以公共交通为导向的发展政策

对公共交通实行优惠优先政策,为公交的发展提供有利的条件,使其具有发展的活力和足够大的发展空间,优化交通结构。优先发展城市公共交通是降低能源消耗、减轻环境污染、减少占地、方便居民出行的重要途径。

2005年,国务院办公厅转发了《关于有限发展城市公共交通的意见》(国办发[2005]46号),是有关发展公共基础交通的一个全面系统的文件。2006年,建设部、国家发改委、财政部、劳动保障部等四部门印发了《关于优先发展城市公共交通若干经济政策的意见》(建城[2006]288号),进一步为优先发展公交提供了经济政策保障。"十二五"期间,国务院常务会议明确要求对城市公共交通企业实行税收优惠政策,落实对城市公共交通行业的成品油价格补贴政策,对城市轨道交通运营企业实行电价优惠[❶]。此外,在加大政府投入同时,通过特许

---

❶ http://news.xinhuanet.com/politics/2012-10/11/c_113342493.htm

经营、战略投资、信托投资、股权融资等多种形式,吸引和鼓励社会资金参与公共交通基础设施建设和运营,以拓宽融资渠道。资金投入实现"两条腿"走路,将为城市公交优先发展提供有力的保障。

(3) 绿色货运的开展

2012年4月18日,由中国道路运输协会主办,交通运输部公路科学研究院和亚洲城市清洁空气行动中心协办"中国绿色货运行动"正式启动。该项行动以"绿色货运、节能减排"为主题,以实现绿色货运目标为引领,以可持续发展理念为先导,促进加快转变发展方式,产业结构调整和升级,围绕与低碳运输、节能环保、安全生产等有关的产业链条,促进建立货运行业绿色科学发展长效机制。绿色货运计划倡导针对货物运输生产环节的特点,创新工作方式方法,区别对待;坚持远近结合、分步实施,注重典型示范引路,以点带面,推动以低碳为特征的道路货运节能减排工作向纵深发展。

(4) 节能环保交通工具的推广政策

为实现交通系统的绿色化,国家政策强调绿色交通工具技术创新,在交通工具选择时鼓励采用高效直喷发动机、混合动力、轻量化等节能环保技术和产品。与此同时,国家及各地区也提出相应的经济措施来推广绿色交通工具的使用。继上一轮补贴政策于9月30日停止后,财政部、发展改革委、工业和信息化部决定从2013年10月1日至2015年12月31日,继续实施1.6L及以下节能环保汽车推广补贴政策。相较而言,新补贴政策对车辆的节能、环保程度要求更高。按照政策规定,节能汽车的百公里综合油耗入门门槛已经调整到5.9L(表4-2),并且推广车辆在污染物排放上必须达到"国V"排放标准。此外,为了促进新能源汽车的推广和使用,并保证工程的质量,有关部门通过对各地申报的新能源汽车推广应用方案审核,确认并公布了28个城市或区域为第一批新能源汽车推广应用试点❶。

新节能补贴政策推广车型产品综合燃料消耗标准　　表4-2

车整备质量CM(kg)	具有两排以下座椅(L/100km)	具有三排及以上座椅(L/100km)
CM≤750	4.7	5.0
750<CM≤865	4.9	5.2
865<CM≤980	5.1	5.4
980<CM≤1090	5.3	5.6
1090<CM≤1205	5.6	—
CM>1205	5.9	5.9

数据来源:第一汽车资讯网(www.autono1.com)。

除了上述有关政策之外,为了适应绿色交通系统建设的要求,我国有关部门对交通系统构建的各个环节都进行了相关的政策调整,以充分协调各种利益和关系,实现交通系统的社会效益和生态效益。

---

❶ 具体来看,北京市、天津市、太原市、晋城市、大连市、上海市、宁波市、合肥市、芜湖市、青岛市、郑州市、新乡市、武汉市、襄阳市、长株潭地区、广州市、深圳市、海口市、成都市、重庆市、昆明市、西安市、兰州市;河北省城市群(石家庄(含辛集)、唐山、邯郸、保定(含定州)、邢台、廊坊、衡水、沧州、承德、张家口);浙江省城市群(杭州、金华、绍兴、湖州);福建省城市群(福州、厦门、漳州、泉州、三明、莆田、南平、龙岩、宁德、平潭);江西省城市群(南昌、九江、抚州、宜春、萍乡、上饶、赣州);广东省城市群(佛山、东莞、中山、珠海、惠州、江门)。

2) 土地利用的规划和布局

土地利用与交通规划的相互关系一直是规划研究的重点。越来越多的研究表明,交通与土地利用的一体化可以降低交通的环境影响。二者的整合不仅是个技术物质形态的科学问题,也是一个体制与政策问题。在经济社会发展过程中,土地利用布局模式同交通系统之间形成了相互影响、相互反馈的关系(图4-1)。

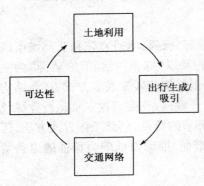

图4-1 土地利用与交通系统互动关系

首先,土地利用是交通需求的根源,它决定了交通源头、交通量及交通方式,从宏观上框定了交通的结构与基础。不同的土地利用状况要求不同的交通模式与之相适应,如工业城市和旅游城市的交通发展模式不同,再如土地利用密度高的城市中心就要求高运载能力的公共交通方式与之适应,反之低密度的地区则偏向于自由方式的交通;其次,交通系统所具有的实际运行水平会对地区及城市空间结构和发展规模产生影响,从而影响到其土地利用状况,特别是交通可达性对一个地区的经济、商业和文化活动用地的空间分布具有决定作用。因此,发展某种特定的用地模式可能导致某种相应的交通模式,这就要求在规划中引进交通与土地利用的互动机制。

国外关于土地利用与交通关系的理论及实践都先于国内。美国1991年通过的《多运输方式间陆路运输效率法》(ISTEA)即人们熟知的冰茶法案,其核心内容是如何处理各交通方式均衡协调发展,解决问题的思路是倡导正确处理交通发展与土地利用规划之间的关系。1994年《英国交通规划政策指导》指出,将土地使用和交通一起规划,让人们无须长途跋涉就能完成日常活动,土地规划部门就能减少人们对私车的依赖,同时有益于政府可持续发展战略的环境目标。在欧洲许多国家的中央政府层面,交通管理职能同国土、环境等放在一起形成更大范围的大部制。英国规划师麦克·汤姆逊根据对全世界城市交通问题的调查,曾总结出几种城市交通与土地开发相结合的策略(表4-3)。很显然,洛杉矶的低密度蔓延——几乎没有城市中心的生活方式是由其高速路建设所致;而伦敦高密度人口的历史街区和狭窄曲折街道得以延续,是和它长期的鼓励公交和限制小汽车交通的政策联系在一起的。

几种城市交通与土地利用相结合的策略　　　　表4-3

策　略	代表城市	特　点
充分发展小汽车	洛杉矶、底特律	具有方格网状的均匀路网,小汽车可以通行到任何一个城市角落,土地开发密度非常低
公共交通优先	波哥大、库里蒂巴、蒙特利尔	大量建设放射型的通往市中心的道路,并为公共交通提供专门的车道或其他优先权
限制市中心发展	波士顿、哥本哈根、维也纳等	通过合理的土地开发保持小的城市中心与郊外的次中心之间的平衡
强核心式城市	纽约、东京等	修建大型的放射型交通网(包括快速路与大容量公共交通,如地铁、城市铁路等),但不建设高速环路来连接这些放射路,以增强中心区的吸引力

续上表

策　略	代表城市	特　点
限制市中心交通	伦敦、新加坡、香港、斯德哥尔摩、阿姆斯特丹等	通过土地使用与交通的合理安排（如保持或提高市区的居住密度）来减少对交通（特别是小汽车）的需求，同时还采取限制或禁止小汽车进入某些市中心地段、限制市中心停车、对小汽车进入市区收费等最大限度减少小汽车的使用

目前，随着我国城镇化的推进，交通与用地空间的结合越来越紧密，相应的问题也会越来越多。在目前交通行业的政策与规划中，土地同资金、环境都属于一种约束性因素。通过技术进步可以降低交通建设的土地占用，这被认为是转变交通发展方式的重要体现。交通行业倡导通过改善设计和技术创新达到节约土地的效果。随着土地利用与交通规划关联性研究的深入，紧凑城市、宜居城市、职住平衡等概念逐渐流行起来，也有很多成功案例如新加坡等可供参考，这些理论的提出及成功的实践为我国交通系统的改善提供了充足的研究材料。同时，也必须认识到在中国推进交通和土地利用的一体化过程中，既要在科学认识上更新理念，又要改革完善现行的管理体制及管理思路。

4.2.3　交通运输组织管理

绿色交通运输组织与管理注重系统内部的协调性和效率性，以及与外部系统的协调共生。基于绿色交通的运输系统应以最小的能耗和最低的环境污染实现最高效率的交通畅行。为此，交通需求管理和综合运输体系的构建成为发展绿色交通的重要策略。

1）交通需求管理

交通需求管理（Transportation Demand Management）是根据交通出行产生的内在动力，出行过程中表现出来的时空消耗特性，通过各种政策、法令、现代化信息识别、合理开发土地使用等对交通需求进行管理、控制、限制或诱导，减少出行的发生，降低出行过程中时空消耗，建立平衡可达的交通系统。目前，为了绿色环保的交通需求管理措施在城市交通管理中有较多体现，如被国内外广泛采用的公交优先、错时上下班、单双号车辆出行、拥挤收费、提高停车收费等措施，这些措施一定程度上影响了人们出行行为。

2）综合运输体系构建

综合交通运输体系是指各种运输方式根据国家发展战略和交通需求，按照各自技术经济特征和比较优势共同构建形成的布局合理、功能完善、衔接顺畅、安全可靠、便捷高效的交通运输有机整体（图4-2）。在绿色交通体系建设过程中，综合交通规划是现代化建设的先行环节，是强化交通功能的重要依据，是绿色交通发展的必然趋势。绿色交通理念下的综合交通体系不仅要体现出各类交通方式无缝衔接的功能和经济效益，更要体现出系统整体的绿色环保效益。因此，综合运输体系不是单一运输方式的简单叠加，而是通过在横向上统筹各种运输方式的合理分工和有效协作，在纵向上推进建设、养护、管理和运输服务协调发展，提升交通运输系统的整体功能和服务效率，增强交通运输对经济社会发展的保障能力，减少运输各个环节的能耗及污染排放。

目前，从资源节约和环境保护角度看，中国综合交通发展规划存在以下问题：

交通与能源

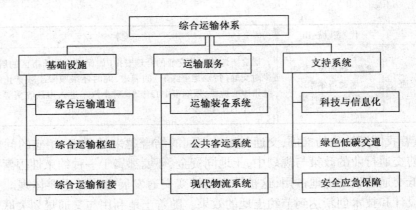

图 4-2　综合运输体系规划基本框架示意图❶

（1）中国综合交通发展规划及各专项交通规划走在国家主体环境功能区规划、土地利用规划和城市总体规划前面，对国土资源的综合利用，环境资源的生态效应和环境效用重视不够。

（2）各交通专项发展规划，包括国家高速公路、铁路、沿海及内河主要港口、铁路和公路主枢纽等规划，相对独立进行，难以做到统筹兼顾。

（3）中国交通发展规划主要研究各种交通运输方式空间发展的整体框架，强调的是性质功能、线位资源利用、主枢纽布局等战略层面的问题，对资源节约和环境保护问题只是提出宏观性目标和措施，对环境问题等仅做概念性描述，没有将保护环境作为交通运输发展中必须考虑的重要前提。

上述问题的存在，对绿色交通系统的健康、可持续发展构成了"约束"。对此，我国交通运输有关部门也进行了大刀阔斧的改革。首先我国从行政管理的角度对交通体系进行了两轮大的改革。在第一轮改革中（2008年），原交通部、民航总局和建设部通过改革已经实现了公路、水运和航空及城市交通的统一管理。本轮改革（2013年）则进一步把范围覆盖到铁路系统，对铁路实行政企分开，国家铁路局由交通运输部管理。至此，交通运输部管理铁路、民航、邮政三个国家局，实现了铁路、公路、水路、民航等多种交通方式的集中管理，"大交通"格局基本形成。近日，中共中央、国务院印发《国家新型城镇化规划（2014—2020年）》（简称《规划》）提出，努力走出一条以人为本、四化同步、优化布局、生态文明、文化传承的中国特色新型城镇化道路。在优化城镇化布局和形态方面，要强化综合交通运输网络支撑。"大交通"格局的构建和综合交通运输体系政策的提出将极大推动我国绿色交通的持续快速发展。

4.2.4　典型实践案例介绍

绿色交通规划是基于对未来整体性、长期性、基本性问题的思考和考量，设计出整套行动的方案，是交通系统发展的行动指南。本节将结合实践案例系统地介绍目前颇受欢迎的交通发展模式——TOD模式，以此来说明交通规划理念对交通系统发展的重要意义。

---

❶ 源自：王伟.综合运输体系发展规划理论框架研究[C].第十五届中国科协年会第11分会场：综合交通与物流发展研讨会论文集，2013.

1) TOD 模式内涵

TOD(Transit Oriented Development)即是指"以公共交通为导向的发展模式"。其中的公共交通主要是指火车站、机场、地铁、轻轨等轨道交通及巴士干线,然后以公交站点为中心,以400~800m(5~10min 步行路程)为半径的社会经济文化活动中心,其特点在于集工作、商业、文化、教育、居住等为一身的"混合用途",使人们能方便地选用公交、自行车、步行等多种环保出行方式。

TOD 的概念最早由美国建筑设计师哈里森·弗雷克提出,是为了解决二战后美国城市的无限制蔓延而采取的一种以公共交通为中枢、综合发展的步行化城区,以实现各个城市组团紧凑型开发的有机协调模式。TOD 与"交通引导发展"的含义不尽相同。TOD 充分体现了城市交通规划中公交优先的政策,而后者则没有反映这一根本性的内涵。狭义的公共交通是指城市范围内定线运营的公共汽车及轨道交通、渡轮、索道等交通方式,人们日常出行的主要方式。公共交通有固定的线路和保持一定间距(通常公共汽车站距为 500m 左右,轨道交通站距为 1000m 左右)。这就为土地利用与开发提供了重要的依据,即在公交线路的沿线,尤其是在站点周边进行高强度土地开发,且以公共使用优先。

2) TOD 模式设计理念

TOD 模式是实现交通与土地利用整合发展的途径与手段。它强调紧凑布局、混合使用的用地形态,提供良好的公共交通服务设施,提倡高强度开发以鼓励公共交通的使用;为步行及自行车交通提供良好的环境;公共设施及公共空间临近公交车站;公交车站为本地区的枢纽。

TOD 是一个"3D"过程,即高密度、多元化土地利用以及良好的设计(图 4-3)。根据设计范围进行分类,TOD 主要分为城市型 TOD 和邻里型 TOD;在用地类型方面,TOD 社区应包含以下几个方面:核心商业区(Core Commercial Areas)、办公区(Office/Employment Areas)、TOD 居住区(TOD Residential Areas)、次级区(Secondary Areas)、公共空间(Public/Open Space)❶。因此,土地的混合开发是 TOD 模式的主要特征。TOD 能否实现分担城市功能的作用就体现在土地的混合利用程度上(表 4-4)。

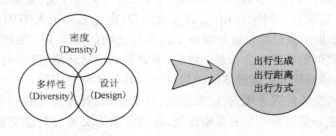

图 4-3 TOD 的"3D"化及对交通产生的影响

---

❶ 源自 Peter Calthorpe 在《The Next American Metropolis》的分类。

交通与能源

TOD 的用地混合比例　　　　　　　　　　　　　　　　表 4-4

用　地	邻里级 TOD	城市级 TOD
公共用地	10%~15%	5%~15%
核心区	10%~40%	30%~70%
住宅用地	50%~80%	20%~60%

3) TOD 实践案例

TOD 是国际上具有代表性的城市社区开发模式。同时,也是新城市主义最具代表性的模式之一。国外研究 TOD 最早最深入的当属美国。美国 TOD 最好的案例之一是华盛顿特区西南部的阿灵顿郡(Arlington County)的 Rosslyn-Ballston 轴状走廊(R-B 走廊)。

R-B 走廊以城际轨道为载体,从 Ballston 站点出发,沿威尔逊林荫大道旧址,途经 Court House、Clarendon、Virginia Squar,最终抵达 Rosslyn 站,全程共 3mile。该走廊强调土地开发与轨道交通建设相互整合,积极鼓励居住、办公和零售开发集中在车站附近,使居民能够方便地利用城铁出行。同时,设计友好的步行环境,将公交系统与完善的行人和自行车设施结合起来,努力营造一个适宜的社区环境。居民在这充满活力的"城市乡村"中,更多依靠公共交通、步行和自行车轻松舒适地生活、工作、购物休闲,同时也不断创造着地区内公交使用率最高的奇迹(表 4-5)。通道内不只是一条干线,其他交通可以接入。通道两侧是最高密度的开发,使双向公交都非常有效,整个通道设施利用率达到最大,不仅抑制了潮汐交通流,还有效减少了人均车公里数。

R-B 走廊土地开发构成比例　　　　　　　　　　　　　　　表 4-5

土地使用类型(%)	Ballston 站点	Calthorpe 标准❶
公共用地	4	5~15
核心用低	30	30~70
居住用地	66	20~60

目前,各国根据自身社会经济背景,在已有的交通运输网络基础上开展 TOD 模式(表 4-6)。国外对 TOD 的研究重点集中在土地利用与城市交通之间相互作用关系的方面,即就公共交通的建设如何影响城市结构、用地形态以及城市用地布局对交通方式、交通需求所产生的影响进行了较为深入的分析研究。同国外相比,我国直到 20 世纪末才引入 TOD 策略的概念。国内对 TOD 的研究重点集中在公共交通与城市土地利用之间的关系上。虽然不同城市采取的形式存在差别,但其贯彻的基本理念却是一致的,那就是利用对环境、健康与能源消耗等较为有利的运输工具来达成同样的社会经济活动的目的。其公共交通发展目标极其明确:建立公交优先系统,达到公共交通的观念优先、设施优先、效率优先、管理优先和安全优先,以换乘为主研究公交布局,建立一套完整的交通策略计划,并做好轨道交通与其他交通方式的结合;配合城市的长期发展以及土地使用与财政能力进行公交的综合规划。

近年来,TOD 又开始与低碳城市、宜居城市、紧凑城市、城市综合体等新型概念结合起来。

---

❶ Peter Calthorpe 是新城市主义代表人物,其推崇重构一个具有地方特色和文化气息的紧凑型邻里社区来取代缺乏吸引力的"郊区模式",认为邻里、分区和走廊也是大都会地区的发展和再发展的基本元素。

随着绿色交通理念的推广,TOD 模式得到更进一步的发展。TOD 发展的新趋势是绿色交通系统的开发,即大运量、低污染、低能耗、快捷的公共交通运输体系,以及智能型公共交通系统的引入将极大激活公共交通的活力、提高公共交通的服务水平。在这个过程中通过以公交为导向的建设,减少动态车辆的污染和能源消耗;建设绿色建筑,使静态的基础设施更节能、污染更少,进而提升整个系统的环保水平。

典型城市 TOD 模式　　　　　　　　　　表 4-6

城　　市	TOD　模　式	经　验　总　结
斯德哥尔摩(瑞典)	高密度的卫星城和前瞻性交通规划,放射型轨道运输连接主城与卫星城	①公共交通引导的发展模式、卫星城的建立; ②政府的引导和鼓励; ③促进轨道交通和土地利用同步发展
哥本哈根(丹麦)	手指形城市形态;发展早期政府规定所有的建筑必须集中在以轨道交通站点为中心的 1km 范围内,站点周围高密度的土地利用形式为 TOD 发展提供了基础,并拥有世界上最成功的人行道网络之一	①手指形的交通规划引导城市发展; ②具有特色和前瞻性的规划和强有力的执行力; ③将公共交通引导发展的模式贯彻在整个区域层面上,而非限于某一条走廊或是一个小区,这样有利于充分发挥规模效应,形成整合优势
新加坡	环状城市形态;新加坡 90% 的人口住在由国家统一开发的公屋系统中,拥有良好的公共服务设施保证,捷运+新城镇的 TOD 开发	①推动公共交通使用,施行高峰时间小汽车进城收费、对小汽车实施高税率和高价格的政策; ②公共交通服务网的健全和乘坐、换乘的便利
东京(日本)	高密度轨道交通与土地重整;东京具有全世界最为庞大的城市轨道交通系统,其经营模式主要采取私有制	①轨道交通与土地利用的良好沟通与协调化发展; ②发达的公共交通和对小汽车使用的限制; ③政府的倡导及强有力的执行力
库里蒂巴(巴西)	用快速公交系统成功引导了城市空间沿五个放射状交通轴向外扩展,实现交通与空间演化的协调	①城市内城改造以人为本,而不是小汽车为主; ②在轴线两侧两个街区的范围内高密度开发,沿轴线开发的土地容积率可达到 6;严格限制距公交线路两个街区以外的土地开发; ③公交专用道和大运量公共汽车的使用
香港(中国)	将居住、商业、交通等功能融为一体进行开发;MTR 的轨道交通网络连接各个区域,方便交通换乘	①高密度的土地利用和轨道交通的练好衔接; ②良好的公共交通环境

近来一些新批准的 TOD 建设项目也在其规划中全面贯彻绿色交通的理念,将城市绿色交通体系规划的主轴设定为以低污染、低能耗、环保型交通工具实现人与物的位移。在此主轴之下,通过绿色公共交通工具逐渐把"大众运输导向发展"(Transit Oriented Development)的交通规划观念晋级成到"绿色运输导向发展"(Greening Transport Oriented Development)。绿色交

---

❶　议题五:京都议定书生效后运输部门因应策略。

通理念下的 TOD 力图使"交通系统"摆脱其传统"生活工具"的概念,努力打造其"生活空间"的形象,以吸引更多的客流。

总结斯德哥尔摩、哥本哈根、东京和新加坡等公共交通运用较为成功的案例可以看出,这些城市成功的前提就是在城市规划的初期阶段就清楚地确定了城市的交通系统及其基本网络与土地利用及城市形态演变的未来格局。而在城市土地利用与交通运输系统的关系上,交通出行是手段不是目的。从土地利用方面下功夫不仅可以实现理想的城市功能,还决定了在什么程度上造成什么类型的出行,因此在土地利用设计上的深谋远虑应是第一位的。

4.3 绿色交通建设

绿色交通建设是指在有关规划的指导下对交通网络、交通枢纽、附属设施、慢行交通设施等交通系统"硬件设备"的建设。交通网络和枢纽对交通运输的组织与管理方式有决定性的影响;附属设施如道路用电设施等和慢行交通建设中环保理念的体现对绿色交通系统也有重要的影响,因此,在交通建设过程中,本着"以人为本、环境友好、资源节约"的原则是绿色交通的必由之路。

4.3.1 绿色交通建设的目标及原则

1) 绿色交通建设的目标

交通基础设施的建设需要大量的高能源、高碳密度的原材料产品,包括钢材、水泥等,这导致在建设过程中能源的大量消耗和污染物的大量排放,产生严重的生态负效用,如气候热岛、环境污染、能量耗散、景观割裂等,对生态环境产生巨大的破坏作用。因此,赋予交通建设绿色生态的理念,倡导以降低能耗、低污染和可持续循环利用为首要目标的生态型基础设施建设模式,是绿色交通体系快速发展的重要保障(图 4-4)。

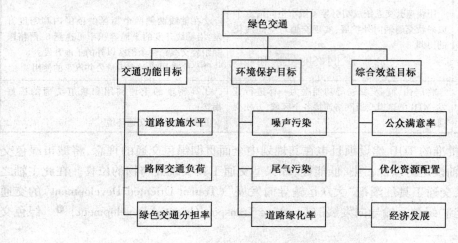

图 4-4　绿色交通发展目标

2）绿色交通建设原则

（1）系统性原则

交通基础设施的建设应当注重交通运输系统的整体性，以系统整体目标的优化为准则。在建设过程中，应注重协调不同交通方式的基础设施间的相互关系，使系统完整、平衡。只有在基础设施建设过程中遵循系统最优原则，使不同的交通运输方式之间相互协调、相互补充，充分发挥各自的优势，才能达到最佳的效益。

（2）适度超前原则

基础设施的建设应与社会经济发展水平相适宜，避免不切实际的高标准建设。但是，一般而言，基础设施的建设呈现出一定的滞后性，而社会的需求却始终处于动态的变化之中，且我国经济一直处于稳定快速发展阶段，所以交通需求也呈现出持续增长的态势，因此在建设时也应当结合科学合理的预测，对部分设施采取适度超前建设，以此避免日后重建、扩建带来的一系列问题。

（3）资源节约原则

资源节约是绿色交通的核心要求之一。在基础设施建设过程中，资源节约的原则主要体现在节约土地资源、节约建设材料、节约能源、节约水源等方面。随着我国各类土地资源日益紧缺，通过前瞻性的规划和先进的建设技术实现土地集约化、多用途、高效率的使用成为基础设施建设的首要目标。同时，随着道路建设科技的发展，各类新型环保的建设材料已经研发投入生产。在建设过程中应采用环保型绿色建设材料，减少不可再生资源的使用。

（4）以人为本原则

交通运输系统的最终目的是满足人们的各类交通需求。随着经济的快速发展和人们消费观念的改变，人们对交通服务质量的要求日益提升。因此在交通建设过程中，应当注重人的需求，减少交通噪声污染、空气污染，加强道路生态绿化建设，营造一个良好的"交通生活"环境。

4.3.2 绿色交通系统建设内容

1）道路交通网络的建设

道路网络是交通系统发展的基础，网络的机构和布局对交通系统的发展方向及效率具有决定性的影响。各国的发展经验也向我们展示了道路对其沿线及枢纽地区的经济的促进作用。因此，在进行道路网络建设时，要根据各地区及地区内部的功能定位及发展格局建设布局相应的道路系统，做到功能明确、主次有序、实现交通出行的"通"和"达"。一般而言，等级高的道路较多地承担"连通"功能，而等级低的道路则更多承担"到达"的功能。

就我国目前的道路网络而言，东部地区道路网最为密集，中部次之，而西部地区则表现为明显的不足。这个问题就导致了交通运输组织的障碍——在地区间承担连通作用的道路出现经常性拥堵现象，减低了交通的效率，造成更多的资源浪费。因此，在接下来的道路建设中，应当充分结合我国的城市化布局战略（图4-5），合理地设定新建道路的等级及布局，充分发挥城市群内部及城市群间辐射带动作用。

交通与能源

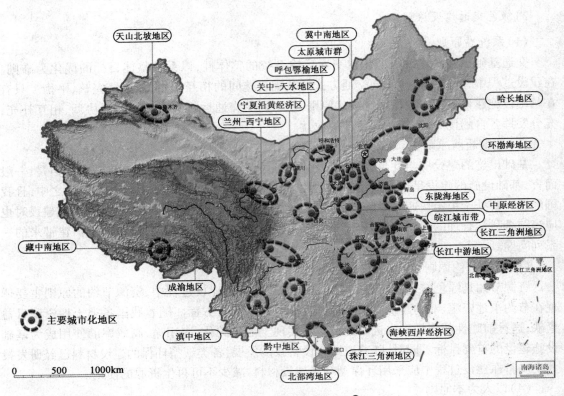

图 4-5　全国主体功能区划分 ❶

随着城市规模的不断扩大,城市内部道路布局对整个道路网络的影响也日益凸显。从交通出行的可达性来讲,道路网密度越高,可达性越高,但占用的土地资源也越多,因此必须要寻找一个合理的平衡,在保证出行需求的同时,达到节省资源的要求。根据《城市道路交通规划设计规范》(GB 50220—95)设定的理想空间布局关系为:快速路∶主干路∶次干路∶支路的网络密度比例大致为 1∶2∶3∶7。随着研究的深入,有学者提出了道路系统的生态体现在最终的路网级配比例、道路交通服务水平等具体指标,生态低碳道路系统的理想指标如表 4-7 所示。

低碳生态系统指标的总体要求[①]　　　　表 4-7

指标 道路分类	密度 (km/km²)	车道长度 (车道 km/km²)	面积率 (%)	通行能力 (pcu/h)	速度 (km/h)	承担交通量
快速路	0.4~0.6	2.5~4	1.2~2	9000~11000	60~100	40%
主干路	1.0~1.8	5~6	4.5~5.5	3000~5000	40~60	约30%
次干路	1.2~2.4	5~6	5~6	1600~2400	30~50	20 左右
支路	4~7	6~8	7~8	600~1000	20~40	10% 左右
大致比例	1.2:2:3:8	1:2:2.5	1:3:3.5:5	15:5:2.5:1	—	4:3:2:1

注:①源自:徐建,温学钧.《低碳生态型道路建设技术》,P23。

---

❶ 源自:2011 年 6 月发布的《全国主体功能区规划》。

因此，无论是从全国范围还是局限于城市内部而言，道路网络的布局及等级配比对于交通系统的高效、经济、环保运行具有决定性意义。

2）交通走廊和综合交通枢纽的建设

交通走廊的概念是伴随着我国近些年城市轨道交通建设与快速路建设提出的，它实现了高速公路、轨道交通、城市快速路等不同交通设施的高效衔接，通过对空间资源的整合和共同利用，将多种交通方式集中在统一通道内，是一种集约化的、生态环保的交通模式。根据作用对象的不同，交通走廊可分为城际交通走廊、中心城区与外围新城之间交通走廊、组团之间或新城之间的交通走廊等。

与交通走廊相对应的是综合交通枢纽。交通系统是由多种交通方式构成的，各种交通方式之间的换乘组织，决定了整体交通体系的水平。因此，组织交通方式最行之有效的途径是建设综合交通枢纽，使各类交通及各种方式的换乘集中在一个小区域中完成。

交通走廊和综合交通枢纽将交通设施集中于一线或一点的模式，使土地集约化利用，节约了土地资源，降低了交通设施对周边环境的影响，大幅提升社会效益。目前，我国在全国范围内构建了地区间的交通走廊及综合枢纽城市（图4-6），这为绿色交通系统的构建提供了硬件基础。

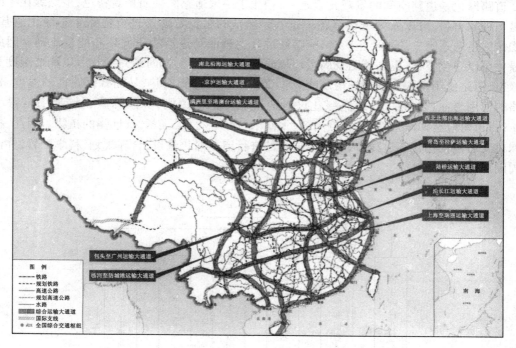

图4-6 综合运输大通道和全国性综合交通枢纽示意图

3）交通附属设施建设

交通附属设施是交通系统的"小部件"，但也是连接系统各部分的小齿轮。交通附属设施是为辅助交通运输目标的实现而衍生出的，包含的内容很多，如道路路灯网络、信号灯、指示牌、加油站、加气站、停车场等设施。这些设施的"绿化"对绿色交通系统的构建具有重要意义。如 LED 灯在隧道中的应用可以大幅减少电能的消耗;停车场的智能化建设和管理能够有效减少无效交通,并可以通过费用的提高减少人们对小汽车出行的需求;充电站、充电桩、加汽站等配套设施建设,可以有效促进新能源、小排量等环保型车辆的普及。

4)慢行交通系统的建设

慢行交通系统是绿色交通系统的重要组成,以步行与非机动车(主要是自行车)为主。从功能承担的角度来看,慢行系统兼具交通和休闲两部分功能。每一次交通出行中总会或多或少地包含步行方式,步行是大量社会弱势群体如老年人、儿童、残疾人士等首要或唯一的出行方式。而自行车交通在提高短程出行率、填补公交服务空白、促进交通可持续发展等方面,具有机动交通所无法替代的优势。

随着人们对交通出行舒适性、安全性要求的提高,对慢行设施布局的合理性、出行的便捷性提出了更高的要求。按照环境友好、资源节约的建设要求,慢行交通不能只是简单地布局自行车通道、步行通道,而应当结合公交系统,设置相应的慢行通道、慢行换乘设施,构筑点、线、面的结合,努力实现"步行/自行车 + 公交"的模式。

5)道路绿化建设

道路绿化是道路空间的景观元素之一,相比于一般道路的硬质景观特色,道路绿化中的植物是一种软材料,可以人为进行修整。自然界丰富的植物资源是进行道路生态绿化的基础。植物作为生态系统中的主要生产者,能够通过其生理活动进行物质循环和能量流动。因此道路绿化可以净化空气,提高道路及周边环境质量,保持水土。同时道路绿化可以调节湿度和温度,延长道路使用期限。浓密的树冠能吸收 30%~70% 的辐射热,从而降低路面的温度,延长道路的使用寿命(图4-7)。道路绿化设计应遵循一定的原则,如园林景观绿地率不得小于40%,行道树应选择深根性、分枝点高、冠大荫浓、落果少且无飞絮、抗性强的植物。因此,在进行绿色交通系统构建的过程中,应适时适地的进行道路绿化建设,合理规划、科学配置,并注意与周围环境相协调。

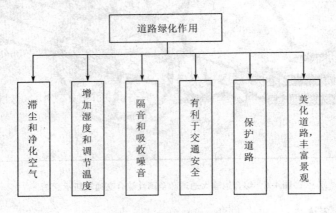

图4-7 道路绿化的作用

4.3.3 绿色交通建设技术

近年来,道路规划、建设新理念得到了发展,道路新技术、新材料不断出现,为建设"资源节约、环境友好"的道路设施提供了新的途径。对于通过道路网络、交通走廊、综合交通枢纽、道路横截面及交叉口的规划设计以达到节约土地、提高衔接效率的技术,在此不做介绍,本节将讨论的焦点集中于环保绿色的道路建设技术方面。

1) 节约建设材料的技术

建设材料的节约主要体现在材料的再生性、可循环利用特性上。在道路建设过程中提高循环利用和再生材料的利用比例,不仅可以减少不可再生资源的使用,而且可以减少对环境的影响。目前,应用较为广泛且取得良好效果的节材技术主要有以下几种。

(1) 沥青路面再生利用技术

沥青路面再生利用技术是将需要翻修或者废弃的旧沥青路面,经过翻挖、回收、破碎、筛分,再和新集料、新沥青适当配合,重新拌和成为具有良好路面性能的再生沥青混合料,用于辅助路面路层或基层的整套工艺技术。该技术可以提高沥青路面的再生利用率,节约相应数量的沥青和砂石材料。它主要包括四类处理方法:厂拌热再生、厂拌冷再生、现场热再生和现场冷再生。该类技术在欧美日等发达国家经过30年的生产实践,已证明了其在技术上的可行性,并形成了系统的成套沥青路面再生技术,达到了规范化与标准化的成熟程度。我国在此方面也开展了一系列了研究,编制了再生技术规范,并正在逐步推广应用。

(2) 水泥混凝土路面再生利用技术

在原有破损水泥混凝土路面失去路面性能而不得不加铺新路面的前提下,对原水泥混凝土路面进行再生利用,使原有水泥混凝土路面成为加铺沥青道路的基层结构。美国从20世纪80年代初就开始了破碎稳固及碎石化技术的研究和应用,并建立了在旧水泥混凝土路面严重破损状况下原位利用水泥混凝土路面的破碎稳固与碎石化工艺及加铺沥青罩面层的技术。目前常用的破碎稳固技术主要有三种:冲击压实、打裂压稳和碎石化技术。

2) 废旧材料回收利用技术

废旧材料回收利用技术是指将诸如橡胶、塑料等固体废弃物通过一系列工艺重新利用的技术,主要包括以下两点。

(1) 橡胶沥青技术

橡胶(塑料)沥青是指将橡胶、塑料等固体废弃物通过一系列工艺加入到沥青中,经过搅拌制备成具有改性沥青特性的沥青。随着我国汽车工业的发展,废旧轮胎引起的"黑色污染"问题正在逼近。大量废旧轮胎不仅占用大量的土地,造成土地资源的浪费,而且容易酿成火灾,危害环境。而橡胶沥青技术的开发,不仅可以减少传统高碳型SBS改性剂的使用量,还可使废旧材料循环利用,节约能源与资源。此外,橡胶沥青路面有较好的降噪效果。

美国最早开展橡胶沥青的研究,并在1991—1997年间提出了相关技术规范与指南。我国关于橡胶沥青的研究起步于20世纪70年代,主要是应用废旧橡胶粉改善性能不佳的国产多蜡沥青。随着人们环保意识的增强以及适应我国建设"环境友好、资源节约"型社会的科学发展观,废旧橡胶的回收利用引发更多的关注。根据废橡胶粉的加入方法,橡胶沥青的生产可分为湿法工艺和干法工艺,二者各有特色,在使用过程中应根据环境和目标合理选择。

(2) 建筑垃圾固结路用技术

建筑垃圾固结路用技术是指通过添加固结剂等技术方法,使建筑垃圾能够固结成用于铺筑道路的建筑材料,起到变废为宝、节约能源的作用。建筑垃圾不仅影响环境、浪费土地资源,还会造成巨大的能源和资源浪费。我国城市化发展产生了大量的建筑垃圾,建筑垃圾如何处理已经成为目前迫切需要解决的问题。但是,统计数据显示,我国建筑垃圾资源化率不足5%,欧盟国家资源化率超过90%,韩国、日本的建筑垃圾资源化率已经达到97%。因此,在绿色交通建设过程中,要尤其注意建筑垃圾回收利用,充分利用资源。

3) 节约能源的技术

(1) 温拌沥青混合料技术

温拌沥青混合料技术通过降低沥青混合料的拌和与摊铺温度,可以在生产过程中减少能耗与二氧化碳及粉尘的排放量。温拌沥青混合料相对于同类热拌沥青混合料,拌和温度降低30℃左右,路面性能却能保持,在减少排放与能源消耗的同时,还能减缓沥青老化程度,延长道路寿命。目前,该项技术不仅用于新建工程中,而且还用于改建工程中。

(2) 泡沫沥青技术

泡沫沥青又称为膨胀沥青,指使用专门的沥青发泡设备,向高温沥青中加入少量的水和气,使沥青产生细微的泡沫,形成一种膨胀状态的沥青。1956 年,美国 Casanyi 教授研发了泡沫沥青稳定技术,随后泡沫沥青被用于稳定碎石。将泡沫沥青技术用于生产大粒径沥青混合料,不仅可解决热拌大碎石沥青混合料(LASM)级配要求严格、施工和易性差、乳化沥青稳定 LSAM 初期强度低、耐久性差等问题,而且可在常温条件下拌和、摊铺,显著节约能源消耗、降低废气粉尘排放,是一种"资源节约、环境友好"的新型沥青混合料。随着理论研究的深入,逐渐开发出了泡沫沥青再生技术,如德国筑路设备机械公司(Writgen Group)在经营泡沫沥青施工机械的同时,也出版了泡沫沥青冷再生技术手册。

(3) 绿色照明技术

LED 是高效、节能、环保的新一代光源产品,相比传统钠灯照明具有明显的节能优势。相关研究结果表明,用 LED 隧道灯代替钠灯,可以实现50%以上的节能目标。若加上亮度智能无级调控,可实现80%以上的节能目标。

"十一五"期间广东省通过推广应用 LED 等节能灯具,着力推行隧道"绿色照明工程"。加强对公路隧道、路灯照明,收费广场、服务区 LED 照明进行技术改造。据业内人士分析,以 LED 总寿命期内(9 年,35000h)与高压钠灯进行对比,广东省200万盏高压钠灯9年的灯具、维护改造费、电费高达225亿元。若运用 EMC 模式进行改造,LED 路灯改造费61亿元,9年电费支出90亿元,9年内地方财政累计可获得节能收益74亿元。

4) 节约水资源技术

雨水作为一种宝贵的资源,在水循环系统中起到十分重要的作用。而道路多为不透水、密实铺层,这就在一定程度上导致雨水流失量增加和水循环系统平衡遭到破坏,引发一系列生态问题。因此,在道路建设中要合理规划雨水径流途径,最大限度降低地表径流,采用多种渗透措施增加雨水的渗透量。

透水性铺面从面层到基层整个结构都由透水性材料组成,雨水通过透水面层、透水基层最后渗透到土基中。它能够使雨水迅速地渗入地表,还原为地下水,使地下水资源得到及时补充。此外,雨天透水路面不积水,保证雨天出行的安全与舒适性;降到表面的雨水通过透水路面下渗,既节约了绿地用水又减少了排水管网的压力,可以产生巨大的直接和间接社会经济效益。

除了上述环保技术之外,为了提高整个交通系统的环保效益,在建设过程中还会采用合理的道路绿化和生态边坡等技术。在道路绿化中涉及景观植被的选择;生态边坡不仅可以保障边坡的稳定,同时可以改善长距离道路两侧道路景观,维持生态系统平衡等。

4.4 绿色交通管理

4.4.1 绿色交通管理的概念

交通管理是指通过计划、组织、指挥、协调、控制及创新等手段,结合人力、物力、财力、信息等资源,以期高效地达到交通运输组织目标的过程。交通管理主要指政府有关部门为了实现预期的目标,以交通工具和交通参与者为中心而进行的协调活动。在此基础上,绿色交通管理的本质就是在交通管理的过程通过协调交通与环境的关系,以达到绿化环保的目的。绿色交通管理工作的重点是对交通参与者的管理,进而实现对交通工具的管理。

4.4.2 绿色交通管理的内容

绿色交通管理是在绿色交通理念下进行的交通管理,是传统交通管理的"绿化"升级。本节从影响绿色交通发展的关键因素切入(图4-8),重点从需求管理、交通行为和智能技术等方面进行绿色交通管理内容的介绍。

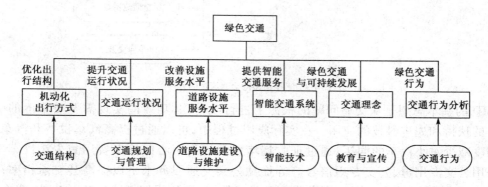

图4-8 绿色交通影响因素

1)交通需求管理

绿色交通管理强调交通管理体系、机制、措施中的绿色理念,注重从交通污染的根源进行改善。从这方面来说,交通需求的管理可以说是进行绿色交通管理的最为经济、灵活、可行的措施。交通需求管理(Transportation Demand Management,TDM)涉及交通系统的各个方面,主要通过影响出行者的行为,而达到减少或重新分配出行对空间和时间需求的目的。它的提出主要是为了解决交通系统面临的"需求增长—交通拥挤—修建道路—需求增长—再拥堵—再修建道路"的恶性循环。

目前，对于交通需求的管理主要通过以下几个方面实现：

(1) 通过对交通源的调整来减少交通发生量。
(2) 通过对交通方式的引导和私人小汽车的高效利用来减少汽车交通量。
(3) 高耗能高污染的车辆的淘汰和新能源车辆的推广。
(4) 通过对车辆的出行时间和路径诱导来使交通在道路的时空上均匀分布（图4-9）。

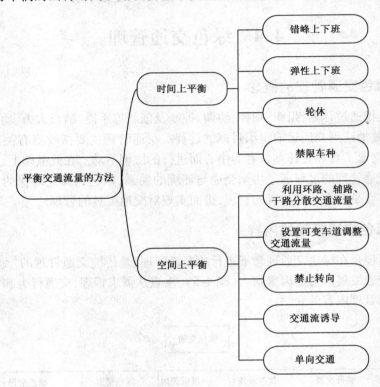

图4-9 平衡道路网交通流量的方法

TMD的基本思想是从交通问题的根源上进行改善，其功效的实现需要政策上的引导、财政上的扶持和先进科技的应用。在实际应用过程中，可以通过提高汽车税费和汽车牌照管理制度减少对小汽车的购买；通过征收拥堵费和提高中心区停车费用减少小汽车出行；通过采用公交专用道、公交专用信号灯等提高公共交通服务水平以提高公交承担率；再如通过智能诱导系统，可以实时发布道路交通运行状态，有效缓解拥堵现象。此外，多个国家和城市也相继出台新能源车辆的相关技术标准与配套基础设施的建设标准，并确保补贴资金到位，促进新能源车辆的推广应用。这些措施的实施对绿色交通系统的建设具有重要意义。

当然，交通需求管理最终的落实还是对于人的出行理念的管理。人作为交通活动的主要参与者，是绿色交通系统的重要组成。大众的交通理念对于绿色交通的成败起决定性作用。通过良好的宣传和教育措施，积极推进绿色交通理念的普及教育，有助于交通参与者自觉自愿地成为绿色交通系统的有机构成。如住建部每年开展"无车日"活动，目的是要引导城市构建低消耗、低污染和低排放的绿色交通体系。

2）交通智能化管理

绿色交通的发展离不开先进技术的支持。随着科技的发展，集先进的计算、通信等技术于一身的智能交通系统已然成为绿色交通管理的重要手段。

智能交通系统（Intelligent Transportation System, ITS）是未来交通系统的发展方向，是绿色交通系统建设的关键所在。它将先进的信息技术、数据通信传输技术、电子传感技术、控制技术及计算机技术等有效地集成运用于整个地面交通管理系统，可以有效地利用现有交通设施、减少交通负荷和环境污染、保证交通安全、提高运输效率，因而日益受到各国的重视。

目前，智能化交通管理主要体现在以下几个方面：

（1）搭建交通公共服务平台。公共服务平台可以整合各类交通方式出行、维修、救援等方面的信息，实现信息服务的智能化、一体化。

（2）ETC联网收费。推广ETC联网，加快建设ETC客户服务网点，建立数据共享、代理充值等合作机制。

（3）搭建物流信息平台。物流信息平台的搭建可以有效实现各地货运信息的共享，有利于减少无效运输。

2012年2月，为响应我国"2011"的计划，成立了"绿色交通技术产学研协同创新联盟"，联盟成员包括国内六家高校、21家国内交通运输行业的科研院所。该联盟集聚了国内交通运输行业的专家学者，主攻长江黄金水道绿色航运综合技术、公路交通高效运行与安全保障技术、现代智能与绿色航运关键技术三个方向。

3）交通稳静化管理

最大限度地减少交通对生活环境的干扰与危害是绿色交通体系构建的初衷。因此，交通稳静化不可避免地成为绿色交通管理的重要方面。交通稳静化最早起源于20世纪60年的荷兰，它倡导将街道空间回归行人使用，实施道路分流规划、对街道实施物理限速等来改善社区居住及出行的稳静化环境。实现交通稳静化的措施主要包括：社区交通花坛、社区交通岛、曲折车行道、变形交叉口、减速丘、减速台等硬件改造方法，配以指示标志、交通安全宣传等软性手段，迫使驾驶员在经过社区、公园、学校等人流密度大的地方时减慢车速，保持社区交通的安全及慢性出行的服务质量。

4）碳排放交易管理

碳排放交易是实现绿色低碳发展的最有效手段之一，是中国运用市场机制，降低减排成本，推进生态文明建设的重大举措。交通运输行业作为耗能和碳排放的产业大户，探索建立交通运输业的碳排放交易机制，有助于推动运输企业的节能减排工作，促进交通的低碳发展。

4.4.3 绿色交通管理应用

目前，通过管理手段促进交通系统的绿化环保已经成为各国交通发展的主流趋势。本节将结合几个典型案例进行应用说明。

1）新加坡

新加坡政府主要通过推行拥车证制度和高税费这两种手段来实现对岛内汽车总量的控制。拥车证制度是新加坡特有的一种制度，是新加坡为限制汽车数量的增长而对车辆实行的一种定额分配制度。按照这一规定,个人在购买新车时,首先需要向政府提出申请,投标购买一种有效期为 10 年的"拥车证"。期满后,驾驶者无论是继续用车还是另购新车,都必须支付另外一笔费用。

除此之外,在新加坡使用汽车的成本也相对较高。除汽油费、停车费、维修保养费用、路税、车检费等必不可少的费用外,在狮城驾车还要负担新加坡特有的电子公路收费。此外,新加坡政府于 1975 年就开始实施著名的区域通行证方案(ALS),商业区的最拥挤区域被划定为交通控制区,在其边界上设置 27 个车辆入口。车辆在高峰期进入控制区必须载客 3 人(包括司机)以上,并且交纳相应的通行证与停车费用。

2) 美国

美国因幅员辽阔,在历史上开展交通研究和制定交通政策都以维护小汽车发展为前提,一直采用改扩建交通基础设施的方法缓解交通紧张。但是随着社会经济的快速发展,交通工程专家越来越意识到单纯"以供养需"将会使交通陷入无法避免的恶性循环。于是,交通需求管理就成为解决交通拥堵问题的首选。近些年来,交通需求管理的理念已经渗入到美国交通规划与管理的各个领域,通过诱导、控制和管理人们的出行方式,挖掘已有道路和设施的潜力。具体实施的措施有:

(1) 部分城市推行高承载率汽车制度(HOV),通过设置高承载率汽车专用车道来限制低效使用的小汽车。

(2) 为鼓励出行者采取合乘方式,采取合乘车优先停车的措施。其中合乘车可分为两种,分别是轿车合乘和客车合乘。

(3) 为缓解高峰时段和高峰路段的交通拥堵情况,专门设置收费车道,按照是否节假日、是否高峰时段、是否拥堵方向收取不同水平的费用。另外,为减少因停车收费导致的交通堵塞,引入自动收费系统。

总的来说,美国交通管理措施的重点在于减少低效利用的机动车和减少高峰出行需求。美国采取的交通需求管理措施如图 4-10 所示。

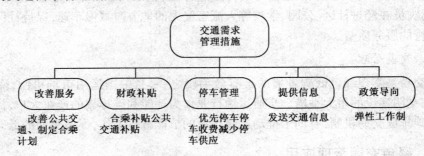

图 4-10 美国交通需求管理措施

3) 日本

日本是目前世界上智能交通系统应用最为广泛的地区。

日本对智能交通系统的研究较早。1973 年,以通产省为主开发的"汽车综合(交通)控制系统"(Comprehensive Automobile (Traffic) Control System, CACS)被认为是日本最早的 ITS 项目,当时在世界上处于领先地位。从 1984 年开始,日本又陆续开发了"路车间信息系统"

(Road/Automobile Communication System,RACS)、"先进的车辆交通信息与通信系统"(Advanced Mobile Traffic Information & Communication System,AMTICS)、"先进的道路交通系统"(Advanced Road Transportation System,ARTS)等。1996年4月,"车辆信息与通信系统VICS"在东京都地区正式投入运营。

日本的ITS研究与应用开发工作主要围绕三个方面进行,它们分别是:车辆信息与通信系统(Vehicle Information and Communication System,VICS)、不停车收费(Electronic Toll Collection,ETC)系统、先进道路支援系统(Advanced Highway System,AHS)。

日本的ETC于2001年4月开始应用,最初有使用量在7200台/日,到2004年12月份ETC利用台数达到51600台/日,ETC利用率达到0.9%。2005年10月份ETC利用台数达到3815500台/日,ETC利用率达到50%,2013年3月日本ETC利用台数达到7115000台/日、ETC利用率达到88.2%。现在日本已经全国普及ETC,高速公路上大概有1500多处ETC收费站。应用推广的速度非常快,普及率也非常高。

据资料统计,目前日本ETC保有台数达到79882112台,装机普及率达到51.9%,50%车辆搭载率实际上是一个平均值,例如汽车每年要上几次高速才值得装上ETC,经常出行的人安装会更划算,市内的车辆大概70%~80%都会安装ETC,像农村等较偏远的地方装载得就少一点。

日本ETC技术设计与中国有很大区别,实际上标准化统一以及其他前期准备工作都早已做好,因此一开通就是全国统一标准,全国的系统全部是在同一个标准下,每一个路口实现一卡通。而在中国ETC发展前期,各地的ETC系统采用不同的标准,在联网收费方面会面临较大的问题。目前,中国已经建立自主的ETC标准,对中国的ETC发展有较大的促进作用。

VICS是日本在智能交通(ITS)领域的一套应用产品,该系统通过GPS导航设备,无线数据传输,FM广播系统,将实时路况信息和交通诱导信息即时传达给交通出行者,从而使得交通更为高效便捷。该系统已覆盖日本全国80%的地区,所有高速公路及主干道均能收到VICS信息报道。

VICS是日本ITS应用的一部分,交通管理者和道路管理者(道路公团等)无偿提供交通信息,经日本道路交通信息中心集中到VICS中心,然后这些信息再由VICS中心通过多种方法传送给驾驶员和车载装置。

这个系统在日本普及率很高,主要得益于一种成功的商业模式。在日本,VICS系统的服务是免费的,使用者只需购买带有VICS系统的车载导航器,便可享受VICS系统提供的无偿服务,之后的日常使用中不再需要交其他的费用。但装载VICS系统的导航器通常会较普通的更贵一些,每销售一台带有VICS功能的导航仪,VICS中心会得到导航仪厂家或车厂返回来的技术支持费(金额约为数十元人民币),随着VICS普及台数的大量增长,每年VICS中心的这笔入账足够支撑中心的运营开支。

4)香港

香港作为国际化大都市,经济繁荣、地域狭小,但人口众多。截至2011年6月,香港人口密度高达2580人/km²。在这样的情况下,香港的交通之所以依然比较顺畅,主要得益于以下两点:第一,香港的城市布局结构是公共交通社区式的,这使得香港在后期的交通管理上较少地受到规划不合理带来的约束;第二是香港大量吸取了英国成熟的交通规划与管理理论,使得在实施具体政策的过程中较少受到阻力。

香港对于交通需求管理采取的措施主要有：为控制机动车拥有量的上升，香港对机动车收取首次登记注册费和年度使用费；为限制机动车的使用，香港在市中心只提供极少的停车设施，并收取高额停车费。与控制小汽车出行相对应的是大力发展公共交通工具。香港拥有世界一流的地铁列车，干净整洁，为旅客提供舒适的乘车环境（图4-11）。公共汽车的票价较低，一般约为地铁价格的1/5左右。除此之外，香港还有在居民区运行的短距离往返小巴，提供门到门的服务。

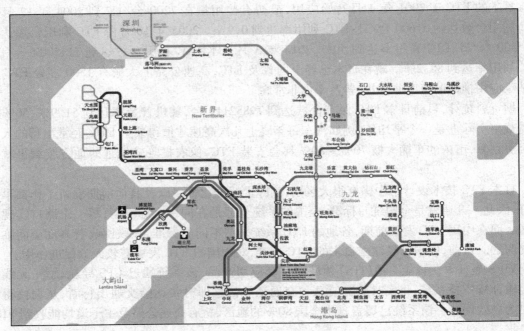

图4-11 香港地铁线路图

5）上海

上海是我国经济、科技、工业、金融、贸易、会展和航运中心，同样属于地少人多的地区，人口密度高于3700人/km^2（2011年）。由于早期城市布局不甚合理，上海的交通系统随着经济的发展也遇到了一系列问题。为了缓解面临的问题，上海市采取的交通管理措施主要有：

（1）严格限制助动车。

（2）限制大货车白天在城内行驶。

（3）错峰上下班。

（4）使用可变车道。大城市的交通具有明显的潮汐特点，因此上海市区的部分道路在早晚高峰期间实行不同的车道划分，交通流量大的方向占用更多的车道，对缓解交通拥堵具有明显作用。

总的来说，上述地区或城市的交通管理主要沿着"大众运输工具"、"共乘制度"、"自行车及步行"与"低污染运具"等几个方向发展。

总结

建设绿色交通体系,符合生态城市建设方向,与建设资源节约型、环境友好型社会、转变发展方式、促进宜居城市建设的发展目标相一致。在我国建设绿色交通体系,需要把政府政策与市场机制结合起来,采取加强绿色交通规划、分类调控交通运输市场、鼓励发展公共交通、改善生态考核指标体系等一系列政策。首先,要在规划中充分体现绿色交通思想,注重绿色交通目标、方向与措施的设计,尽可能扩大绿色交通的空间和适度压缩非绿色交通的空间,优先规划建设快速轨道和公交车专用道、枢纽站和始发站,建设以公交为主导的多元化城市交通系统。其次,在建设过程中,更好地配置绿色交通线路、绿色交通标志、绿色照明、绿色交通管制设施。再次,采用分类调控的方式引导交通运输市场,鼓励使用低排放的交通工具。在车辆购置和使用税费的征收上,对不同排气量的汽车,实行差异化的政策,对新能源汽车的发展予以补偿,鼓励新能源汽车参与国内外城市交通市场的竞争。并结合经济和管制手段调节交通流量,适度采取特殊时间、特殊区段的收费模式管理交通流量。最后把绿色交通纳入生态城市的考核指标体系,完善城市绿色交通的规章制度。

拓展资料:渝蓉高速公路(重庆境)全生命周期的绿色低碳技术

渝蓉高速公路(重庆境)起于重庆绕城高速公路,终于大足川渝交界的观音桥,自东向西,横跨沙坪坝、璧山、铜梁、大足四大区,穿越缙云、云雾、巴岳三大山脉(图4-12)。

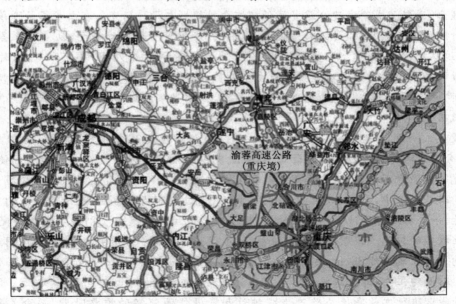

图4-12 渝蓉高速公路(重庆境)示意图

项目主线全长78.564km,工程总占地面积10721亩,全线共计土石方10678943m³,涵洞204道,大中桥26座,隧道4座,分离式立交81处,设收费站2处、服务区1处、停车区1处。

交通与能源

于2013年12月建成通车,成为成渝双核最短路径、最高等级、最快速度、最宽车道的"最快捷通道",亦是重庆高速公路建设史上设计标准最高、建设理念先进、建设模式最新,国内首条建成通车的新建"全过程、全寿命、全线路"低碳高速公路。

建设低碳交通运输体系,是加快推进现代交通运输业发展的重要主题,是"四个交通"建设中引领性的战略任务,也是实现交通运输与资源环境和谐发展的应有之义。高速公路是重要的交通基础设施,对经济社会发展起着基础性和引导性作用,而高速公路的建设和运营,也是交通系统中资源消耗、能源消费和环境污染的主要部分。作为地区性大规模重点的建设项目,渝蓉高速公路(重庆境)的建设与运营过程中无疑也会消耗大量的资源与能源,并造成环境污染。

为进一步推进交通运输行业的节能减排工作,渝蓉高速公路(重庆境)的政府行业主管单位、业主单位以及交通类科研规划院所单位、高校等,多方协作努力,共同推进重大科技项目攻关,积极探索低碳绿色循环公路建设模式、方法和技术,以渝蓉高速公路(重庆境)作为依托工程,进行技术研究、应用和总结,综合优选应用"新技术、新材料、新工艺",进行技术集成使用与创新,取得了良好的节能减排效果,成为绿色循环低碳高速公路建设领域的典范之作。

全生命周期的绿色循环低碳高速公路建设是渝蓉高速公路(重庆境)建设伊始即提出的建设目标,为达成此目标,以工程建设项目的生命周期划分为依据,将渝蓉高速公路的全生命周期划分为"规划设计"、"建设施工"、"运营管理"3个阶段,分别有针对性地开展和实施节能减排相关措施研究与应用,共涉及9个应用领域的24项节能减排措施,重点项目16项,形成了高速公路全生命周期低碳化建设系统性的探索和示范。

规划设计阶段,按照"成渝新干线、低碳新高速"的建设新理念和"环保、生态、景观"的规划设计理念,进行了成渝高速公路复线低碳概念性规划与设计研究。在初步设计阶段,为实现规划设计阶段的低碳化,设计方和建设方多次召开专家评审会和审查会,反复征求各方意见。最终,通过路线优化,减少工程建设规模,全线路基土石方共减少150多万 m^3。同时,从规划设计阶段即着重考虑使用具有显著节能减排效益的低碳化措施。项目规划设计中,即确定应用LED照明、全线ETC覆盖、电网取代柴油供电、使用散装水泥等技术措施,实现了规划设计阶段的低碳化。

建设施工阶段,贯彻"全过程、全寿命、全线路"低碳优化施工理念,通过实施低碳施工措施方法,分项工程施工过程中加强管理,尽量减少钢筋、水泥、沥青、石料等原材料的使用,避免电、油、气等能源资源浪费,减少占用土地和水资源浪费,最终实现了直接或间接地减少碳排放的目的。路基施工中,采用"表土回收利用"技术,通过分布清表方法,对清表涉及的600多公顷农用地、灌木林及林地地带的表土资源,根据典型地块的土壤垂直剖面养分含量变化规律,确定表土收集的厚度。合理设置表土堆放场,尽量减少土壤养分流失,并及早就近用于路侧绿化。平均表土收集厚度30cm,共收集表土180多万方,全部用于边坡、立交区及中分带的绿化及复耕。路面施工中,部分路段采用温拌沥青技术和橡胶粉沥青。

运营管理阶段亦是高速公路产生碳排放和资源能源消耗的重要时期,而渝蓉高速公路(重庆境)针对运营管理阶段车辆行驶、公路设备两大类碳排放源分别采取措施,很好地解决了这一问题。所采用的LED照明、太阳能光伏照明、隧道前馈式智能通风、公路附属设施运营水资源循环利用等措施,从公路本身资源能源节约着手,间接减少碳排放。ETC车道建设、不停车超载检测系统、公路低碳运行指示、公路雾区行车智能引导等智能化设施系统的建设,则是着眼于车辆行驶排放,通过此类设施和系统的建设,能够有效提高车辆通行效率,减少车辆行驶过程中产生的碳排放。同时,路域生态碳汇的实施,在营造良好的行车环境的同时,也产生一定的固碳、净化环境的效益。

根据交通部相关测算办法,渝蓉高速公路(重庆境)建设期和运营期20年总节能7万余t标准煤,CO_2减排30余万t,而考虑规划设计阶段低碳效益选线的效果后,总节能近30万t标准煤、CO_2减排100余万t。此外,所产生的资源节约效益亦相当可观,建设期节约2万余t标准油、水泥5万余t、利用弃渣200万余m^2;20年运营期节约水百万t,节电1000多万kW·h。

渝蓉高速公路(重庆境)的绿色循环低碳化建设,已经成为国内低碳化高速公路的良好示范。形成了特色鲜明的山区低碳高速公路设计、建设、运营模式和"示范性建设,产业化推广"的链式合作模式,构建了高速公路碳排放测算体系与方法,研究总结形成了《重庆市高速公路施工标准化指南》、《成渝高速公路复线工程低碳优化施工指导意见》等标准、指南性文件以及山地低碳高速公路隧道太阳能供电技术等众多科研成果,具有广泛的示范效应。

渝蓉高速公路(重庆境)的建成,是我国高速公路绿色循环低碳化建设历程中的重要里程碑事件,对于国家交通行业推行绿色交通建设具有广泛而深刻的意义。

本专题参考文献

[1] 许梦莹.基于绿色交通的城市交通规划方法改进研究[D].南京:南京林业大学,2013.
[2] 杜胜品,孔建益,丁卫东.城市绿色交通规划的研究及发展对策[J].武汉科技大学学报:自然科学版,2002.
[3] 苟广源.绿色生态交通规划[J].交通世界,2013(10).
[4] 熊晓冬,罗广寨,张润朋.基于绿色交通理念下的广州大学城交通规划[J].城市规划学刊,2005(4).
[5] Robert Cervero.TOD与可持续发展[J].城市交通,2011(1).
[6] 丁卫东,刘明,杜胜品.交通方式与城市绿色交通[J].武汉科技大学学报:自然科学版,2003.
[7] 周民良,周群.绿色交通体系与生态城市建设:逻辑与思路[J].江海学刊,2010(2).
[8] 王伟.综合运输体系发展规划理论框架研究[C].第十五届中国科协年会第11分会场:综合交通与物流发展研讨会论文集,2013.
[9] 罗仁坚.中国综合运输体系理论与实践[M].北京:人民交通出版社,2009.
[10] 吴兆麟.综合交通运输规划[M].北京:清华大学出版社,2009.
[11] 张鑫.TOD模式及其在我国的应用研究[D].成都:西南交通大学,2011.
[12] 钱寒峰.城市交通规划与土地利用规划的互动[J].城市问题,2010.
[13] 李海.城市交通规划与土地利用关系的研究[D].重庆:重庆交通大学,2007.
[14] 过秀成,孔哲,叶茂.大城市绿色交通技术政策体系研究[J].绿色交通,2010.
[15] 唐攀.基于绿色理念的城市交通系统评价[D].长沙:长沙理工大学,2012.
[16] 杨远舟,毛保华,刘明君,等.我国现代综合交通运输体系框架分析[J].研究与探讨,2010.
[17] 南楠.中小城市绿色交通规划理论研究与实践反思[D].保定:河北农业大学,2009.
[18] 钟函山.城市交通需求管理研究——基于北京市城市交通需求管理政策的实证分析[D].北京:北京交通大学,2012.
[19] 国务院.全国主体功能区规划[EB/OL].2013.
[20] 秦晓春,李宗禹,沈毅,等.美国、德国与中国的综合交通网规划中绿色交通规划研究[J].中外公

路,2012.
[21] 宿凤鸣.发达国家交通运输发展战略转型的基本经验[J].海外视窗,2012.
[22] 中华人民共和国国务院.国家新型城镇化规划(2014—2020年)[EB/OL].2014.
[23] 王武宏,郭宏伟,郭伟伟.交通行为分析与安全评价[M].北京:北京理工大学出版社,2013.
[24] Cervero R, Kockelman K. Travel demand and the 3Ds:density, diversity and design[J]. Transportation Reasearch, 1997,2(3):199-219.
[25] http://www.china-up.com/hdwiki/index.php? doc-view-178.
[26] http://stock.sohu.com/20140403/n397663958.shtml.

专题5
城市绿色交通

引 言

在城市的发展过程中,由于经济不断发展,城市各项设施不断完善,城市越来越有凝聚力,从而吸引大量人口向城市转移,但是交通基础设施的建设速度远远比不上经济发展和人口增长的速度,导致城市交通的畸形发展,加剧交通容量和交通需求的不协调。随着世界各国城市化进程的加快,城市交通问题已经成为当今世界上许多城市所面临的难题之一,城市交通问题不仅包括交通事故、交通安全等社会问题,还包括汽车尾气污染、噪声污染等自然环境问题,严重降低了人们的幸福指数。

为了改善并彻底解决上述城市交通问题,城市绿色交通的推广势在必行,绿色城市交通是指可持续发展的城市交通,强调的是城市交通的"绿色性",即减轻交通拥挤、减少环境污染、促进社会公平、合理利用资源,其目标是通达、有序、安全、舒适、低能耗、低污染、高效、持久的城市交通。绿色城市交通是实现健康的、可持续发展的城市交通系统的必由之路。

5.1 城市交通面临的困境

城市交通即城市道路系统间的公众出行和客货运输。因城市的规模、性质、布局、结构、地理位置和政治经济地位的差异而各有特点,但都是以客运为重点,并在早晚上下班时间形成客运高峰。城市交通问题一直是困扰着世界各地城市,尤其是大城市的一个重要难题。城市化的迅速推进,大城市人口的快速膨胀,机动车数量的急剧增加,城市基础设施建设滞后以及城市管理中存在的诸多问题,进一步加剧了业已存在的城市交通问题。目前城市交通面临的主要困境包括三个方面:交通拥堵、交通安全和交通环境。

5.1.1 交通拥堵

交通拥堵的具体定义各国尚无统一标准,目前国际上对交通拥堵的定义标准主要有以下几种形式。

中国采用下列标准界定城市交通拥堵[1]:将城市主干道上机动车平均行驶速度介于20~30km/h 范围的交通状况称为轻度拥堵;将城市主干道上机动车平均行驶速度介于10~20km/h 范围的交通状况称为拥堵;将城市主干道上机动车的平均行驶速度低于10km/h 交通状况称为严重拥堵。

美国芝加哥运输部对道路交通拥挤的定义:30% 或更大的 5min 车道占有率对应的交通

状况。

美国德克萨斯运输部关于交通拥挤的量化定义:当出行时间超过在小交通流量或自由流的出行环境下正常发生的出行时间、产生较大的延误时的交通状态,当这个延误超过大众能够普遍接受的界限时,称为不可接受的交通拥堵[2]。

日本道路公团对城市高速公路的交通拥挤定义:以时速 40km/h 以下低速行驶或反复停车、启动的车列连续 1km 以上并持续 15min 以上的交通状态。

通过总结上述界定标准,清华大学陆化普教授在《解析城市交通》一书中对城市交通拥堵进行了如下定义:城市交通拥堵是指某一时空由于交通需求和供给产生矛盾所引起的交通滞留现象,是道路交通设施所能提供的交通容量不能满足当前交通需求量而又得不到及时疏通的结果[3]。

城市交通拥堵特征明显,其蔓延具有显著的空间特征。通常情况下,交通拥堵发生在一个路网的关键部位,或只是某一交叉口处独立的出现交通堵塞,有时会传播蔓延,影响到路网的其他区域。一般而言,形成一次交通拥堵现象要经过以下几个阶段:首先是一个或几个路段形成排队,队长向后延续;继而影响到上游的若干交叉口;最终在路网结构中形成饱和循环。最后一个阶段被称为"交通堵塞",是必须避免的一种恶化现象。

城市交通拥挤带来的不良影响是显而易见的,也是与每个公民息息相关的。首先,交通拥挤造成了时间成本的增加,它延误了人们的时间,导致出行者需要付出额外的时间用于交通,增加了时间成本;其次,造成运输效率的损失,用在交通运输上的时间成本的增加和效率损失会增加商品的成本;再次,造成出行的舒适感下降,容易使人产生急躁和焦虑;最后,交通拥挤使发动机低速运转,而这就要消耗更多的燃料,破坏大气环境,同时也加重噪音污染。同时这不可避免的还会造成交通事故的增加。如果发生突发事件则严重影响对突发事件的反应协调力度,其后果不堪设想。

据统计,2000 年美国因城市交通问题所耗费的社会成本达到 4060 亿美元,其中 15%属于交通拥挤损失,预计到 2020 年,因交通拥堵问题而造成的损失每年将超过 1500 亿美元。据加拿大交通部 2005 年发布的城市交通运行报告表明,加拿大每年因交通拥堵造成的经济损失达 60 亿加元。在日本,东京每年因交通拥堵造成交通参与者的时间损失价值 123000 亿日元。欧洲每年因交通拥堵造成的经济损失为 5000 亿欧元。

我国各大城市的交通拥堵也日益严重,并且开始由城市中心区向小区蔓延,中小城市也普遍出现交通拥挤的现象。2010 年,中国科学院可持续发展战略研究组首席组长、科学家牛文元的研究成果表明,因为交通拥堵和管理问题,中国 15 座城市每天损失近 10 亿元财富。城市道路交通拥堵已经成为阻碍城市快速健康发展的一个主要问题,如不采取措施,到时交通拥堵将呈"灾难性"状态。目前,北京市城市干道平均车速比十年前降低 50%以上,市区 183 个主要交叉口中,严重阻塞的达到 60%;上海市中心区高峰期的道路平均车速不到 20km/h。

5.1.2 交通安全

交通安全是城市交通中一个至关重要的问题。美国学者乔治·威伦在他的著作《交通法院》中写道:"人们应该承认,交通管理已成为今天国家的最大问题之一。它比火灾更严重,因为每年交通事故所造成的死伤和财产损失比火灾更大。它比犯罪问题也严重,因为它与整个人类有关,不管你是强者还是弱者,富人还是穷人,聪明人还是愚蠢人,男人、女人、小孩或老人,只要他们在公路或街道上,每分钟都有死于交通事故的可能。"由此可见,安全问题是所有人都最为关注的交通问题。交通事故甚至已经超过很多疾病成为全球致人死亡的最重要因素之一,交通事故与疾病致人死亡全球变化趋势(1990—2020)如表5-1所示。

交通事故与疾病致人死亡全球变化趋势(1990—2020)　　　表5-1

疾病或伤害(1990)	排　名	疾病或伤害(2020预测)	排　名
呼吸系统	1	贫血性心脏病	1
腹泻	2	单纯性抑郁症	2
围产期	3	道路交通事故	3
单纯性抑郁症	4	脑血管病	4
贫血性心脏病	5	肺部	5
脑血管病	6	呼吸系统	6
肺结核	7	肺结核	7
麻疹	8	腹泻	8
道路交通事故	9	传染性肝炎	9
先天性异常	10	围产期	10
疟疾	11	先天性异常	11
肺部	12	麻疹	12

　　西方发达国家早在20世纪70年代就认识到道路交通事故是影响国民经济和社会生活的重大国家问题,它们从人、车、路、环境等多方面着手,综合运用管理技术和科学技术,研究、治理道路交通安全问题,并取得显著成效。20世纪70年代以来,西方发达国家的道路交通事故处于逐渐下降的趋势并保持在较低的水准线下,其车辆数占全世界的2/3左右,交通事故死亡人数仅占全球总数的1/4左右。相反,同一时期发展中国家尤其是我国的道路交通事故却进入了持续增长的行列。目前,我国的道路交通安全状况与世界先进水平相差还较远,由道路交通事故造成的损失也非常高。

　　1970年,瑞典拥有车230万辆,车祸死亡人数1300多人;2002年,瑞典860万人口,拥有各种车400多万辆,车辆几乎增加1倍,但车祸死亡人数不到600人。而在我国,交通事故数量基本是随着国民经济的发展而逐步上升的。至1999年底,我国每年交通事故死亡人数已超过8.4万人,成为世界上交通事故死亡人数最多的国家。据统计,2003年全世界交通事故死亡人数为50万人。其中,中国交通事故死亡人数为10.4万人。同时,我国交通事故的致死率也是世界最高的,为27.3%。据公安部统计,2004年以来我国发生道路交通事故起数、伤亡人数、直接财产损失数额每年都有不同程度的下降,但同发达国家相比,仍然存在很大的差距,我国的道路交通安全形势依然十分严峻[5]。我国1998—2012年交通事故的统计数据如表5-2所示。

　　我国机动车保有量与发达国家相比差距仍然较大,而我国的道路交通事故万车死亡率是发达国家的数倍,交通安全的形势依然很严峻。

　　交通事故发生的原因是多方面的,道路交通系统中的人、车、道路、环境、管理等各种因素都存在引发交通事故的可能性。

1998—2012 年中国交通事故统计表　　　　　　　表 5-2

年　份	事故总数（起）	死亡人数（人）	经济损失（万元）
1998	346129	78067	192951
1999	412860	83529	212402
2000	616971	93853	266890
2001	754919	105930	308787
2002	773137	109381	332438
2003	667507	104372	336914
2004	517889	107077	239102
2005	450254	98738	188124
2006	378781	89455	148956
2007	327209	81649	119878
2008	265204	73484	100972
2009	238351	67759	91437
2010	219521	65225	92634
2011	210812	62387	107873
2012	204196	59997	117490

1) 人的因素

城市密集的人口造成拥挤的通道，机动车、非机动车与人流混行现象很多。行人安全意识不够，表现为对自身的安全不够重视，缺乏交通知识。不熟悉交通信号、标志，不按照交通信号指示通行，横穿马路，与机动车抢道，在机动车道骑车、行走。小学校、幼儿园对儿童交通安全教育不够，儿童缺乏穿越街道的基本安全指导。司机未受到充分的驾驶安全教育或安全意识淡薄，主要表现在对交通安全重视不够，不按规定行驶，违章超车、超速，疲劳驾驶，酒后开车，对车辆状况检查不够。

2) 车的因素

机动车数量增长较快，摩托车安全性差但数量多，超寿命车辆和报废车辆继续行驶，货运车辆严重超载等因素威胁着交通的安全。同时，车辆严重超载，不仅压坏道路设施，减少道路的使用寿命，造成国家经济损失，而且给交通安全带来很大隐患。

3) 道路设施的因素

交通基础设施建设不够。道路设计不尽合理，有些道路光图好看，不实用，通行能力差，使用不方便也易造成交通事故。道路状况不佳，道路规模与城市人口比例不当。公路的维护保养不善，道路积水、坑洼不平，增加了事故发生的概率。道路缺乏应有的警示标志，道路缺少必要的安全穿越通道，如过街天桥、地下通道等，客观上造成了行人穿越马路的行为。

4) 管理的因素

交通管理对交通安全起到重要的作用。交通管理主要指对车辆的管理，对驾驶人员的管理,对道路设施的管理。在交通执法上,存在处罚多、教育少、重效益、轻效果的现象。目前我们在管理上,方法与手段仍不够科学,效果不够理想。

5.1.3 交通能耗与污染

城市交通能耗是城市能耗的一项重要组成部分。《国家中长期科学和技术发展规划纲要(2006—2020年)》指出:缓解大中城市交通拥堵、减少交通能源消耗和环境污染、解决交通安全是交通领域需要解决的三大热点问题[6]。能源已成为决定城市功能能否正常运转和居民生活质量能否提高的关键因素。众所周知,交通能源的供给是有限的。由于可替代燃料的研究仍处于起步阶段,离替代石油成为新的交通能源尚需很长时间。因此,城市交通系统必然受制于交通能源短缺和交通需求量增长这一对矛盾之中。

目前我国交通行业的能耗总量持续上升,统计数据显示,1991—1996年交通部门能源消耗的平均增长速度为4.5%,1996—2002年则为14.5%,交通部门的能源消耗在全国总能源消耗中所占比例由1991年的4.5%上升到2002年的7.3%[7]。在交通运输部门中,城市交通系统对能源需求的增长速度表现得尤为显著。这是因为城市交通系统中的私人小汽车保有量增长速度过快,为了满足居民出行需求,交通能源的消耗量也随之不断增加。由于城市交通能源统计体系尚不健全,不同交通方式的能源消费只能通过交通工具数量和其他相关因子的统计进行估算。表5-3给出了2006年全国城市客运体系主要交通方式的能耗和比例。从表中可见,私人小汽车在城市交通能源消耗体系中占有主导地位,约占城市交通总能耗的65%,远高于其余交通方式的能耗量。

2006年中国城市交通能耗主要构成 表5-3

	公 交 车	出 租 车	私 人 汽 车
数量(万辆)	33.0178	92.8185	3239.4
燃油总耗(万t)	605	674	2362
比重	16.60%	18.50%	64.90%
总计燃油消耗(万t)	—	3641	—

交通能耗数据的统计指标涉及能源技术经济、能源管理、交通运输等相关领域,其统计指标主要包括两大类:能源消耗总量指标和能源利用效率指标。其中能源消耗总量指标可以是不同交通工具的能源消费总量指标,也可以是不同能源品种的能源消费总量指标;能源利用效率指标则包含了能源效率指标(如百车公里油耗)和能源强度指标(如单位产量能耗和单位产值能耗等)。表5-4对我国与部分发达国家的道路类交通能耗统计指标进行综合比较。

城市交通能耗通常由公共交通、机动交通和非机动交通三部分组成,自行车和步行交通为零能耗和零排放,计算能耗和排放时暂不考虑。公共交通主要由公共汽(电)车、出租汽车和轨道交通组成,机动交通指私人轿车、摩托车、社会车辆(政府机关、社会团体、企事业单位拥有的客车)及其他私人客车,非机动交通中的助动车包括电力、燃油(气)助动车。能耗测算公式如下:

$$E = \sum_{i,j} V_{i,j} \cdot S_{i,j} \cdot EF_{i,j}$$

式中，E 是计算的总能耗；$V_{i,j}$ 为 i 类燃料驱动的第 j 种车型的保有量；$S_{i,j}$ 为 i 类燃料驱动的第 j 种车型的年均行驶里程（km）；$EF_{i,j}$ 为 i 类燃料驱动的第 j 种车型的能源强度（$kWh·km^{-1}$ 或 $m^3·km^{-1}·辆^{-1}$）。

部分发达国家与我国的能耗统计指标比较　　表 5-4

国家	美国	英国	日本	中国（现有）
调查指标	车辆数	车辆数	车辆数	车辆数
	车·英里	车·英里	车·公里	—
	燃料消耗量	燃料消耗量	燃料消耗量	燃料消耗量
调查指标	人·英里	人·英里	人·公里	旅客周转量
	吨·英里	吨·英里	吨·公里	货物周转量
	平均每车行驶英里	平均每车行驶英里	平均每车行驶公里	
推算指标	平均每加仑行驶英里	平均每加仑行驶英里	—	百车公里燃料消耗量
	平均每车燃料消耗量	—		百吨（千人）公里燃料消耗量
	能源强度（Btu/人·英里）			

城市交通的高能耗必然伴随着城市的高污染，当前交通部门不仅是全球石油消耗最大和增长最快的部门，也是全球 CO_2 排放增长最快的部门之一。2009 年全球交通用油占全球石油总消耗的 61.7%，总量达 21.36 亿 t 标油；2009 年全球交通部门排放 CO_2 65.44 亿 t，占据能源活动 CO_2 排放的 23%，已经成为全球第二大 CO_2 排放部门，仅次于电力和供暖。全球交通部门 CO_2 排放 1970—2008 年期间增长了 136%，无论是发达国家还是发展中国家，近 20 年来交通部门 CO_2 排放都呈增长趋势，其中道路交通排放的强劲增长是主要原因。2009 年全球道路运输排放 48.77 亿 tCO_2，占交通 CO_2 排放的 74.52%[8]。与此同时，由于当前所用的燃料基本是一次性能源，且污染排放因子很大，因此将会给资源和环境都带来相当大的负担。

城市交通对生态环境的污染主要由机动车尾气排放污染和机动车噪声污染两项污染源构成。机动车污染排放已成为城市空气污染的主要来源之一，以机动车排放污染为特征的光化学烟雾污染逐步加重，给城市生态环境带来了很大的危害。机动车尾气排放的主要成分是一氧化碳、二氧化碳、醛类、碳氢化合物、氮氧化合物、细微颗粒及硫化物等，这些物质都对大气形成污染。其中一氧化碳会使人体缺氧，长期接触会产生慢性中毒；碳氢化合物是致癌物质；氮氧化合物危害人体呼吸系统和免疫系统；醛类对皮肤和黏膜有强烈刺激作用，能引起视力和视网膜的选择性损害，长期低剂量接触醛类，可降低机体免疫水平，引起神经衰弱，出现嗜睡、记忆力减退等症状，严重者可出现精神抑郁症；燃烧后排放的铅，对人体的许多器官和系统都会产生不良影响，严重者会引起智力下降、肾损伤、不育症及高血压等；排放颗粒物，粒径大于 $10\mu m$ 的颗粒物大部分被阻挡在上呼吸道（鼻腔和咽喉部），而粒径小于 $10\mu m$ 的可吸入颗粒物能穿过咽喉部进入下呼吸道，特别是粒径小于 $2.5\mu m$ 的细颗粒物能沉积在肺泡内，对人体健康危害更大。

我国环保部发布的《中国机动车污染防治年报（2010 年）》透露，2009 年我国首次成为世界汽车产销第一大国,据"年报"统计,我国机动车保有量呈快速增长态势,2009年全国汽车产、销量分别达到1379.1万辆和1364.5万辆,同比增长48.3%和46.2%,机动车保有量接近1.7亿辆,同比增长9.3%,与1980年相比,全国机动车保有量增加了25倍。"年报"认为,机动车尾气排放已成为我国大中城市空气污染的主要来源,其中,全国113个环保重点城市中三分之一的城市空气质量不达标。

对于噪声,一般情况下,人适于在室外噪声低于55dB、室内噪声低于45dB的环境下生存。但多数城市噪声远远超出以上指标。交通高峰地带的噪声大都在80dB以上,甚至接近100dB。可见交通噪声是城市噪声的制造者,由此带来的危害是相当深远的[9]。事实证明,人类的许多疾病都与经常暴露在噪声中有关,程度严重者需要住院治疗。据临床试验的数据表明,噪声引起的伤害包括失眠、生产力低下、心情烦躁甚至造成精神伤害和心理痛苦,同时噪声还是导致过早死亡率(Premature)增加的因素之一。间歇性的噪声对需要安静氛围的场所如医院、幼儿园、学校等的污染程度更大。

我国城市交通严重污染的原因,归根结底在于机动车尾气的过量排放,机动车尾气污染的成因分析如下。

1)汽车工业水平落后,科技含量低

从总体看,我国汽车工业水平落后于世界汽车工业水平,我国的汽车发动机工业水平更落后于世界水平。国产汽车性能差、压缩比低,与国外同类车型相比,国产汽车不仅油耗一般高20%~30%,而且排放的污染物也多。目前国产小轿车HC、CO和NO_x的排放量分别是1992年美国新车排放量的14.5倍、11.8倍和3.3倍。整体的科研技术水平低,是造成我国机动车高污染状况的原因。

2)汽车尾气控制水平低

我国汽车尾气控制水平不高,且汽车污染控制水平仅相当于国外20世纪70年代中期水平,汽车污染排放水平平均比国际水平高好几倍。除了我国汽车排放技术水平低,排放标准低,执法不严也是一个重要原因。新生产的汽车缺乏尾气净化装置强制安装措施,大部分不安装整机外尾气净化装置。

3)城市规划和道路交通因素

机动车排气污染的加剧与机动车的拥有量以及出行时间、行驶状态关系密切,交通量的迅猛增长,交通需求管理政策失调,对小汽车的使用管理政策模糊,皆会导致机动车尾气排放量的增大。此外,由于城市规划、城市布局不合理,道路系统紊乱,引发城市交通聚集,导致交通拥挤,使车辆经常处于非正常行驶状态,经常处于启动、制动和怠速状态,增大了排污量。

本章从交通拥堵、交通安全和交通能耗与污染三个角度,对当前城市交通面临的困境进行了阐述和分析,发现城市机动车数量的过快增长是这些问题的根源之一。与此同时,不合理的城市交通规划也是影响城市交通的因素之一,传统的城市交通规划主要着眼于道路系统的规划,没有考虑交通发展对资源的要求和对环境的影响,使城市交通从规划起就不符合可持续发展的战略要求。

5.2 城市绿色交通理论

5.2.1 城市绿色交通的概念

城市绿色交通是一个交通理念,也是一个实践目标。一般来说,城市及绿色交通是以减少交通拥挤、降低能源消耗、促进环境友好、节省建设维护费用为目标的城市综合交通系统。这种理念是三个方面,即通达与有序、安全与舒适、低能耗与低污染的完整统一结合。它强调的是城市交通的"绿色性",主要表现为减轻交通拥挤,降低环境污染,合理利用资源。

城市绿色交通的狭义概念主要强调交通系统的环境友好性,主张在城市交通系统的规划建设和运营管理中注重环境保护和生活环境质量。城市绿色交通的广义概念包括了推动公交优先、促进人们在短距离出行中选择自行车和步行的出行模式、节约能源、保护环境、建立公共交通为主导的城市综合交通系统等[10]。

城市绿色交通的本质[10]是建立维持城市可持续发展的交通体系,以满足人们的交通需求,同时注重节约资源、保护环境和社会公平。健康发展的城市以健康发展的城市交通系统作为基础,实现健康、可持续发展的城市交通系统,必须走城市绿色交通的道路。城市绿色交通具体包含以下内容:

(1)交通与(生态的、心理的)环境的和谐。

(2)交通与未来的和谐(适宜于未来的发展)。

(3)交通与社会的和谐(安全、以人为本)。

(4)交通与资源的和谐(以最小的代价或最小的资源维持交通的需求)。

城市绿色交通的特征[11]可以简单概括如下:

(1)运行高效:交通系统公共服务的高效率,满足交通的基本目的,即社会经济发展派生的人和物的移动,而非简单的交通工具的移动。

(2)环境友好:交通系统污染物的排放在城市系统环境可接受幅度内,对环境的污染强度与环境的自净能力和自我恢复能力要匹配,注重地方传统风貌以及历史文脉的延续,与现代文化经济协调发展。

(3)资源节约:交通体系的资源消耗最终实现可持续的资源消耗目标。

(4)社会和谐:安全、公平、适度地满足人们的交通需求。

5.2.2 城市绿色交通的发展

在可持续发展及环保理念的指引下,加拿大学者克里斯·布拉肖德(Chris Bradshaw)[12]于 1994 年首次提出了绿色交通理念:通过优先发展绿色交通工具,减少交通拥堵,净化城市出行与居住环境,降低能源消耗。同时他提出用出行方式、交通工具大小、交通工具有效利用度、耗能种类、出行目的、出行距离、出行速度、出行过程与建筑关联程度、出行者个体特征九类要素来评价变通出行的优先等级,用以指导个人出行及政府决策。根据评价结果,他对绿色变通工具的优先等级排列如下:步行、自行车、公共运输工具、共乘车、单独驾驶车辆,具体排序情况如图 5-1 所示。

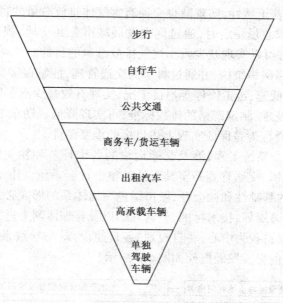

图 5-1　绿色交通方式等级层次示意图

早期对绿色交通的研究主要集中在对交通发展所面临的困境的探讨方面。例如总结全球最新的机动车污染排放控制技术和手段;通过对世界城市交通发展经验的研究,提出交通发展的前景应该符合占地少、零排放的可持续发展原则;思考从交通规划角度对城市绿色交通进行优化。

进入 21 世纪以来,城市绿色交通研究得到了更深入的发展。主要在绿色交通出行方式、绿色交通政策、绿色交通系统构建、绿色交通评价指标与模型、绿色交通信息化管理、交通新能源开发[13]等方面进行了深入的研究,并取得了一定的成果。

要实现城市绿色交通,首先要研究探讨影响绿色交通的主要因素和影响机理。影响绿色交通的因素有很多,可以从降低交通需求总量、改善机动车交通整体运行状况、减少道路网络内机动车数量、改变机动车单体排放水平以及改变出行者的交通行为特征等 5 个角度来认识,如图 5-2。

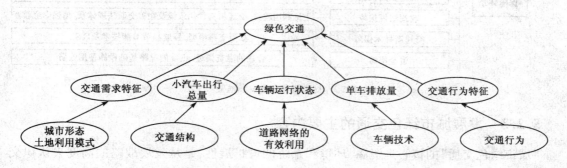

图 5-2　绿色交通的主要影响因素及影响关系图

分析城市绿色交通的影响因素,可以得出以下结论:

(1)城市形态和土地利用模式将会影响城市交通需求总量、时空分布特点、交通出行距离特性等,是影响绿色交通的第一因素。合理的城市形态和土地利用模式,能够减少交通需求总量以及改变交通需求的若干特性,实现减少交通有害气体排放总量的目的。

(2)当城市交通需求总量一定时,通过优先发展城市公共交通、提高公共交通分担率、减少道路上的机动车总量,可以实现减少汽车尾气排放总量的目的。

(3)建立合理的道路网络结构,并通过科学的交通管理,能够保障交通畅通有序的良好运行状态,大量减少怠速、低速、走走停停等不良工况,实现有效减少汽车尾气排放目的。

(4)通过提高车辆技术、制定严格的排放标准,可实现降低机动车单车排放量的目的。

(5)人的认识和交通行为是保证实现上述目标的重要条件。

城市绿色交通是一个系统工程,涉及交通运输的各个环节和相关要素,从车、路(基础设施)到交通环境、交通组织、交通管理乃至其所处的整个社会系统。由于城市交通是一个非常复杂的系统,具有极强的基础性和社会性,城市绿色交通体系的形成必须依靠政府的力量进行推动,要在政策法规、交通规划、技术标准、经营规则以及管理体制上进行统一的协调和宏观调控,避免各种运输方式以自我为中心,各自规划、各自建设,最终导致系统总体效率降低、成本增多、资源浪费,城市绿色交通发展框架如图5-3所示。

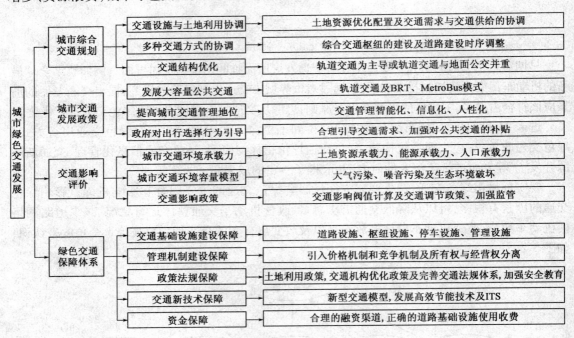

图5-3 城市绿色交通发展框架

5.2.3 发展城市绿色交通的主要内容

"城市绿色交通"的核心是资源、环境和系统的可扩展性,是从发展战略的高度去认识交通系统的发展与资源和环境的关系。因此,城市绿色交通一方面包括城市交通系统内部的优化问题;另一方面涵盖城市交通系统与外部系统的协调、共生问题。

1)交通系统内部的优化

"城市绿色交通"要求交通系统内部的协调性和效益性,也就是使交通系统能够在有限的资源条件下,达到最大的效率。无论是从宏观方面的国家的交通战略、相应的交通政策法规,到交通规划设计、组织管理,再到微观方面的每一项工程措施,都应与交通工具整合为一体,在共同的"绿色交通"理念指导下发展,使交通系统走上以低成本的交通方式和尽可能与自然和谐的发展道路。

（1）建立方便快捷的多层次的公共交通系统

强大的现代化公共交通是环保型"城市绿色交通"系统最重要的基本特征。公共交通以最低的环境代价实现最多的人和物的流动,以有限的资源提供高效率和高品质的服务水平,成为城市绿色交通的必然选择。城市是人口的聚集地,用地资源紧缺,用地相对紧张,发展高效、低污染的公共交通事业是符合实际的做法。

同时城市土地利用的集约化程度高,开发强度大,具备公共交通发展的基本人口密度条件,有利于公共交通的运营成本的回收,达到公共交通发展的良性循环。西方发达国家工业化过程中发展起来的以小汽车交通为主的交通方式,增加城市中机动车辆的数量,占用过多道路资源,浪费能源并且造成更多污染,长远而言必然恶化城市生态环境,降低整体生活质量。然而对小汽车交通的任何限制的措施,离开与经济发展水平相适应的公共交通是不可能成功的。与此同时,公共交通系统的建立应以轨道交通为主,同时结合公共汽车、无轨电车、市郊快速列车等交通方式,各种方式之间分工明确、联系紧密、换乘方便,形成高效率的运输网络系统。

（2）适度和合理地使用小汽车

小汽车的无节制使用无论对城市交通还是城市环境都将带来灾难性的后果,因此,适度和合理的使用小汽车已是大势所趋。在小汽车的发展过程中,西方国家经过了工业化,现在已进入后工业化阶段,在发展过程中积累了很多有益的经验,值得借鉴和学习。

在欧洲,很显然城市小汽车的普及已近饱和,但是"拥有"和"使用"小汽车是完全不同的概念,只要通过采取适当的交通政策与措施,数量众多的小汽车并未给城市带来灾难,由此可见,只是小汽车无限制的使用才导致了严重的交通问题。目前西方发达国家主要通过政策、价格交通设施有限供给等手段重点限制城市中心区的小汽车交通量。

（3）为步行和自行车交通提供空间

对环境的关注,和人本主义的回归使得步行和自行车交通在城市中成为受鼓励的出行方式。

在市中心商业繁华的地区开辟步行街区,在交通上确实起到了立竿见影的效果,而且也带来了步行街区商业的繁荣,以及城市环境景观效果的改善。环境优美的步行街区体现了对人的关怀和照顾,成为城市中最精彩、最有吸引力的亮点。在居住区或城市部分地区设立步行系统,结合河岸、绿地、广场等城市开放空间形成富于人性化的供城市居民休闲、交往的空间。

此外,自行车交通是公共交通衔接的重要一步。在大城市中,自行车交通可以和轨道交通或其他公共交通相结合,在居住区内部或城市组团内部可以主要以自行车作为出行工具,更远一些的出行则乘坐公共交通。

（4）确保交通工具的环保性能

据我国环境监测部门的报告,我国大多数城市城区主要污染源已由工业污染转为机动车尾气污染,而且交通车辆产生的烟尘排放量已经成为城市大气 DF（尘）、TSP（降尘）污染的主要污染源。还有交通噪声也不容忽视,城市中交通噪声源仅次于生活噪声源,位居噪声污染的

第二位,环境污染的严峻形势,使发展环保型交通工具成为一项异常紧迫的任务。在确保交通工具环保性能方面,可以做以下工作:

①研制并推广小排量、轻型化和环保型能源的新车种。

②公共交通大量使用以清洁能源为动力的轨道交通,并且不断改善机车性能,将其噪声污染降到最低的程度。此外,对机车进行严格的维护、保养和修理,确保机车良好的状态。

③步行和自行车的使用,环保型交通工具的使用,一定会带来城市的环境质量的提升,使城市成为更适宜人类居住的空间。

(5)发展智能交通系统

智能交通系统的基本出发点是利用当代高新技术,如电子、信息、通信、计算机、GPS、GIS等,提高交通系统中的人、交通设施和交通工具之间的有机联系,从而最佳地利用交通系统的"时空"资源,降低运输成本,提高运输效率。从这个意义上来说,智能交通是城市绿色交通的必然选择,与此同时,ITS 技术在改善交通的同时还形成巨大的产业,对此的开发研究对于改善城市的交通更具特别的意义。

2)交通系统与外部系统的协调共生

近十几年来,各学科的发展和各学科之间的交叉渗透,使交通研究跳出了以需求分析为主,被动式地为机动车辆服务的规划模式,愈来愈多地从交通系统与外部系统的关系入手进行分析研究。另外,只有从整体上对交通系统以及城市布局、土地利用、环境保护等进行考虑,可持续发展的城市绿色交通才能实现。

(1)土地利用与交通一体化

城市的演变是用地——交通一体的演变,发展某种特定的用地模式可以导致某种相应的交通模式,反之亦然。土地利用与城市交通系统之间存在一种强大的互动关系。在静态关系上,土地的使用是决定城市活动分布和交通运输系统运作的前提条件;而在动态关系上,城市活动分布、可达性和经过开发商投资建设的新空间是下一轮土地利用预测的前提和条件。因此,将绿色交通概念注入到城市规划中,研究城市的开发强度与交通容量和环境容量的关系,使土地使用和交通运输系统两者协调发展,才能真正达到可持续发展的城市绿色交通的目标。

交通是引导城市形态变化的主要手段,现代城市的持续膨胀与人口增长带来了诸多问题,迫切要求规划应对增长加以引导和控制,具体表现在对土地使用合理调配,对城市交通的建设与疏导。交通可以改变城市空间结构和土地使用方式,交通规划需要与空间发展的目标紧密结合,交通在引导城市从无约束的扩散到有序的发展方面具有积极的作用,尤其在探讨一种可持续发展的城市土地使用模式时,交通成为关键的因素。

(2)城市绿色交通与生态城市

生态城市建设的基准点是城市发展的可持续性,而交通的可持续发展是城市可持续发展的重要组成部分,进一步来说,是否可以实现城市绿色交通是生态城市建设的根本和重要评价标准,没有城市绿色交通的实现,城市的可持续发展也就成为不可能。

(3)建立大众参与机制

城市交通的规划、建设、管理与人们的日常工作生活息息相关,城市绿色交通的实施更是离不开公众的积极参与。绿色交通的运输工具选择是一个综合交通运输与生活品质的决定问题,需要社区人们的共识,重新审视新的"人的价值",进而选择绿色交通工具为其生活方式之一。公众对城市绿色交通的参与不同于对一般活动的参与,也不同于对环境保护的参与。城市绿色交通的公众参与更加深刻、更加广泛,对于公众来说,城市绿色交通是与自己紧密联系的解决其出行质量和生活质量的有效途径,更加重要的是人们要提高自己的素质、改变自己的思想,建立有节制的交通出行观念,进而用符合绿色交通的方法去改变自己的行为方式。

5.2.4 倡导城市绿色交通的重要意义

倡导城市绿色交通的重要意义如下。

首先,使全社会认识到城市绿色交通是实现可持续发展交通的必由之路。城市绿色交通的核心是资源、环境和系统的延展性,目标是追求人的自由,包括人与环境、社会的和谐,安全、健康。所以我们应从人的价值来充分理解绿色交通的意义;要从国家战略发展的角度去认识交通系统科学发展和环境的关系;交通从微观到宏观都能充分发展,都能和谐,都能低成本、低能耗运行。只有全体国民认识到城市绿色交通的意义,才有可能打开解决交通治理瓶颈问题的思路。

其次,城市绿色交通使我们转变观念,重新定位城市规划与交通规划之间的关系。现阶段城市交通面临的很多问题单单依靠交通规划与管理是无法解决的,其问题的根源是城市规划和土地利用的不合理。而交通规划是以城市规划为基础的,城市规划出了问题,交通规划必然会出现问题。国外的城市除了点射状外,还有矩阵式的,商业、教育、文化、医疗相对集中,包括就业都是就近就业,以减少人流、车流和物流。但现在我国大中城市很多人居住地和工作地点相距太远。倡导绿色交通,使城市规划更多地考虑交通评估这项指标,让城市规划更加的系统与合理。

再次,城市绿色交通将影响出行者的出行心理,改变城市格局。城市绿色交通倡导公共交通和慢行交通,不再满足机动车快速增长的需要,从"以车为本"转变成"以人为本"。汽车再也不会像过去那样是身份的象征,以车看人和以貌取人都是错误的心理,车不过是代步的工具;与此同时,3km范围内,人们交友、购物等将以步行和骑自行车为主,低碳绿色出行成为人们的重要选择。与此同时,城市绿色交通会改变城市格局,城市规划设计将更加人性化。公共交通设施会大量出现,地铁、城市快干道、城际高速、轨道交通网状分布;历史上的自行车也许会重现生机,自行车道会重新划定;新的环保汽车、混合动力汽车、新的概念车会行驶在街头。

最后,城市绿色交通有助于培养驾驶人的安全驾驶意识。驾驶素养的基本是懂得尊重别人。驾驶素养的培养、绿色交通意识的强化比理论考试要好。城市绿色交通的宣传如果能比较好地社会化,对于减少交通事故是有益的。在香港,有政府大力支持的道路安全议会,它的职责是推动道路安全工作社会化。社会各阶层,包括运输企业和社区的其他团体经常主办绿色交通活动,目的就是培养驾驶人的安全意识。

5.3 城市绿色交通发展对策

5.3.1 城市规划中融入"绿色"理念

城市规划是城市交通规划的基础,而城市交通规划会对城市交通的发展产生重大的影响。

因此,城市交通的现状与城市规划有着密不可分、千丝万缕的联系。当前,很多城市的城市规划,特别是其中有关城市用地结构布局的规划很不合理,忽视了土地开发强度与交通容量、环境容量的关系,造成了交通拥堵、交通安全和环境污染等多方面的问题,而绿色交通的发展、绿色交通运输体系的构建以及公交优先的实现,都有赖于城市土地利用方式的转变和规划结构布局的调整。因此,在城市规划中融入"绿色"理念刻不容缓。

国内外将"绿色"理念融入城市规划中,对绿色交通发展起积极促进作用的城市不少,以丹麦的哥本哈根最为突出,下面介绍哥本哈根利用合理的城市规划,引导城市交通绿色有序发展的实际案例。

大哥本哈根地区(Greater Copenhagen),位于丹麦东部的西兰岛上,土地面积 2800 km^2,不足丹麦国土面积的 7%,却拥有全国 1/3 的人口(约为 185 万)。大哥本哈根地区包括五个行政区域:哥本哈根市和菲德烈堡市,约有人口 50 万;环绕在中央城市周围的哥本哈根郡,约有 60 万人口;以及菲德烈堡和洛斯基尔德两个外围郡,总人口约为 60 万。

"指形规划"原则最早提出是在 1947 年,五根手指从哥本哈根中心分别向北、西、南方向伸出,形成一个手形的区域,手指之间的地区被森林、农田和开放休闲空间组成的绿色楔形分割。在半个多世纪的时间内,哥本哈根的城市规划始终坚持这一规划原则,2007 年正式制定《指形规划》(Finger Plan),指出城市发展要集中在轨道交通沿线,完善公共交通设施,使居住地向交通走廊沿线分布。

"指形规划"实际上是当时的规划者们根据对哥本哈根市及周围相邻地区未来一段时间人口和社会经济发展趋势的预测判断,以哥本哈根及欧洲其他大城市的历史演变经验为参考,以首都哥本哈根城为中心,以由哥本哈根向外放射状形成的铁路网为基础,所提出的一份关于哥市未来发展远景的规划建议,其性质如同现在人们所称的"概念规划"。

从规划原则上看,它可以被概括为以下几个方面:

1) 停止"老城蔓延",建设新型郊区

规划明确提出应该停止市区以"摊大饼"(Layer-Upon-Layer Growth)的模式向外蔓延,采取积极方法改变城区发展方式。规划建议,对老城区采取保护为主,有限改造为辅的措施,重点是改善基础设施,改善居民居住环境和条件。对建设新型郊区规划中没有采纳"卫星城"的模式,而是从实际出发确定利用区域内原有的城镇布局,通过规划引导建设新型郊区,并使其成为整个城市有机体的一部分。

2) 依托铁路干线,形成"手指城市"(Finger City)

当时从哥本哈根通往西部的铁路已经建成了 2 条,加上其他方向共有 5 条主要干线,预计未来还会有更多通向各地的铁路建成。因此,规划建议未来城市的结构应以由中心市区向外放射状布局的铁路为轴线,以沿线分布的车站为中心,形成具有完备商业服务,良好文化教育和有效办公机构体系的城镇。通过频繁、便捷、畅通的火车交通形式将这些城镇与中心市区(即老城区)连接起来,从而形成以铁路为"手指"(Finger),铁路站点或附近城镇为"珍珠"(Pearl),以中心市区为"掌心"(Palm)的城市布局模式。同时,规划中也预计到未来的公路交通的发展,为公共交通的完善创造条件,也更便于市民的工作与出行。未来由铁路与公路组成的交通网,将会使"手指"与"掌心"、"手指"与"手指"、"珍珠"与"珍珠"之间的联系更加密切。

专题5　城市绿色交通

3）少占"良田",改造"荒原",营建"宜居环境"

规划提出,哥本哈根市区未来的发展方向,应该选择开阔和富有潜力的西部和南部而不是北部。因为当时在高收入阶层向条件优越的北部地区迁移的同时,越来越多的普通市民也开始向这一地区聚集。这样势必会逐步增加对那里环境的压力与破坏,从而影响和降低生活的质量。相比较而言,西部和西南部地区尽管地貌与自然景色较北部地区稍有逊色,但如果通过植树绿化、兴建公园、美化和丰富景观,同时开发海岸,建设海滨浴场等规划措施,改变那里原有的地貌和环境,也会逐步吸引市民前去定居安家,从而实现城市扩张的有序性与布局的合理性。

4）保留绿色空间,美化与保护环境并举

规划建议特别提出,在各个"手指"之间,应该保留和营造楔形绿色开放区域,并且尽可能地使其延伸至中心城区内。楔形绿色空间包括林地、农田、河流及荒地等自然类型,也包括人工改造的公园、绿地等。保留和建设楔形绿地,一方面可以阻隔郊区市镇之间的横向扩张,使它们能够在规划的区域内合理发展;另一方面可以保护环境,为居民提供丰富、多样、宜人的休闲与娱乐空间。

按照《规划法》,大哥本哈根地区被划分为四个不同的区域:城市核心区(手掌部分)的规划重点是完善城市公共交通服务以满足城市发展需要;城市外围区域(手指部分)将为城市扩展和建设新城提供空间,规划重点也是要完善基础设施建设,提供公共交通服务水平;指形地区周边的绿地区域,并不会转变为城市区域,不进行城市设施的建设和开发;其他区域,将用于补充城市发展所需空间,以及城市群之间的建设。

哥本哈根的"指形规划"及其TOD模式的发展,充分体现了城市交通对城市空间结构的引导作用以及实现城市绿色发展方面的积极作用,对我国城市发展具有一定的启示。

5.3.2　大力发展公共交通

城市公共交通指的是由城市轨道交通、公共汽车以及出租汽车等交通方式组成的公共客运交通系统。城市公共交通利用最少的资源解决更多人的交通需求,对解决城市交通问题意义重大。公共交通发展有两个前提,一是城市规模要足够大;二是城市人口密度要达到一定水平。

大力发展城市公共交通需要做大量的工作。首先,政府需要加强交通管理建设,企业需要提高公益意识;其次,规范科学评价制度,建立合理补偿制度;再次,保障公共交通路权,提高交通文明建设;然后,科学推进系统规划,保障设施合理建设;最后,健全公共交通体系,多元发展公共交通。

下面具体介绍美国波特兰市大力发展公共交通的实践经验。波特兰市位于美国西北部,是俄勒冈州最大的城市。该市长期以来一直是美国城市规划的典范,以极具前瞻性和勇于变革而著称,其在绿色交通建设、发展公共交通、解决交通拥堵和空气污染等方面一直走在美国其他城市的前列。波特兰市关于大力发展城市公共交通的一系列政策如下。

1）发展以轻轨为支撑的紧凑的城市空间结构

1973年,波特兰市开始致力于轻轨(LRT)的建设,结合TOD的开发模式,将其作为城市空间优化和中心区复兴的手段。

LRT 的提出最初源于俄勒冈州和联邦交通官员提议修建 Mount Hood(位于波特兰市东南 80km 处的一座雪山)高速公路。因该高速公路建设将极大地破坏当地的生态环境而遭到了波特兰市政当局和民众的强烈反对。由于 FAHA(1973)允许在一定的情况下将用于高速公路项目的资金转用于公共交通项目,于是波特兰市政当局努力游说将这笔资金用作 LRT 建设。1978 年,俄勒冈州三县大都市交通管理局接受了这一建议。为了保障 LRT 这一区域性项目的有效实施,在 20 世纪 70 年代末期成立了 Metro,负责波特兰大都市区的规划和实施。从那时起,波特兰大都市区就开始实施稳定的 LRT 计划。从 1982 年第一条 24.3km 长的 Eastside MAX Blue Line 动工至今,波特兰已经建成 4 条轻轨线,总长 84.3km,设有 84 个站点。

目前,波特兰市仍致力于 LRT 的发展,Metro 编制的 2040 Growth Concept 规划的目标是:到 2040 年,2/3 的就业岗位和 40% 的住户将位于有轻轨和公共汽车服务的走廊上,而区域的增长和发展将利用城市空间增长边界(UGB)进行控制。

2) 发展有轨电车作为轻轨的补充

波特兰有轨电车系统主要服务于城市中心区域。有轨电车的造价较 LRT 低,其主要目的是方便市民出行的同时,在客运高峰期为 LRT 分担和转运客流。建成后的有轨电车系统,将形成一个长 11.6km 的环线,贯穿整个城市中心区域。

3) 建设公交步行街区

波特兰公交步行街区是位于城市中心区域的一个南北向条形区域,两侧均为单行道,且只允许公共汽车和轨道车辆通行,中间为步行区域。波特兰公交步行街区最初于 1978 年开放,是市中心复兴的计划之一,也是通过投资公共交通进行社区发展的早期代表。公交步行街在提高通行效率的同时,极大地缓解了交通压力。

4) 注重自行车和步行系统的规划和建设

俄勒冈州和波特兰市一直注重自行车和步行系统的规划建设。俄勒冈州的《自行车议案》(1971 年)要求州和地方政府花费适量的高速公路资金(最少 1%)在自行车道和步行道上。进一步的立法是 1991 年颁布的交通规划条例,要求城市区域、县和市制定交通体系规划,必须避免对某种交通模式的过度依赖,必须实施以下要求:

(1) 新开发项目必须提供自行车停车设施。
(2) 为行人和自行车安全、便利出入提供场地设施。
(3) 主干道和次干道沿线设置自行车道和人行道,地方支路沿线设置人行道。
(4) 行人和公共交通体系之间需便利连接。
(5) 保证充分的土地利用类型和密度以支持公共交通的发展。

通过以上条例,波特兰市成为北美地区自行车利用率最高的城市,自行车的通勤比例由 1996 年的 1.2% 左右上升到 2006 年的 4.2% 左右。波特兰市的自行车道从 1996 年的 178km 增加到 2001 年的 365km。

5) 制定相应的激励措施,同时体现人文关怀

(1) 实行免费区域。交通管理局将整个波特兰大都市区划分为 3 个区,1 区基本覆盖了整

个城市中心区域,在1区内乘坐所有的LRT和有轨电车都是免费的。该政策极大地鼓励了市民选择公共交通出行。

(2) 关怀弱势群体,实行票价减免政策。波特兰市对荣誉市民、学生、残疾人均给予极大的公交票价优惠,如他们购买月票票价只是正常价格的1/4~1/2。

(3) 采用各种便利设施。每个公共交通工具都设有专门的残疾车、婴儿车区域,配备残疾人专用设施,为每个人提供平等的乘坐权利。波特兰市采用新型车辆,车门踏板距离地面不超过0.33m,方便乘客尤其是老弱病残乘客安全平稳地上下车。在每个有轨电车站点设置信息屏,利用GPS技术为乘客提供即时乘坐信息。

波特兰市大力发展公共交通的实践表明,大城市多层次公交体系的构建,城市用地紧凑、混合发展模式的成效是显著的。当美国其他城市的人均车辆里程在增加的时候,波特兰市的人均车辆里程却从1996年开始减少。相较于美国其他城市的人,波特兰人平均每天驾车6.4km,每年节省11亿美元的直接成本(如汽油)和15亿美元的时间成本。此外,该发展模式也为波特兰市建立良好的城市形象奠定了基础。

5.3.3 城市交通需求管理

交通需求管理就是通过减少或分散需求使供需平衡,保证交通系统有效运行。与传统的适应需求管理相比,交通需求管理属于主动式管理,其实质是通过交通政策的导向作用,运用一定技术,通过收费等手段影响交通参与者对交通方式、时间、地点、路线等的选择,使需求的时间、空间均衡化,以保持一定的供需平衡。

交通需求管理可以从车辆和交通规划两个角度着手[14]:首先,从车辆的角度TDM对策分为车辆拥有需求管理和车辆使用需求管理。其次,通过交通规划实现以下结果:交通产生阶段,尽量减少出行的可能;交通分布阶段,将出行由交通拥挤的结点向非拥挤结点转移;交通方式选择阶段,将出行方式由低容量向大容量转移;交通分配阶段,将出行由拥挤路线向非拥挤路线转移、由拥挤时间段向非拥挤时间段转移。

城市交通需求管理是城市交通绿色发展的必备条件,同时城市绿色交通的发展也会对交通需求管理的良性发展起促进作用,两者是相辅相成的关系。一方面,通过交通需求管理政策抑制私人小汽车的过快增长,提高私家车通勤出行的费用,例如城市中心区拥挤收费制度、中心区停车阶梯收费制度引导民众乘坐轨道交通、公共电汽车等公共交通设施出行,达到低碳环保的效果,这本身就是绿色出行的一部分;另一方面,提倡绿色出行,政府在公共交通建设方面必然会投入大量的人力、物力和财力,公共交通服务水平能力的提升,会使一部分使用私家车通勤的出行者放弃私家车,转向公共交通,这对于城市交通需求管理政策的有效实施会起到积极的促进作用。

新加坡在交通需求管理的研究和实施上走在了世界的前列,新加坡典型的交通需求管理策略有两个,分别是限制区域执照系统和公路电子收费系统,下面具体介绍这两项策略。

1) 限制区域执照系统

新加坡于1975年实施的限制区域执照系统(Area Licensing Scheme,ALS)是世界第一个城市公路收费系统,主要用以限制车流进入较拥挤的中央商业区路段(或称限制区域)。当时

交通与能源

在进入 7.2km² 限制区域(第一道收费环线)的路段共设有 28 个控制点或闸门。车辆在进入限制区域之前需要购买特定执照并张贴于车窗上,执法人员在控制点记录无执照车辆的注册号码,以便处以罚款。起初,只在早高峰对私人车辆收取 3 元新币执照费,后来,该政策扩展至全天与所有车辆(巴士与应急车辆除外)。

2)公路电子收费系统

在限制区域执照系统成功推出后,1995 年起,另外一种类似的系统——公路收费系统在新加坡 3 条高速公路的特定路段上实施,时间为周日早高峰时段(7:30~9:30),驾驶人必须购买特定的执照才能通行高速公路收费闸门。限制区域执照系统与公路收费系统均为人工操作,有诸多不良效果和限制因素,包括操作层面人力资源浪费、人为操作易错、对系统进行时空延展存在局限以及不方便顾客使用等等。历经 10 年的研究发展后,1998 年,新加坡以全自动的公路电子收费系统(Electronic Road Pricing, ERP)取代了限制区域执照系统和公路收费系统。

公路电子收费系统是世界上第一个大规模、全自动的城市公路收费系统。与人工操作公路收费系统不同,公路电子收费系统建立在"即用即付"的基础上,仅对应急车辆除外。每辆车内设有读卡器,当车辆从公路电子收费闸门下通过时,将从现金卡自动扣除收费金额。目前,小汽车收费为 1~5 元新币,重型车辆收费为小汽车的两倍。对于没有车内读卡器、读卡器或现金卡损坏、现金卡余额不足的车辆,公路电子闸门上方的监控摄像头将自动拍摄该车辆的后牌照。

公路电子收费系统方便顾客,灵活易控,可信度高,付费方式自动化且即时。同时,收费率和收费覆盖范围易在时间及地域上做出调整,可有效避免人为偏差,可靠度达 99.9%。由于效果显著,公路电子收费系统已扩展到更多的高速公路与主干路,形成了中央商业区外的第二道收费环线,面积约为 130km²。现在,新加坡共有 66 个闸门控制点,包括晚间在市区交通严重拥堵的高速公路设置的控制点。目前,超过 70% 的车辆每月至少经过一次公路电子收费闸门。

两种交通需求管理策略带来了良好的结果,特别是自从公路电子收费系统实施以来,即使交通量与城市建设增长显著,在中央商业区都没有再修建新路,避免了道路建设的更多支出,进一步证实了公路收费系统的高效,两种策略的成效与影响如表 5-5 所示。

限制区域执照系统与公路电子收费系统成效与影响   表 5-5

项 目	成 效 与 影 响
成本/效益	限制区域执照系统:投资成本约 700 万元新币,主要用于鼓励换乘公共交通而进行的 P+R 停车泊位的修建。1975—1989 年,限制区域执照系统总收入 1.57 亿元新币,总运营成本仅为 1000 万元新币,收入成本比率为 9.2; 公路电子收费系统:投资成本约 2 亿元新币(包括 67 万辆车的免费读卡器),这些资金仅修建一条 5km 长的 3 车道高架路。刚实施期间,年收入和运营成本分别为 8000 万元新币和 1600 万元新币,3 年就收回了成本。运营成本仅为总收入的 20%,比伦敦的同类系统低得多。目前,公路电子收费每年约有 1 亿新币交易量,基于当前 6 元新币·h⁻¹ 的时间价值(即 0.1 元新币·min⁻¹),只需每出行一次节省 3min,每年就会产生约 3000 万新币的经济收益,且不包括由于环境与交通安全的提高而产生的其他收益

续上表

项　目	成　效　与　影　响
交通影响	限制区域执照系统实施后,通过中央商业区的交通量显著减少,进入中央商业区的交通量降低44%,中央商业区的车速提高22%; 　　公路电子收费系统实施后,多次往返中央商业区的交通量显著降低,进入中央商业区的交通量降低10%~15%; 　　限制区域执照系统和公路电子收费系统收费时段前后约0.5h内,主干路与辅路交通量明显增加
公共交通的效应	公共交通是限制区域执照系统的最大受益方,公交乘客明显增多,巴士在中央商业区车速也有显著改善。私人汽车与巴士的使用比例从之前的56%/33%变为1976年的46%/46%。现在,随着地铁网络的快速拓展,早高峰中央商业区公共交通的使用比例甚至高于62%,而私人汽车仅为31%

此外,合理的税费政策也是实施城市交通需求管理的重要组成部分。在推广城市绿色交通政策的道路上,发达国家和地区十分重视经济手段的刺激效应,分别在机动车的购置、保有、使用等多个环节制定了政策加以制约。国外机动车税费政策的发展主要是从生产者和消费者两个方面制定或鼓励或限制的税费政策:一方面促进汽车制造企业改进技术,降低油耗和排放;另一方面引导消费者购买低油耗、低排放的汽车,减少出行,减轻环境影响。

3) 设置车辆购置税

近年来,国外逐渐将油耗指标和尾气排放量作为机动车购置环节的计税依据,同时采取奖惩结合的办法,提高机动车能效和环保水平。

丹麦在车辆购置税中对能效高的机动车设置税收返还:油耗为4.0L/100km的车辆给予1/6的税收返还,油耗为2.2L/100km的车辆则给予高达4/6的税收返还。

日本对微型车只收7000日元的购置税,而排量3.0升以上的豪华车须缴11万日元;购买清洁燃料或替代燃料的车辆可少缴汽车购置税,例如符合相关排放要求的车辆可少缴25%~75%不等的费用;对新型环保、低耗油汽车采取优惠税制,如对低于2010年油耗标准5%、废气排放量低于2005年标准75%的汽车,最多予以减免50%的汽车税和30万日元的汽车取得税。

法国对大排量、重污染的汽车征收重税,鼓励民众购买轻污染的车辆。政府对小排量、低污染汽车的补贴最高可达800欧元,同时对那些购买大排量汽车者征收最高可达3000~4000欧元的赋税。

4) 推行燃油税

纵观发达国家较长时间的政策实践,燃油税无论在消减污染、节约能源、筹集资金,还是在推动技术更新换代上都发挥了重要的作用。燃油税是发达国家普遍实施的交通管理手段,其基本特点是实行体现燃油品质的差别税率,征收在机动车的销售环节进行,燃油税税率较高,且会随着环境保护的需求调整。燃油税的本质是提高驾驶者的使用成本,从而改变其购车和用车的行为。

5) 征收拥堵费

交通拥堵费用的征收是部分发达国家和城市行之有效的手段,是指对高峰时段行驶于拥堵路段上的车辆征收额外费用,通过价格机制调节车辆在城市路网上的空间和时间分布,达到减轻路网交通拥堵的目的。

英国伦敦从2003年2月起,对固定时段、划定收费范围内的市中心区出入车辆征收交通拥堵费,收取的费用主要用来改善交通体系。伦敦拥堵收费政策的效果很好:市中心区,交通量减少,交通事故减少;交通拥挤得以缓解,空气质量改善。

挪威在奥斯陆运用了环形通行收费系统,环形收费系统的做法是在奥斯陆周围划定一个环形的"收费线",所有进入市中心商业区的车辆一律缴纳拥挤税。挪威通过这项措施使城市商业区的交通流量减少了6%~7%。

瑞典的斯德哥尔摩从2007年8月1日起,对白天进入市中心的驾驶者收取拥堵费。政策实施后,市内及周边交通量减少20%,空气质量明显改善,公交客流增加,市民观念转变。

6)淘汰老旧车辆

加速老旧车辆淘汰也是发达国家的普遍手段。国外政府一般通过补贴、加税等方法,引导旧车使用者做出加快淘汰的决策:法国政府规定,因淘汰使用10年以上的老旧汽车而重新购买一辆同品牌新车时,可获5000法郎的补贴奖励,使73.6万辆老旧汽车得到更新;日本对车龄超过11年的柴油车、超过13年的汽油车加税10%;瑞典规定,如废车在报废前14个月内交回,则奖励1500克朗。

5.3.4 加强城市交通碳排放的监测与考核

城市交通的碳排放考核是通过考核指标对某些对象在一定时期和一定范围内实践绿色交通理念,实施绿色交通建设的状况进行及时、准确地描述和反映,揭示绿色交通建设过程存在的问题,为政府、行业管理部门和企业绿色交通建设和交通运输业可持续发展提供决策参考。归根结底,对城市交通运输业的碳排放考核实质是对交通运输的效率和效益进行识别、衡量、判断和反馈的活动过程。

城市交通碳排放考核体系中指标体系的构建,一方面要遵循构建考核指标体系的一般原则,另一方面要结合城市绿色交通建设的思路,具体设计原则如下。

1)科学性和可操作性相结合原则

选取指标既要符合城市绿色交通建设的总体要求,又能够对绿色交通主要工作进行考核和评估,并要方便对比、核实、统计与报告。

2)概括性与指导性相结合原则

在明确城市绿色交通建设总体目标的基础上,将总体目标分解到交通运输各行业,为行业绿色交通发展制定目标的同时,梳理出行业工作的主要方向。

3)定性与定量相结合原则

通过对绿色交通计划编制、绿色交通政策以及绿色出行宣传等进行定性分析,把握各城市绿色交通发展趋势;在此基础上,考查发展绿色交通的各项措施落实情况,利用碳排放监测数据来考核城市绿色交通建设绩效。

4)稳定性与动态性相结合原则

根据城市交通系统的发展情况,坚持稳定性和动态性相结合,对碳排放考核体系进行适时调整和完善。制定绿色交通考核评价标准是一项系统工程,需要结合政府规划及出台的方针政策和阶段工作重点,稳步推进,坚持边研究、边实践、边总结,逐步建立起科学规范的绿色交通绩效评价体系。

绿色城市交通的核心在于"绿色"二字,最终目的是融合交通发展和环境保护,推动城市交通的可持续发展。目前,绿色城市交通建设的核心在于降低交通运输业的二氧化碳排放,而降低二氧化碳的排放主要有节能和减排两个方面,可见交通运输业能源消耗强度和二氧化碳排放强度是直接反映绿色城市交通发展绩效的主要指标。考虑现阶段的能源消耗统计技术和方法,准确统计各地区的交通运输业能源消费和二氧化碳排放有一定难度,需要耗费较大的人力、物力,在实际考核过程中,还应结合当前各地区建设低碳交通的有效措施,建立科学的评价指标体系。

在碳排放的监测、考核和评估体系的构建和发展方面,西方发达国家开展早、投入大、成体系,走在了我国的前面,拥有不少宝贵的经验教训值得我们借鉴。

1)英国

(1)政策面

英国2008年通过《气候变化法案》,使英国成为世界上第一个为减少温室气体排放、适应气候变化而建立具有法律约束性长期框架的国家。该法案通过设定目标及具体的措施,促进英国碳减排目标的实现,同时有助于相关体制的建立,明确定期的英国国会和立法机构的问责制,是管理和应对气候变化的全新举措。《气候变化法案》设定了具有法律约束力的全国性目标:以1990年为基准,到2050年前温室气体排放至少减少80%,2020年前至少要减少20%。现在,英国的中期目标已从20%改为34%。

《气候变化法案》提出的碳预算体系要求,以5年作为一个减排周期,每个周期要做3个预算,以设定英国到2050年时的减排战略。

(2)技术面

2008年底,英国标准协会,节碳基金和英国环境、食品和农村事务部联合发布了PAS2050《产品与服务生命周期温室气体排放评估规范》,该标准用于计算产品和服务在整个生命周期内(从原材料的获取,到生产、分销、使用和废弃后的处理)温室气体的排放量。PAS2050的宗旨是帮助企业真正了解他们的产品对气候变化的影响,寻找在产品设计、生产和供应等过程中降低温室气体排放的机会,最终开发出更小碳足迹的新产品,从而在应对气候变化方面发挥更大的作用。

这项新标准是英国第一部统一的产品和服务的碳足迹测量标准,采用了英国标准协会严格的会议程序而制定。包括非政府组织、学术界、企业界和政府部门代表在内的近1000位业内专家参与了该项工作。此前,节碳基金已尝试在百事可乐等多家企业约75种产品中试行了PAS2050标准,在公司产品上注明了碳标识。

(3)执行面

2002年,英国启动减排交易机制(UK-ETS),英国政府和本国排放企业达成《气候变化协议》。为了增加《协议》的弹性,建立了一个基准线与信用系统,如果排放工厂接受排放限制,作为回报,该系统会向排放工厂提供一笔奖金。

英国的Carbon Trust组织推出的Carbon Label。Carbon Trust是英国政府于2001年成立的

非营利性组织(NPO),其目标是与各组织合作来减少碳排放量,发展商业应用低碳技术,以加速英国低碳经济的发展。

英国 TESCO 公司碳标签计划。2008 年 4 月,英国最大零售商 TESCO 公司决定依据参与 Carbon Label 的经验,以 PAS2050 方法作为基础,开始自行推出其碳标签,该项标签数据需经过 Carbon Trust 验证通过。

2)法国

(1)政策面

法国曾宣称将于 2010 年 1 月 1 日起开征碳关税。包括中国在内的众多发展中国家将为此支付巨额碳关税。

(2)技术面

法国标准化机构 AFRON(法国标准协会)正在拟定碳排放计算指南及计算工具。

(3)执行面

法国大型超市 E. LECLERC 自 2008 年 4 月起,在其 2 万余件商品上标示碳排放量,收据上除标示商品总金额外,也显示所购买商品的合计碳排放量。

3)美国

(1)政策面

2009 年 6 月 26 日,美国众议院以 219 票对 212 票的微弱多数,通过了旨在降低温室气体排放、减少对外国石油依赖和建立能源节约型经济的《清洁能源安全法案》,这是美国历史上第一次以法案的形式限制其国内温室气体排放。该法案的核心是限制碳排放量,通过设定碳排放上限,对美国发电厂、炼油厂、化学公司等能源密集型企业进行碳排放限量管理。

(2)技术面

美国环保署已经开发了一系列抵偿项目方法学(Climate Leaders Offset Project Methodologies),用标准化手段确定抵偿项目的合规性、阐释额外性、识别基准线、设定检测方法和计算减排量,以保证抵偿项目的真实性、额外性、长期性和可核查性。

另外,一项针对个人和家庭碳排放的计算工具也已经开发完成。

(3)执行面

芝加哥气候交易所(CCX)。作为全球第一个也是北美地区唯一的自愿性参与温室气体减排量交易,并对减排量承担法律约束力的先驱组织,交易所聘请具有温室气体减排量审核资质的独立第三方,定期测量温室气体排放量,定期出具核查报告,且以此报告为基础,确定每个会员可出售或需购进的减排量规模。

美国加州碳标签计划。美国加州碳标签计划是由私人组织推出的碳标签计划。并与加州空气管理局(CARB)合作推动试行自愿性碳标签计划。该计划测量碳排放量的方法是使用环境输入和输出生命周期分析(EIO-LCA)与生命周期评估法(LCA)的折中方法。LCA 需要公司级数据,较为准确但是执行成本较高。EIO-LCA 则完全不采用个别公司数据,仅使用全国平均值来计算,如此费用较低,但是结果较不精确。加州碳标签计划则采用部分公司与部分全国平均数据。

Carbon Free Label 标签是由美国 CarbonFund 组织所推动的碳标签制度。该制度使用其自行推出的碳足迹协议(Carbon Footprint Protocol)进行验证。

4)日本

(1)政策面

日本于1990年制定了阻止全球变暖行动计划,设立了减少温室气体排放的国家标准,包括到2000年时,把二氧化碳排放量稳定在或者低于1990年的水平,尽可能控制甲烷和氮氧化物等其他温室气体的排放。日本在签署京都议定书后,承诺要更严格地履行减排义务,2008—2012温室气体排放要在1990年水平上减少6%。

日本为了执行京都议定书,加强了整个气候变化政策框架。1999年4月生效的应对全球变暖措施促进法案,规定了政府、地方组织、行业和公民在开发和执行减少温室气体排放计划方面的任务。国会于2002年5月在批准京都议定书的同时,对该法案进行了修订。

在能源供应方面,日本为减少二氧化碳排放采取的主要政策是促进可再生能源的使用,转用天然气燃料,增加核电,预计到2030年核电在电源构成比例中占两成。2003年4月生效的使用新能源供电促进法,为可再生能源扩大市场提供了支持,日本政府也在考虑诸如征收煤炭税等新措施。

(2)技术面

日本环境省已建立国家排放清单和国家排放报告,并成立认证委员会负责核查,核查技术标准主要来自国际标准规范。

(3)执行面

日本经济团队联合会于1997年创立了自愿行动计划(VAP),成为产业部门能源节约的主要措施。VAP的目标是通过能源节约措施在2010年把二氧化碳排放量减至不超过1990年的水平。

日本有一项"拔尖选手"的活动颇有特点。这是根据合理使用能源法,于1998年采取的行动,做法是预先确定产品的范围,然后设定向能源效率倾斜的指标,对市场上出现的同类产品进行比较,能效最好的就是拔尖选手。这项活动产生的结果是,今天最好的产品型号,就是明天的产品标准。

日本政府于2008年开始实施碳标签项目,2009年给94种不同产品授予了碳标签,并于2010年7月基于示范项目的反馈信息对产品碳足迹的量化和标识规定了一般原则。

国外碳排放评价制度对我国碳排放监测与考核体系构建的启示有:

1)政策支持

政策推手是碳排放评价制度得以生存的必要条件。无论是工业化国家还是发展中国家,在碳排放评价制度建立的初期,都需要政策支撑。反之,碳排放评价制度的建立必须紧密结合政策需求,借以降低执行风险,借力用力才能到达事半功倍的效果。

2)技术支撑

技术支撑是碳排放评价制度得以实施的必要条件。无论在组织层面,还是产品和服务层面都需要建立统一的计量和计算方法,无规矩不成方圆。目前的状况是,各层面的方法学尚未统一,而我国尚未建立符合中国国情的方法学体系,技术支撑需求强烈。

3) 执行或实施层面

标识及认证制度。执行层面可参考以下三种碳标识:低碳标识、碳排放数据标识、碳排放等级标识。

碳排放监测和考核体系的建立对绿色城市建设目标的量化起着重要的作用。从其他国家和地区建设绿色城市交通、减少碳排放的各种制度和机制来看,最终都要落实到碳排放量的监测和考核上。目前对碳排放量评价的模式有审定、核查、评审、验证、核证等多种提法,既有第三方实施的评价,也有第一方、第二方实施的评价或多方结合的评价方式。无论实施主体如何,碳排放监测和考核都是合格评定领域的发展。

国外的运作经验说明,碳排放的评价工作与传统的认证工作有较大差异,但传统认证机构仍是碳排放评价工作的主要力量,认可是开展碳排放评价工作不可或缺的保障。碳减排工作不是一个部门一个行业能够完成的,需要各个部门的共同努力。因此我国碳排放评价制度的建立应该利用已有的认证认可体系优势,联合多个管理部门建立,以评价制度与减排政策紧密结合,直接服务于各行业的减排工作。

目前我国在碳排放评价制度的建立方面已经做了大量的工作。在政策层面,我国已经出台了多项与碳减排相关的法律、法规和规划,并提出了到2020年碳排放减少的具体目标。但还需要推出在具体行业或产品层面的碳排放清查和评价政策,以加强碳排放的政策推动力和法律约束力。在技术层面上,在相关碳排放标准的准备和相关碳排放标准的翻译和转化工作基础上,尽快建立起符合中国国情和行业发展水平的统一的碳排放测量和计算方法学体系,尽快形成统一、完整、综合、准确的碳排放评价数据库,这影响到我国碳排放评价工作开展的基础,要尽快集中优势资源做好评价的基础准备工作。

 总结

众所周知,交通能源的供给是有一定限额的。目前世界各国对可替代燃料的研究仍处于发展阶段,大规模推广应用尚未成熟,因此,离替代石油成为新的交通能源尚需很长时间。城市交通的发展仍将长时间受制于交通能源短缺和交通需求量增长这一对矛盾之中。在此背景下,城市绿色交通的建设与发展显得尤为重要,在城市交通发展中引入"绿色"的理念,不仅是节能减排的需要,更是"以人为本"思想的体现。

"绿色"城市规划、公共交通、交通需求管理和城市交通碳排放的监测与考核对城市绿色交通的发展都起着至关重要的作用,每项对策的共同点就是坚决地贯彻"以人为本"思想,而绿色交通的思想核心也就是"以人为本"。城市绿色交通发展对策的实施必将有利于绿色交通理论的发展,传统城市交通规划理念的更新,对于走资源节约型的发展道路、建设和谐的交通社会显得尤为必要。

 拓展资料:巴西库里蒂巴市的快速公交系统

自20世纪60年代以来,人们就开始探索一种既具轨道交通容量大、快速等优点,又具常规公交灵活,尤其是造价低廉等优点的新型现代化交通。巴西库里蒂巴市在这方面做出了表率。它是国际上公认的城市公共交通模范城市,联合国和世界银行专家都一致评价它所倡导并坚持推广的快速公交系统是"当今世界最好和最实际的城市交通系统",是"实现城市可持续发展的典范"。

库里蒂巴的快速公交系统具有速度快、容量大等特点,被誉为"路面地铁"系统,该系统的最大优势是综合了轨道交通和公共汽车的长处,在技术上兼收并蓄,创造了一种"现代化、高等级、低费用的大容量运送系统"。系统充分考虑了大多数城市对先进公共客运交通的需求和经济承受能力的可能性,特别是为经济上还不十分富裕的发展中国家大城市对先进的大运量、快速公交运送系统的渴求与建设,开辟了一条可以迅速实现的通道。

1. 不求高价但求高效

作为巴西发展最快的城市之一,早在20世纪80年代末,库里蒂巴就已经具备了建设轨道交通的实力。然而,库里蒂巴市政府还是出于造价和建设周期长的考虑,决定不修地铁,坚持发展成本低廉的大运量"快速公共交通系统"。

库里蒂巴市的公交专用路布局与这个发展中城市的总体规划结合得非常紧密,密集的居住区与商业区集中在公交站点附近,而且沿着公交道路发展。为了使该体系更好地发挥大容量交通系统的作用,设计人员对公交站点做了特殊设计。候车站为一种特殊的玻璃钢圆柱式,横卧在公共汽车专用道旁,一头为进口,另一头为出口,并且与公交车辆的地板平行(离地80cm),乘客可通过台阶或小梯子到达站台。同地铁一样,乘客可以在站台候车时预先向售票员买票,然后可以在该系统中随意转乘,而无须另外购票。此外,为了减少停车时间,公交车上有专用的斜道在停车时伸到站台上,使乘客上下车的速度同地铁差不多。

2. 以方便快捷吸引顾客

以方便、快捷的公共汽车为基础的公共交通系统,增加了城市的空间变化,与干线快速公共汽车车道相互补充的是来往于各区之间的公共汽车线路和一些支线公共汽车线路。位于5条快速公共汽车车道端点的公共汽车大站使乘客可以变换乘车路线,在快车道上大约每隔2km处就有一个中等规模的车站,乘客只需付一次费就可以从快车线路转乘往来于各区之间的公共汽车和支线公共汽车。

库里蒂巴市交通系统的设计对车辆的行驶速度、乘车方便问题、系统总体结构等都做了细致的规定。在风格特殊的管道式公共汽车站,乘客可预付车费,另外每辆公共汽车都有两扇特别宽的车门以加快乘客上下车速度。所有这些使得整个运营时间缩短了1/3。另外,该市还采用两节和三节车厢的公共汽车来提高公共汽车快车道的交通流量。

3. 非机动车和步行者优先

在公路网和公共交通系统这个整体中,自行车和步行区是不可分割的一部分。

库里蒂巴市大力兴建自行车道,甚至不惜占用机动车道。库里蒂巴市中心设有大面积的步行区,这些步行区处在市中心商业区,又位于整合公共交通系统的总枢纽换乘站附近,步行区呈现一片繁荣景象。考虑到其他城市强化公路建设的计划却导致交通更加拥挤,库里蒂巴市并不重视发展私人机动车辆,结果是轿车的使用量减少了,污染也减少了。

4. 加强对公共交通系统的管理

库里蒂巴市的整合公共交通系统,是由一家属于市政府管理的城市公交公司(URRS)管理的。这家公司为公私合营(市政府占的股份为99%,私人占1%),公司总经理由市政府任命。该公司管辖10家私人公司,具体运营由私人公司来完成。州政府给私人公司提供许多方便,如私人公司向银行贷款由州政府担保等。票制系统则由一个整合公交系统基金会负责。这个基金会专门设有一个机构来研究制定票制体系,采用市政府控制运营里程,私人公司完成运营里程,由基金会发售车票的管理体制。多年来这种管理体制使私人公司能有10%的利润,以保证库里蒂巴市整合公共交通系统的良性发展。

通过30余年的发展与完善,目前库里蒂巴市的公交系统已成为高效、方便、舒适、先进的公交系统,被誉为"路面地铁"。尽管该市有50万辆私人小汽车,但约有1/3的人外出时不用自己的私人小汽车,而是选择公共交通。

本专题参考文献

[1] 冯挚.城市交通管理学[M].北京:群众出版社,1997.

[2] 公安部交通管理局.城市道路交通管理评价指标体系[EB/OL].2012.

[3] 陆化普.解析城市交通[M].北京:中国水利水电出版社,2007.

[4] 刘亚洁.西安市城市交通拥堵问题及对策研究[D].西安:长安大学,2010.

[5] 姜杰.城市道路交通安全评价研究[D].青岛:山东科技大学,2008.

[6] 中华人民共和国国务院.国家中长期科学和技术发展规划纲要(2006—2020年)[R].2006.

[7] 周伟,Joseph S Szyliowicz.迈向可持续发展的未来——中国交通能源与环境政策研究[M].北京:人民交通出版社,2005.

[8] 蔡博峰,冯相昭,陈徐梅.交通二氧化碳排放和低碳发展[M].北京:化学工业出版社,2012.

[9] 张玉信.城市交通污染与对策[J].河北企业,2013(7):62.

[10] 陆化普.城市绿色交通的实现途径[J].城市交通,2009,7(6):23-27.

[11] 中国城市规划设计研究院.中新天津生态城绿色交通系统规划研究[R].北京:中国城市规划设计研究院,2008.

[12] 付而康.基于用地协调的城市低碳交通体系建构研究[D].成都:西南交通大学,2011.

[13] 王珍珍.城市绿色交通评价指标及方法研究[D].北京:北京交通大学,2012.

[14] 周鹤龙,徐吉谦.大城市交通需求管理研究[J].城市规划,2003,27(1):57-60.

专题6 道路交通节能减排

引　言

道路交通是综合交通运输体系中占有基础性地位的运输方式。人类文明诞生以来，道路运输即以其便捷性、可到达性成为客流、物流最为重要输送方式之一。随着世界经济发展和科技进步，道路交通运输也随之不断发展与演变，道路交通设施、运输装备等发生重大改变。道路交通的发展需要适应社会环境的要求，而其高能耗、高污染、高代价的缺点已与当今全球环境保护要求相悖，亟待对其进行节能减排方面的优化和改进，以期实现道路交通的可持续性发展，继续在全球经济社会发展中发挥重要的作用。

6.1　道路交通的重要地位

6.1.1　道路运输特点

道路交通是指以公路、城市道路、乡村道路等作为基础设施，通过机动车、非机动车等主要运载工具，实现客流、物流的跨空间移动的生产活动方式。

道路交通是五大交通运输方式之一，在综合交通运输体系中具有极为重要的地位。其主要特点有：①点到点的直达运输。由于道路交通运输装备为体积较小的汽车，机动性灵活性较高，相较于其他运输方式，能够直接将运输对象输送至运输目的地，减少中转，基本实现直达运输；②适应性强。这是由道路交通运输装备以及基础设施特点所决定的，道路交通设施限制少、可伸展至任意地区，即使通行条件较差的地区，也可短期实现道路运输通达；③投资较少，社会综合效益高。相较于铁路、航空等大规模的资本投入，道路交通基础设施建设原始投资少，投资回收期较短，同时可实现更大的社会综合效益，是实现区域经济发展的重要着力点；④驾驶技术要求低，其他运输方式需要的专业性培训相比，汽车的驾驶技术容易掌握，对驾驶员的各方面素质要求相对也比较低。综合以上优点，道路交通运输成为综合交通运输方式中具有基础作用地位的运输方式，尤其是在150km以内的中短途运输中，道路交通运输占有绝对优势（图6-1）。

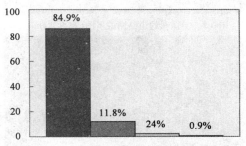

图6-1　道路交通运输服务距离分布
来源：IRU，2013。

6.1.2 道路交通与经济

1）道路网密度

道路网已经密布于世界各个角落,成为全球客流、物流以及信息流交换的重要网络系统,在世界贸易中占有主导地位,是实现航空、水运、铁路集疏运的重要方式,是世界经济发展重要驱动因素之一。道路网密度,指区域单位土地面积上所覆盖的平均道路长度,是衡量地区道路交通基础设施建设的重要指标依据。国家或地区经济发展程度与其道路网密度有着极为密切的关系,在一定面积土地上,道路面积占比大,容纳的交通运输量自然大,各类物流客流的运输则更为便捷。道路网与地区社会经济发展是相互促进的双向关系,社会经济发展需要完善的道路网系统支撑,同时,较好的社会经济基础条件才能够建设更多的道路。因此,目前世界主要经济发达地区的道路网密度一般高于其他地区,与经济发展呈现正相关的特点(图6-2)。

日本庞大的经济规模离不开发达的交通体系,日本首都东京每日完成的客运量十分惊人,昼间人口比夜间多256.18万,以至少每人两次计,每天外来人口的客运量就达到至少512万多人次。早已进入发达汽车社会的日本,没有人为限制汽车的购买和使用,与其合理的城市道路系统密不可分(图6-3~图6-5)。在日本,交通用地占全国土地面积的3.5%,东京市区道路面积占市区面积的16.3%,东京都平均道路网密度为11.13km/km^2,局部路网密度达到19km/km^2,而北京市为1.73km/km^2,东京是北京市的6.43倍。从建成区路网密度看,东京23区为19.04km/km^2,北京仅为4.85km/km^2,东京都23区是北京的3.93倍。北京由东城区和西城区组成的首都功能核心区路网密度较高,达到10.86km/km^2,但也仅为东京平均水平的57.04%(表6-1)。

图6-2 美国纽约道路网卫星图(高度200m)

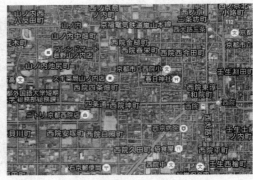

图6-3 日本东京道路网卫星图(高度200m)

图6-4 中国北京道路网卫星图(高度200m)

图6-5 印度新德里道路网卫星图(高度200m)

世界及部分国家（地区）公路密度表

表 6-1

公路密度 (km/km²)	年份 地区	2007	2008	2009	2010	2011
	世界	28.59	28.49	27.94	30.88	32.57
	日本	86.72	87.60	88.26	89.05	89.70
	韩国	103.31	104.41	105.09	105.67	106.04
	中国香港	184.00	187.00	188.00	190.11	191.03
	中国澳门	1432.14	1442.86	1475.00	1475.00	1485.71
	新加坡	467.66	468.31	472.68	475.63	480.56
	中国	37.33	38.86	40.22	41.75	42.77
	老挝	15.55	14.78	16.71	20.06	17.33
	文莱	51.38	51.51	53.10	52.48	54.20

来源：World Bank。

　　道路网密度除了与宏观社会经济发展呈现出表象上相关联的特点，作为重大的基础设施，道路网的逐步建设与使用，会同时带动社会经济的发展，尤其是高等级公路的建设，是社会经济发展的重要推动力。道路网建设过程中，会消耗大量的资金、材料和人力资源，促进区域相关行业的发展，增加经济效益。根据统计，每1元公路建设投资拉动的社会总产值近3元，相应创造国民生产总值0.4元，每亿元公路建设投资可为公路建筑业创造2000个劳动就业机会，同时为相关产业提供就业机会近5000个。而在实际运营使用过程中，道路网可以加强相连接地区的联系，扩大区域对外交流范围、企业与企业之间的经济活动更加频繁，运输需求相对增加、距离缩短、成本减小、效益增加，实现政府、企业、民众的利益多赢，直接促进区域经济发展。

　　但道路网密度不是越大越好，在一定经济发展需求下，需要在详细科学规划基础上，建设与社会发展速度、模式、质量相适应的道路网规模，形成与社会经济发展的良性循环生态。

2）高速公路网

　　高速公路是道路网结构中等级最高，承担客流、物流最多的高等级公路，在道路交通基础设施中具有代表性作用，是国家地区重要的经济动脉。完善、安全、快速、便捷的高速公路网络覆盖成为各国经济发展必不可少的基础性支撑条件，高速公路往往会成为国家或地区重要的运输大通道，在经济发展和社会安全保障方面承担重要角色。

　　以美国和中国高速公路发展来看，高速公路系统的建设与经济发展紧密相关。1991年，在经过30多年的建设后，美国高速公路系统基本完成，花费约12.9亿美元。1954年至2001年间，联邦政府在建设和系统的维护投入达370亿美元，具有高昂建设和维护成本。但尽管如此，高速公路系统已在恢复经济生产力方面展现出其巨大的潜在价值，每1美元费用投入的产出超过6美元，成为1929—1933年经济危机以来美国经济增长的重要驱动核心。

　　1989年前，中国没有真正意义上的高速公路，但是随着经济的开放，高速公路被推上国家建设的重要位置。2011年，中国的高速公路长度超过了美国州际公路，2013年中国高速公路超过10万km。高速公路的快速建设和发展对提高中国的生产和消费起到了巨大的推动作用。高速公路建设快速建设的 30 多年,也是中国经济实现重大跨越式发展的 30 年,中国经济总量从 1989 年的 17090 亿元到 2014 年 635910 亿元,其中高速公路直接或间接贡献不可忽视(图 6-6)。

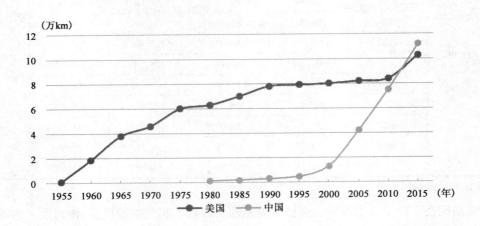

图 6-6 中美高速公路网建设发展对比
数据来源:国家统计局,《世界统计年鉴》。

虽然我国的高速公路总里程在世界上已经位于世界前列,但是在高速公路密度方面(每平方公里国土面积拥有的高速公路)仅为美国的 46.2%、德国的 12.7%、日本的 23.5%,人均拥有的高速公路里程仅为美国的 10.3%、德国的 22.7%、日本的 62%。与之相反我国的道路客货运强度却远远高于其他国家。快速的经济社会发展仍需要更加完善的高速公路网。

3)道路运输装备

道路交通的运输装备按照其机动性可分为机动车和非机动车两类。由于机动车的动力性强,可实现较长距离、较多载重的运输目的,因此承担了绝大部分客流、物流运输,而非机动车则是主要服务于城市内的道路短距离运输。

机动车是道路交通运输的重要装备,其生产使用情况,与道路交通运输发展紧密相关,促进并反映社会经济的发展情况。相关研究表明,汽车保有量与国民经济基本保持同比增长。汽车保有量方面,1950 年,全世界只有 500 万辆汽车,大约每 1000 人仅有 2 辆,1995 年,全球已拥有 6.5 亿辆汽车,平均 1000 人拥有 10 辆汽车,根据目前估计到 2050 年全球将拥有 20 亿辆汽车,与全球经济增长相符合。中国在 20 世纪 90 年代,汽车保有量仅有 500 万辆左右,截止至 2014 年,中国汽车保有量已经达到 1.23 亿辆,直接反映了中国经济发展的发展。而与之相反,2008 年美国汽车保有量为 2.5 亿辆,但由于经济危机的影响,2009 年该国汽车保有量出现自 1960 年开始统计以来的首次显著下滑。

汽车制造业的发展同时会带动其他行业的经济发展。1 辆汽车由 1.5 万~2 万个零件构成,涉及到原材料、能源、化工、冶金等 34 个行业,这 34 个行业是与汽车工业同步增长、密切相关的产业,汽车工业的快速发展可以扩大对相关产业的需求。

6.1.3 中国道路运输现状

2010年,中国以408902.95亿元(人民币)的GDP总量超过日本,跃居成为仅次于美国的世界第二大经济体,并保持了持续快速的增长趋势,至2014年GDP总量达到635910亿元(人民币),是推动世界经济发展的中坚力量。在中国经济快速发展的背后,是中国道路交通运输基础设施建设与完善并蓬勃发展的时期,道路交通运输的发展,为中国经济提供了强有力的支撑。

1)道路运输设施建设

2013年全国公路总里程达435.6万km,全国公路密度为45.4km/百km²。2013年全国中等级公路里程375.6万km,二级以上公路占公路总里程的12.0%。其中,高速公路10.4万km,全国高速公路里程超过4000km的省份达到15个,道路网结构持续优化(图6-7)。

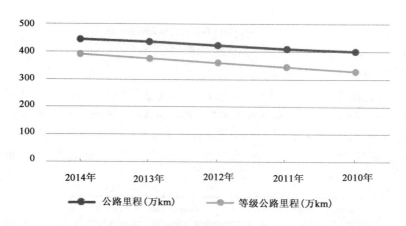

图6-7 历年中国公路及等级建设里程
数据来源:国家统计局。

2013年全国共有客运站302894个,四级以上客运站共有10292个,共有货运站3179个,共同构成了国内道路交通运输的重要枢纽,为道路交通运输发展提供基础设施保障(表6-2)。

历年客货运等级站数量统计　　　　　　　　　　　表6-2

年份	客运站					货运站				
	总数	一级	二级	三级	四级	总数	一级	二级	三级	四级
2009	9652	584	2163	2083	4822	3432	246	320	912	1954
2010	10025	633	2143	2140	5109	3317	246	313	927	1831
2011	10193	672	2102	2140	5279	3300	263	300	864	1873
2012	10242	706	2065	2078	5393	3598	268	305	813	2212
2013	10292	751	2058	2001	5482	3179	259	270	765	1885

2)道路旅客运输

2013年,全国营业性客运车辆完成公路客运量185.35亿人次,周转量11250.94亿人·km。

交通与能源

道路客运量、旅客周转量在综合运输体系中所占比例分别为93.2%和54.7%，道路客运承担了全社会新增客运量的89.1%，在综合运输体系中发挥基础性和先导性作用(图6-8)。

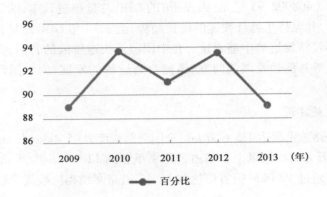

图6-8　2009—2013年道路运输客运量占比
数据来源：《中国道路运输发展报告2013》。

3）道路货物运输

2013年，全国完成道路货运量307.66亿t，货运周转量55738.08亿t。按运距分，运距为100km以下、100~400km、400~800km、800~1200km和1200km以上货运量比例分别为60.6%、26.4%、7.6%、2.7%、2.7%，道路运输承担主要的中短途货物运输(图6-9)。全社会道路运输货运量在综合运输总量中所占比例为78.8%，道路运输是货运重要运输方式(图6-10)。

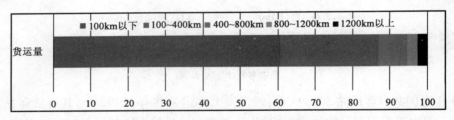

图6-9　2013年道路货物运输距离分布
数据来源：《中国道路运输发展报告2013》。

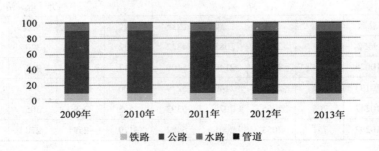

图6-10　2009—2013年道路货物比例分布
数据来源：《中国道路运输发展报告2013》。

6.2 道路交通能耗与碳排放

6.2.1 道路交通能耗与碳排放现状

交通运输行业在世界能源使用和温室气体排放量的增长中起着至关重要的作用。2013年,交通运输消耗的化石燃料在全球一次能源用量中占约19%的份额,相当于总消费能源的30%,产生了大约22%的GHG排放,以及大量空气污染排放。而在交通运输内部,轻型机动车(LDV)占全球燃料消耗的一半以上,重型机动车(HDV)占24%,飞机占11%,船舶10%,火车3%。道路交通部门能源消耗占世界总能源消耗的14.28%。道路交通碳排放增长主要由道路运输引起,1990—2012年,道路运输碳排放增长了64%,占交通运输碳排放3/4,是主要的碳排放源。各个国家道路部门能源消耗量数据显示,道路能源消耗占总能源消耗基本均在15%左右,是能源消耗的主要方面,也是交通运输部门碳排放增长的主要驱动因素,其能源消耗直接影响到整个交通运输部门节能减排的实现(表6-3)。

表6-3 世界及部分国家(地区)道路部门能耗量及其占比统计

地区	道路部门能源消耗量(千 t)	道路部门总能源消耗量占比(%)
世界	—	14.27699
澳大利亚	24861.961	20.23146
日本	67733.637	14.67787
韩国	28329.042	10.87739
新西兰	4083.401	22.47675
中国香港	1797.828	12.07114
中国	169412.009	6.21074
马来西亚	14432.254	19.01299
泰国	20388.17	17.11171
印度尼西亚	34753.369	16.62773
菲律宾	7005.554	17.31818
越南	10748.556	17.56015
柬埔寨	549.858	10.31006

来源:World Bank。

以美国为例,2008年美国交通总能耗为67593万t标准油。其中,公路能耗54576.2万t标准油,占80.7%;民航能耗6031.1万t标准油,占8.9%;铁路能耗1598.7万t标准油,占2.4%;水运能耗3092.6万t标准油,占4.6%;管道能耗2294.5万t标准油,占3.4%(图6-11)。

道路交通客货运能效方面,2008年美国的公路客运能效为502.3kgoe/(万人·km),是铁路的1.3倍,航空的1.1倍(图6-12)。公路货运能效为871.8kgoe/(万t·km),为管道运输的5.2倍,水运的12倍,铁路的16.7倍。其运输效能为五种运输方式内最低(图6-13)。

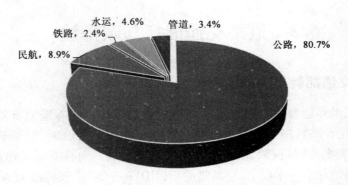

图 6-11 2008 年美国各运输方式能源消耗占比
数据来源：ORNL，《Transportation Energy Data Book》。

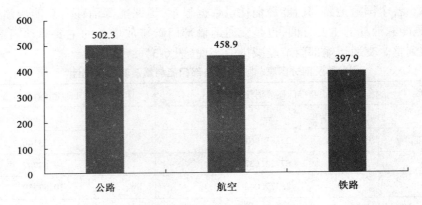

图 6-12 2008 年美国道路客运能效对比
数据来源：ORNL，《Transportation Energy Data Book》。

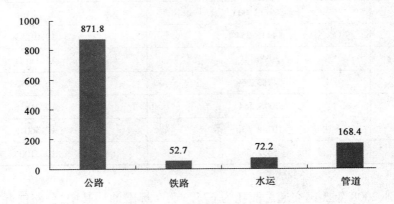

图 6-13 2008 年美国道路货运能效对比
数据来源：ORNL，《Transportation Energy Data Book》。

6.2.2 道路交通能耗与碳排放结构

根据 IEA 能源平衡图，在交通运输领域，主要能源包括气体燃料、柴油、汽油、重油、生物燃料、煤油及电力等。对于道路交通本身而言，主要的能源消耗集中于各类车辆运输过程中消耗的燃料。目前道路运输主要使用的燃料包含传统的汽油、柴油等化石燃料，天然气以及极少的电力、氢燃料等。在目前的能源结构体系下，汽油和柴油是道路交通运输的主要燃料，主要用于汽车、摩托车、轻型卡车和重型卡车。资料显示，汽油（不包括燃料乙醇）占美国运输能源消耗的56%。2014年，包含乙醇车用汽油在内，汽油的能源消耗占比约为60%。汽油（包括燃料乙醇）平均每天约消费8.8万桶（3.68亿加仑）（图6-14）。2012年，因道路运输部门消耗的石油所产生的CO_2排放量为5296.0百万t，而整个交通运输行业使用石油燃料产生的CO_2排放量为6963.0百万t，占比高达76.06%（表6-4）。

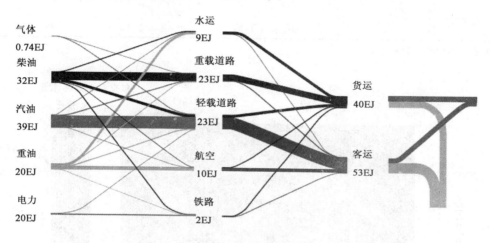

图6-14 交通运输能耗结构图

数据来源：IPCC，《Climate Change 2014-Mitigation of Climate Change》。

道路运输交通碳排放能源分类统计 表6-4

二氧化碳排放量（百万t）	煤	石油	天然气	其他	总计	变化率（1990—2012）
交通运输	12.7	6963.0	211.2	—	7187.0	56.9%
其中：道路运输	—	5296.0	77.8	—	5373.8	64.1%

数据来源：World Bank。

从道路运输目的划分，主要包含客运运输和货运运输两种。其中，客运方面以私人小汽车为主，主要能源消耗以汽油为主；货运方面主要能源消耗以柴油为主。客货运按照运输工具分为轻型汽车（LDVs）、摩托车、重型卡车（HDVs）、中型卡车（MDVs）及大中型客车（公共汽车）。其中，轻型汽车即私人汽车是主要的能耗源和碳排放源，相较于其他运输工具和运输方式，轻型汽车的总能耗量为重型卡车的3倍，中型卡车的5倍，铁路的30倍，水运和航空的近4倍，其主要原因为庞大的私人汽车数量（表6-5）。各交通方式能耗占比情况如图6-15所示。

各类交通工具能耗量及占比 表6-5

运 输 方 式	能源消耗量（EJ）	占 比（%）
轻型汽车（LDVs）	34.2	44.5
摩托车	1.2	1.6

续上表

运输方式	能源消耗量（EJ）	占比（%）
重型卡车（HDVs）	12.48	16.2
中型卡车（MDVs）	6.77	8.8
大中型客车	4.76	6.2
铁路	1.19	1.5
航空	8.95	11.6
水运	7.32	9.5
总计	76.87	100

数据来源：WBCSD，2004年。

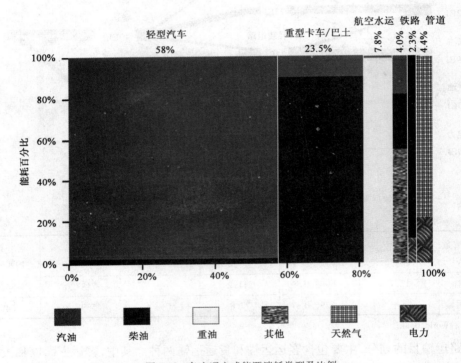

图 6-15 各交通方式能源消耗类型及比例

6.3 道路交通节能减排措施

6.3.1 道路交通节能减排影响因素

道路交通系统是一个庞大而复杂的综合性系统，任何因素的改变都会对道路交通整体节能减排产生影响。道路交通运输节能减排影响因素归类为技术层面、结构层面及管理层面（图 6-16），分别从不同的方面阐述道路交通运输节能减排的影响因素及其作用机制。

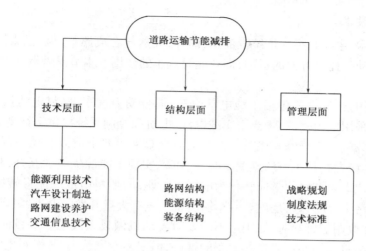

图 6-16 道路交通运输节能减排影响因素图

技术层面、结构层面及管理层面呈现从微观至中观、宏观的递进关系,三者互相促进但同时也存在相互制约的关系。技术层面是实现道路运输节能减排的基础条件,结构层面是对技术层面的控制性策略,管理层面是节能减排结构和技术得以实施推广的保障。道路交通节能减排需要从三个层面共同着手,实现从顶层至微观的全过程节能减排。不同层次的节能减排措施可实现不同的节能效果(表 6-6)。

道路交通节能措施效果　　　　　　　表 6-6

类别	主要节能措施	节能效果参考值(%)
结构性节能	载货车辆平均吨位提高 1t	6
	采用柴油机车辆(相对汽油车)	15
	提高公路技术等级	15~41
	提高路面等级(油路相对于砂石、土路)	10~15
技术性节能	应用智能交通技术	25~50
	推广应用混合动力系统	10~50
	减轻车身自重 10%	8
	发动机提高 1 个单位的压缩比	7
管理性节能	提高车辆里程利用率 1%~5%	3~15
	严格执行车辆维修保养制度	5~30
	提高驾驶员驾驶水平	7~25
	开展拖挂甩挂运输	30

数据来源:《公路水路交通节能中长期规划》。

6.3.2 技术层面

技术进步和科技创新是道路运输节能减排的主导因素,道路运输节能减排技术层面包含能源利用技术、汽车设计制造技术、路网建造养护技术及智能化交通信息技术。

1)能源利用技术

能源利用技术,主要是指除传统汽油、柴油外,天然气合成燃料,氢能、太阳能及电力等可再生能源在汽车动力提供方面的运用,即新能源汽车的使用。本节只做概念性阐述,具体见绿色汽车一章。

汽车能源利用技术,主要包括了纯电动汽车、混合动力汽车、燃料电池汽车、氢燃料汽车等。纯电动汽车采用电力驱动,主要由车载电池、电机和控制系统提供运行动力,具有无污染、低噪声、能源效率高、便于维修等优点。混合动力汽车采用两个或以上动力源协调工作,以油电混合居多,比传统燃料汽车节约燃油30%~50%,实现了能源优势的互补,减少了能耗和碳排放。燃料电池汽车将燃料化学能转化为电能进行驱动,燃料电池的能量转换效率比内燃机要高2~3倍,无污染、动力好,是理想的车辆类型。氢有大量开发的潜力,氢燃料能够减少HC的排放,发动机在改用氢燃料时,原则上不需要对发动机做较大改动。从目前看,虽然氢能源的来源及加氢网络将长期制约氢燃料汽车的推广,但很多专家认为,氢燃料电池技术将是解决能源危机的最终方案。电动汽车、混合动力汽车、燃料电池等能源技术利用目前主要针对私人小型汽车的研究与推广使用,此外对于醇类动力、太阳能动力等能源利用的研究也在广泛开展(图6-17)。

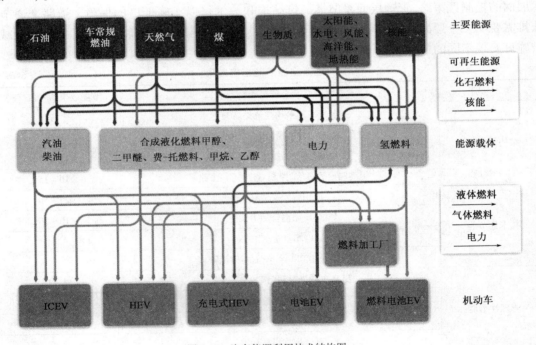

图6-17 汽车能源利用技术结构图

数据来源:IPCC,《Climate Change 2014-Mitigation of Climate Change》。

天然气利用是目前推广效果最好的能源替代技术,包括CNG(压缩天然气)和LNG(液化天然气)技术。CNG是一种最理想的车用替代能源,其应用技术经数十年发展已日趋成熟。它具有成本低、效益高、无污染、使用安全便捷等特点,正日益显示出强大的发展潜力。LNG与CNG原料相同,主要成分都是甲烷,因其高压缩比,更适合于大型卡车长距离运输,但其储存、运输及加注技术要求更高,目前处于初步发展期。截至2012年上半年,我国CNG汽车保有量已逾170万辆,加气站逾2300座;而LNG汽车约为3万辆,加注站约为300座。

但是,向新的燃料和机车过渡是一个复杂的过程,该过程涉及技术开发、成本、基础设施、消费者接受度以及对环境和资源影响等诸多因素。在2008年,生物燃料对全球公路交通燃料的贡献率大约为2%,但是在持续性方面还存在问题。许多氢燃料汽车已经亮相,但是由于各种障碍,如氢燃料电池的持久性、成本、车载氢存储以及加氢基础设施到位等,氢燃料汽车的商业化使用需要到2025年才能实现。

2) 汽车设计制造技术

汽车发动机的结构与种类、发动机负荷率、总质量、传动系及汽车外形是汽车影响汽车能耗的关键性因素。

汽车设计制造技术主要包括了发动机节能技术、整车轻量化技术、车型优化技术、电池系统集成和控制技术、驱动系统总成匹配和控制、能量回收等。闭缸节油技术使一部分气缸在高负荷时才工作,实现了节油10%~20%的效果;稀薄燃烧技术通过汽油与过量空气结合充分燃烧,提高约30%的热效率;涡轮增压技术可降低油耗5%~10%。汽车能量回收技术利用飞轮回收能量,使油耗降低20%。汽车的节油可以通过减轻整车重量实现,车辆性能保持不变,减少10%的车辆重量可提高8%的燃油经济性。通过汽车外形优化设计,车行驶中空气阻力下降10%,每100km可以节油0.15L。

3) 路网设计建造运营技术

道路网建造与养护技术包括道路网规划设计、建设、养护全过程,新理念、新工艺、新材料、新设备的使用,将最终实现理论能耗节约以及建设、使用实际的能源节约和减排效果(图6-18)。

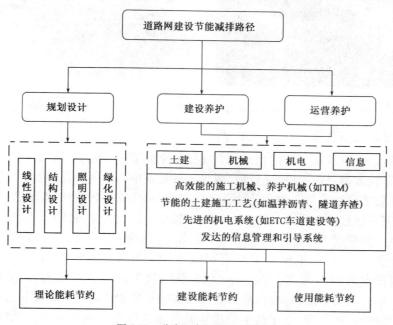

图6-18 道路网建设节能减排路径

道路规划设计方面,良好的道路网衔接、线路走向、距离、线路横纵坡面、曲线、路面结构设计、照明及生态绿化等多方面均会对后期道路运营、建设及使用者的能耗与碳排放水平产生影响。路线距离、走向、线形相统一和谐的高效道路运行系统,可以减少车辆的行驶距离以及单位长度能耗,同时减少公路建设过程中不必要的工程量,实现间接的节能减排;良好的道路路况,直接影响车辆的行驶效能,路面构造深度每增1mm,滚动摩擦阻力增加7.5%~15%,在同样的速度下相应的油耗增加1.5%~3%;采用先进的节能照明技术,可以大大降低公路运行使用过程中的直接能耗,相较于高压钠灯、卤素灯等传统灯具,LED光源具有光效高、光衰小、寿命长、安全环保等众多优点;合理的生态绿化设计可充分发挥绿色植物的固碳能力,一定程度上消除道路交通运输过程中产生的部分温室气体排放。

道路建设、养护及运营方面,各类土建、机械、化工、信息等技术创新与应用,可降低建设与养护过程中直接、间接的能源消耗。如采用温拌沥青技术可以降低施工能耗,使沥青烟减少约90%,CO、NO_x和SO_2等有害气体减少70%以上,显著改善施工现场环境(图6-19)。隧道弃渣利用可用于路基填方、加工机制砂、立交区场地平整等,实现资源循环与节能减排综合效益。橡胶粉沥青、绿色道路凝胶材料等新材料,可以实现废旧资源的二次利用,间接减少资源浪费。新设备方面,前馈式智能通风控制技术可以根据隧道车流量大小自动控制风机的开停频度,减少风机不必要的开启,可节约隧道通风电耗约20%以上。此外,TBM盾构机等新机械设备的使用,可以在建设期节约人力物力及资源消耗,实现道路网建设的节能减排(图6-20)。

图6-19 温拌沥青技术在道路建设养护中的使用

图6-20 TBM盾构机

4)智能化道路交通技术

道路交通智能化技术是适应信息化社会发展的重要举措,智能化信息技术,可以直接或间接地提高交通运输效率,提升其经济效益、减少客货运途中的能源消耗,达到节能减排的目的。目前,道路交通智能化技术主要包含公路营运信息化、企业管理智能化、车辆智能化、公众服务智能化等。公路营运智能化方面,ETC系统在高速公路中的大规模使用,提升了车辆的运行效率,车辆免去"刹车-停车-缴费-启动-加速"环节,有效降低了车辆燃油消耗、尾气排放、噪声和磨损。据测算,ETC车道单车平均延误减少58s,HC减排率为71.2%,CO减排率为71.3%,CO_2减排率为48.9%,NO_x减排率为16.4%;每1万次ETC交易,可节约3140L燃油消耗,减少55.96kg各类污染物排放,是目前推广实施效果最佳的道路智能化技术。车辆智能化方面,自20世纪60年代起,电子技术的进步就已成为汽车工业发展的主要推动力,发展至今,智能交通诱导系统、应急通信系统、隧道安全监控系统、GPS全球定位系统、GIS地理信息系统、交通网络控制系统等信息技术的发展以及车联网、无人驾驶等各类新兴技术的发展,将会为汽车行业带来前所未有的变革,大大提升道路交通运输的运输效率及其安全性,减少运行能耗。而道路运输企业的智能化管理以及公众出行服务智能化均可以大幅度提升运营效率,实现节能减排效果。

6.3.3 结构层面

结构要素包括路网结构、装备结构、能源结构等。路网结构主要包括道路系统内部构成要素和比例,以及与其他运输方式的关系。装备结构主要包括运输机械构成。能源结构主要包括道路运输能源消耗种类和比例。

1) 路网结构

从道路路网构成来看,主要包括公路、城市道路、城市轨道等,公路包括高速公路、一级公路、二级公路、三级公路、四级公路五个等级;城市道路包括快速路、主干道、次干道、支路。2013年末我国公路总里程达435.62万km,公路密度为45.38km/百km^2。全国等级公路里程375.56万km,等级公路占公路总里程86.2%。其中,二级及以上公路里程52.44万km,占公路总里程12.0%。高速公路通车里程密度按人口算(km/万人)为0.6,而美国和德国分别为3.3和1.3;按国土面积算(m/km^2)为7.0,美国和德国为9.6和30.8。我国整体公路等级低,根据实验研究的结果,汽车在微丘四级公路上行驶比在平原上行驶油耗要高10%,在山岭及重丘一至三级公路上行驶油耗比在城市级外道路上行驶要高35%。高等级公路运输比低等级公路运输更为节能,即能源利用率会因公路等级的提高而提高,较低的高等级公路运输比例影响了道路运输效率,直接导致了道路运输时间、距离的增加,道路运输能耗及碳排放随之增加。

因此,道路网结构方面,需着力推进路网结构调整,改进基础设施条件,加快国道主干线等公路大通道建设,加大国省道技术升级、改建工程建设力度,增加高等级和等级公路比重,完善路网结构;阻止动力性差的汽车进入高速公路,有效提升道路网整体的通行能力。根据交通运输部《公路水路交通节能中长期规划》,至2020年,使二级以上公路占公路总里程(不含村道)的比重达到21%以上,路网(不含村道)路面铺装率达到75%以上,预期可使单耗同比2005年下降4.5%左右。

2) 装备结构

装备结构指公路客货运各类车辆的组成情况。2013年末我国载客汽车85.26万辆、2170.26万客位,其中,大型客车29.90万辆、1283.12万客位。拥有载货汽车1419.48万辆、9613.91万吨位,其中普通货车1080.75万辆、5008.34万吨位,专用货车46.21万辆、514.45万吨位。而私人小汽车已经达到1亿辆以上,庞大的私人汽车数量,导致能源消耗的急剧增加。在装备结构方面,应进一步提升公共汽车的装备比例,相应控制私人小汽车的数量和比例。同时,在道路货运方面,加快发展适合高速公路、干线公路的大吨位多轴重型车辆、汽车列车,以及短途集散用的轻型低耗货车,推广厢式货车,发展集装箱等专业运输车辆,加快形成以小型车和大型车为主体、中型车为补充的车辆运力结构。到2020年,大型车占总车辆运力(按载重吨计)中的比例提高到80%左右,预期可使单耗同比2005年下降3.6%左右。

3) 能源结构

能源结构指各类能源在道路运输行业的消费情况和比例。能源结构的形成和变化，受到社会经济、能源现状、技术进步、装备结构等多方面的重要影响。目前国内外的道路交通运输仍然以汽油和柴油消耗为主，是导致道路交通运输高能耗、高排放的重要原因，亟须调整与改变。推进可再生能源和清洁能源使用是能源结构调整的重点。

能源结构调整，需要以能源技术利用为契机，加快构建综合交通运输体系，优化道路网运输结构，提高道路运输的周转效率，积极发展城市公共交通，科学合理配置各种交通资源，积极推广节能与新能源汽车，加快新能源汽车的研发与推广使用，逐步改变现有的能源消费结构，达到降低石油制品的能源消费比例，增加可再生能源比例，达到能源结构可持续化，从结构层面减少道路交通能耗与排放。

同时，能源结构的调整，与能源的生产利用和经济发展息息相关。在能源生产方面，推进可再生能源以及清洁能源的技术研发与应用，在供给侧进行能源结构的调整，进而能够逐步地推动能源需求侧变化(图6-21)。

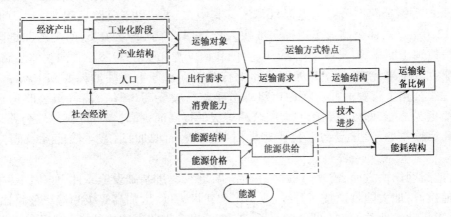

图 6-21　道路交通能源结构作用体系

6.3.4　管理层面

管理层面从管理主体划分，包含以国家政府和道路运输企业两方为主导的道路交通节能减排管理，在不同的层次对道路交通运输进行节能管理(图6-22)。

1) 国家政府层面

国家与政府层面，包括道路交通运输战略规划、制度法规、技术标准等建设，具体体现为与交通系统建设和车辆制造、使用等方面有关的法律法规、标准、规划、政策等。主要用于道路交通运输行业顶层设计引导，支持和激励各类技术层面、结构层面道路交通节能减排的发展。国家对于道路节能减排的管理，按照其不同的作用方式，可分为命令控制型、经济激励型和劝说教育类。

(1) 命令控制型措施

命令控制型政策主要包括法律法规、规划、标准以及部门规章等。

法律方面，各国对于道路交通节能减排的法规建设极为重视。美国在1990年通过《多模式地面运输效率法案》,标志着美国进入了以可持续发展为目的的综合运输阶段。1998年制定的《美国21世纪运输公平性法案》彻底改变了原有的州际公路为主的单一运输模式,通过综合运输结合高科技手段提高运输系统效率,并相继出台节能汽车使用公路共乘车道的立法方案。进入到2007年,美国通过了《能源独立和安全法案》,对汽车工业的能耗标准和可再生燃料的年产量以立法的形式作了规定。美国运输部国家公路交通安全管理局也以法规的形式制定了汽车燃油经济性标准。日本于1979年颁布《合理用能法》,1993年制定《合理用能及再生资源利用法》,1998年又重新修订《合理用能法》。欧盟经济委员会(ECE)从1970年开始以ECE R15法规的形式对轻型汽油车排放污染物和曲轴箱污染物排放进行控制,以后每隔3~4年修订一次,形成了ECE R15-01(1975),ECE R15-02(1977),ECE R15-03(1979)系列排放法规。在我国,道路交通节能管理主要依据为1997年通过的《中华人民共和国能源节约法》,提出应当加强交通运输组织管理,引导道路、水路、航空运输企业提高运输组织化程度和集约化水平,提高能源利用效率。鼓励开发、生产、使用节能环保型汽车、摩托车,实行老旧交通运输工具的报废、更新制度。2009年发布的《中华人民共和国可再生能源法》则明确鼓励生产和利用生物液体燃料。

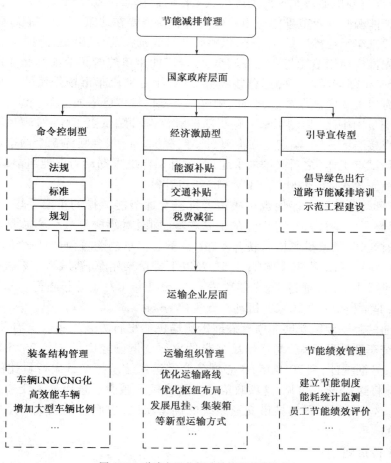

图6-22 道路交通节能减排管理实现路径

标准建设方面,主要是对于车辆污染排放技术的控制型标准。ECE 于 1974 年开始实施汽车排放标准,1992 年以后,形成 Euro1、Euro2、Euro3、Euro4、Euro5、Euro6 等系列标准,用于汽车污染物控制。美国于 1968 年采用"7 工况法"汽车排放测试法规,1990 年确定了轻型汽车的两个标准 Tier1 和 Tier2,2007 年 EPA 确定了重型发动机的排放标准。我国最早的国家汽车排放标准 GB 3842—1983 至 GB 3847—1983 于 1983 年发布,至 2010 年,我国颁布的与汽车相关的排放标准已经有 39 个。此外,还颁布了 GB 18350—2001《变性燃料乙醇》和 GB 18351—2001《车用乙醇汽油》等。道路交通节能化标准建设逐渐完善。

规划层面,中国相继颁布《国家能源中长期发展规划纲要 2004—2020》、《公路水路交通节能中长期规划》等,均从未来的发展层面提出了道路交通节能指导性策略。

(2) 经济激励型措施

以市场为基础的经济激励型政策目前在世界范围内普遍存在,在中国具体表现为财政补贴以及各种税收优惠政策。

2005 年以来,中国在多项相关规划中明确指出推动新能源汽车产业的发展,并出台了一系列优惠政策以加快新能源汽车的产业化进程。2009 年 1 月 23 日,财政部、科技部联合发布了《关于开展节能与新能源汽车示范推广试点工作的通知》,正式启动"十城千辆"工程,即"十城千辆节能与新能源汽车示范推广应用工程",明确指出要在北京、上海、重庆等 13 个城市开展节能与新能源汽车示范推广试点工作,以财政政策鼓励在公交、出租、公务、环卫和邮政等公共服务领域率先推广使用节能与新能源汽车,对推广使用单位购买节能与新能源汽车给予财政补助,力争使全国新能源汽车的运营规模到 2012 年占到汽车市场份额的 10%。2010 年 5 月,增加天津、海口等 7 座试点城市,至此,中国试点推广城市已增加至 20 个。

2010 年 6 月,中国正式启动了私人购买新能源汽车补贴试点工作,对满足支持条件的新能源汽车进行直接经济补贴,确定了在上海、长春、深圳、杭州、合肥等 5 个城市启动私人购买新能源汽车补贴试点工作(之后又增加了北京)。补贴标准根据动力电池组能量确定,对满足支持条件的新能源汽车,按 3000 元/(kW·h)予以补贴。

消费税、车辆购置税和车船税也是决策者推进交通节能减排的重要手段。从 2006 年开始,中国先后提高了大排量汽车等产品的消费税率,同时对小排量汽车实施优惠税率。2009 年 1 月 20 日,财政部、国家税务总局联合发布《关于落实车辆购置税减征政策的通知》,提出对 2009 年 1 月 20 日~12 月 31 日购置 1.6L 及以下排量乘用车,暂减按 5% 的税率征收车辆购置税。2011 年 2 月,中国通过了《车船税法》,自 2012 年 1 月 1 日起施行。车船税基于排量大小递增税率,非常类似欧洲国家的机动车碳税(Vehicle Carbon Tax)。

对公共交通的补贴政策能够非常有效地影响居民的出行方式选择。据有关报道显示,由于持卡乘用公交车的补贴政策,北京市民公交的出行比例已经由原来的 26.5% 提高到 2006 年底的 30.2%;另据统计,到 2010 年,中心城公交客运系统承担全日出行量比例达到 40% 以上,2015 年预计将达 45%。可见,这项政策的实施客观上减少了选用私人交通特别是单独驾车出行的人数,这将有利于缓解城市交通系统的拥堵状况,进而达到减少车用燃料消耗以及 CO_2 排放的目的。

(3) 引导宣传措施

引导宣传措施主要是通过宣传教育、信息扩散等方式以达到促进人们改变不合理的消费行为等目的,主要包括国家的倡导性措施、培训与宣传以及示范性工程建设,从扩大社会影响和改善提升人们的认知着手,进行道路交通节能减排,所以这类政策又称信息工具。

倡导与宣传方面,2006年11月,原建设部向全国发出开展"中国城市公共交通周及无车日活动"的倡议,希望通过政府、企业、媒体和公众的共同参与,加快城市公共交通和可持续城市交通系统的建设和发展。全国有110个城市响应倡议,签署了《中国城市公共交通周及无车日活动承诺书》。首届活动定在2007年9月16~22日,活动主题为"绿色交通与健康"。通过这种形式的活动,促进了交通节能减排,城市空气质量改善。2007年9月科技部正式发布了《全民节能减排行动手册》,这项行动措施不仅有助于人们绿色生活方式的培养,而且能够促进清洁替代燃料汽车消费行为的转变。举办全国节能宣传周和全国低碳日活动,引导全社会参与交通节能和低碳生活。

道路交通运输节能减排示范性工程的建设可以直接呈现给社会道路交通节能减排实施效果。2011年,全国交通运输行业有5大领域共122个节能减排项目获得共2.5亿元专项资金支持,其中,道路交通运输作为单独两个领域参与其中。一是公路基础设施建设与运营领域,包括隧道、服务区和收费站新能源、新材料、新技术使用和节能减排技术应用,示范建设了宁宣低碳高速公路、成渝高速公路复线低碳工程以及三淅高速公路绿色低碳公路主题性项目等,取得了良好的绿色公路节能减排示范宣传作用。二是公路运输装备领域,包括天然气车辆在道路运输中的应用,绿色汽车维修技术应用等系列措施,重点推进"CNG公交车推广应用""气电混合动力公交车推广应用""CNG出租车推广应用""CNG班线客车推广应用""LNG班线客车的推广应用"等试点项目建设。

2)运输企业层面

道路运输企业层面,包含装备结构管理、运营组织管理、节能绩效管理以及宣传引导等措施,主要是在国家、政府行业政策的引导下,更好地实现企业利益与节能减排实现。

装备结构管理方面。对于客运企业,结合营运客车类型划分及等级评定标准,提高客运装备水平,鼓励发展节能环保的新型运力,优先发展技术先进、高效低耗和市场急需的中高级车型,鼓励发展农村客运经济适用车型,推进客运车辆的LNG、CNG改造,提高可再生能源和清洁能源在客运能源消耗中的比例。对于货运企业,优选载货能效高的车辆,积极投入节能、环保、标准化的车辆,严格控制高耗油、高污染的货运车辆,推广LNG、CNG货车的使用。

运营组织管理方面。对于客运企业,优化企业管理,根据运输距离和运输线路,选择最适合、最节油、最安全的车辆承担运输任务。完善枢纽与场站的布局,以最优化的运输安排实现最大的客运效益,枢纽与场站布局不合理会造成交通方式换乘频繁,无效交通增多,出行效益低下。对于货运运输企业,鼓励货运企业研发应用信息技术,提高道路货运业的组织化程度,促进运输网络化发展,充分利用回程运力,降低车辆空驶率,发展集装箱运输、甩挂运输和汽车列车,通过改善运力结构提高能源利用效率。

节能绩效管理方面。建立健全节能减排制度,逐步建立并实施包含车辆油耗在内的车辆退出机制,达不到油耗限值的车辆不准进入运输市场,并逐步淘汰出运输市场。同时,健全车辆的能耗统计机制,对企业车辆能耗进行定期检测和排查,掌握车辆的能耗信息,及时发现和处理因车辆故障原因出现的能耗异常,减少不必要的能源消耗。对企业员工尤其是驾驶员,进行节能绩效评价,使其养成良好的驾驶习惯,促进企业运行节能减排的实现。

交通与能源

 总结

（1）道路交通在便捷性、可达性以及经济性等多方面具有显著的运输优势，相较于其他运输方式，具有基础性作用，是需要重点发展的行业。

（2）道路交通网密度，与社会经济发展呈现正向相关的特点，高速公路的建设与运营对社会经济具有强有力的持续推动作用，道路交通运输是重要的社会经济发展驱动因素之一。

（3）与道路交通运输发展相匹配，道路交通装备（汽车）的保有量、产量呈现大幅度增加的趋势，反映道路交通运输的发展趋势。

（4）道路交通运输是五种交通运输方式里能源消耗最高、碳排放最多的运输方式。能源消耗占世界总能源消耗的14.28%，占交通运输碳排放3/4，是主要的碳排放源。1990—2012年，道路运输碳排放增长了64%，各个国家道路部门能源消耗量数据显示，道路能源消耗占总能源消耗基本均在15%左右。

（5）道路交通运输能源消耗主要集中于汽油和柴油的使用，私人轻型小汽车和货运卡车是主要的能源消耗设备，改善目前的道路交通能源消耗结构需要从小汽车节能减排以及货运卡车重点开展。

（6）道路交通运输节能减排受到技术层面、结构层面以及管理层面等多方面复杂因素的影响，不同层次的影响因素对道路交通运输具有不同程度的作用，道路交通节能减排需要从各个层面全面推进。

 拓展资料：甩挂运输

甩挂运输（Swap Trailer Transport）是指带有动力的牵引车辆将随车拖带的承载装置，包括半挂车、全挂车甚至货车底盘上的货箱甩留在目的地后，再拖带其他装满货物的装置驶向新的目的地。这种一辆带有动力的主车，连续拖带两个以上承载装置的运输方式称为甩挂运输。甩挂运输的目的是实现人员、车辆的充分利用，同时促进货物流动的时效性，在提高运输效率、降低物流成本、促进道路运输节能减排方面的优势非常显著，是国际重点推广的道路货物运输新型运输组织模式。

1. 优势与特点

甩挂运输的优势很多，主要体现在三点：①低成本，甩挂运输方式中的牵引车与挂车的比例决定着可以实现"一车多挂"，一台牵引车拖挂多辆挂车在道路运行，从而对牵引车的需求有所降低，车辆购置和维护成本也随着减少，另外，与传统运输方式单车货运相比，甩挂运输的实载率可以显著提高，大大地降低单次运输的成本投入；②高效率，甩挂运输的挂车可以独立装卸，减少牵引车等待的时间，这种组合运输的方式，提高牵引车的利用率，改善车辆的运输效率，并加快货物的流通速度；③节能减排，甩挂运输方式缩减车辆的运行次数，使运输资源得到节约，车辆对道路的占用也得到很好的改善，大大地降低能源消耗和尾气排放。

2. 国际经验

美国是世界上推广甩挂运输方式最早，同时也是目前发展最好的国家。1936年美国单车车型承担的货运周转量占到汽车货运周转量的57%，1974年下降至24%，2000年仅占到

15%，2011年则降低至10%以内，而组合式列车承担的货物周转量则从20世纪30年代的40%左右上升到现在的90%。从车辆保有量来看，全美各类商用卡车保有量2900万辆。2011年商用牵引车、挂车拥有量分别为182万辆、567万辆，商用牵引车数量与挂车数量一直稳定在1:3左右。尤其是在北美地区，大型货运企业无一例外地采用了甩挂运输方式，甩挂运输量占到总运输量的70%~80%。相对于单车运输，美国的甩挂运输节约运输成本20%~30%，减少道路交通量达85%，单位油耗只有单车的31%~46%。

美国大量研究和实践表明，卡车采用甩挂运输，对于提高运输效率、节约物流成本、发展多式联运、促进节能减排乃至减少主干线公路交通流量、降低交通事故率等，具有显著的成效。美国和加拿大的研究报告称，组合式汽车列车比小型单体货车可带来的效益包括：节约运输成本20%~33%，减少对公路路面的磨损约1/4~1/3，运送相同数量货物可减少路面交通量最多达85%。5轴半挂汽车列车和8轴全挂汽车列车的碰撞事故率约分别只相当于3轴单体货车的17%和2%，单位油耗约分别只相当于轴单体货车的46%和31%。

澳大利亚的甩挂运输已发展近30年，在澳大利亚，一车三挂的形式屡见不鲜，这在当地被称为"公路列车或公路火车"。一辆车长达30~40m，核载吨位达70~80t，不但能大大提高运输的效率，还能减少发动机的排放量和燃油消耗量。在澳大利亚，有一批最大载重200t的公路列车是用于铅锌矿山运输矿石的专用车。这些公路列车，通常拖挂至少3节类似于集装箱的车厢，最多的要拖挂6节，总长度超过50m，其行驶速度可达到110km/h。

3. 国内发展历程与现状

我国20世纪80年代时就开始鼓励在使用集装箱运输的领域率先开展甩挂运输，但当时我国的集装箱运输整体规模不大，甩挂运输的市场基础较为薄弱。1996年7月22日，原国家经贸委、公安部与交通部联合发布通知，号召各省市经贸委、交通与公安等行政部门要积极扶持物流企业展开集装箱甩挂运输。2006年9月5日，交通部的《公路水路交通"十一五"发展规划》中再次提到：要加大力度快速促进集装箱甩挂运输的发展。2007年，在全国性的交通会议上，交通运输部倡导和鼓励开展厢式运输与甩挂运输等先进的运输方式，提高运输组织效率，积极有效引导企业学习、探索和开展甩挂运输。2010年1月15日，交通运输部、国家发展改革委员会、公安部、海关总署与保监会个部门联合在交通运输部的主页网站发布《关于促进甩挂运输发展的通知》，通知中再次肯定了甩挂运输方式的重要意义，并希望各地区相关部门提高对甩挂运输方式的认识，采取并切实落实措施，积极引导和有效促进甩挂运输的发展。随后在2010年10月27日，交通运输部、国家发展改革委联合发布《关于印发〈甩挂运输试点工作实施方案〉的通知》。同年的11月26日，国家发展改革委员会和交通运输部于福州隆重召开全国性甩挂运输的试点会议，意味着紧锣密鼓的规划筹备和部署后，甩挂运输方式可能将在我国被物流企业大范围采纳和广泛推广。2012年4月6日，交通运输部与财政部共同印发《公路甩挂运输试点专项资金管理暂行办法》。在甩挂运输标准体系方面，有关部门制定《道路甩挂运输标准化导则》、《甩挂运输车辆技术要求》、《厢式挂车技术条件》等文件，并发布了3批144种公路甩挂运输推荐车型。同时各省交通厅开展了148个试点项目，至2015年6月，共开通甩挂运输线路1400余条，共完成甩挂运输量1.2亿t，周转量280亿t·km。至2015年12月，全国已有山东、江苏、浙江等9个省份开展了省级甩挂运输试点。据交通运输部统计，甩挂运输试点企业较传统运输模式平均单位运输成本下降幅度达10%~20%。货运车辆日均行驶里程平均达到380km,车辆平均里程利用率超过80%,远高于行业平均水平,达到发达国家水平。单车年均完成货物周转量达到351万t·km,是行业平均水平的2.5倍。

4. 发展瓶颈及对策

虽然国家对于甩挂运输全力支持,运输企业也有强烈的参与热情,但目前我国的甩挂运输发展并不乐观,甩挂运输仍然没有成为国内主流的干线运输方式。2011年的统计数据显示,我国共有牵引车31.1万辆、挂车36.8万辆,分别仅占全国营运载货汽车总数的2.6%和3%。甩挂运输完成的货物周转量在公路货运中占比不足1%,并呈现出甩挂作业程度低、运行模式比较简单、区域发展不平衡等诸多特点,我国绝大多数运输企业仍以传统的"一线两点、两端甩挂"模式为主,无法实现货物运输资源的最优调配。2014年统计数据显示,我国牵引车和挂车的比例仅为1:1.12,远远无法满足甩挂运输的大规模发展。

甩挂运输的发展瓶颈主要为三方面:①政策层面。虽然国家一直在倡导甩挂运输的发展,但是原有的很多政策跟不上甩挂运输的需求,一定程度上限制了甩挂运输的发展。例如《道路交通安全法实施条例》第五十六条明确规定,载货汽车、半挂牵引车等,只允许牵引1辆挂车,由于禁止双挂车存在,客观上也降低了物流企业发展甩挂运输的积极性;②需求层面。根据中国物流与采购联合会的数据统计,截止到2013年,我国道路货物运输经营主体超过720万家,平均每一个主体拥有车辆1.55辆,90%的经营主体为中小型企业,承担了90%以上的公路货物运输业务,经营主体多、小、散、弱,经营模式多为传统的单车货物运输,管理手段简单,货源组织能力差,很难形成甩挂运输专业化、规模化、标准化、集约化和网络化的经营体系;③基础设施。甩挂运输不同于普通的货物运输,一般其车辆较大,载货量也较大,尤其是在货物中转或装卸过程中,需要专业的场地和设备。目前来看,我国的货物运输基础设施中,缺少专门针对甩挂运输而建立的场地,导致甩挂运输不能充分发挥其周转优势,一定程度上限制了甩挂运输的发展。

针对甩挂运输所面临的困境,国家在积极实施甩挂运输试点的同时,汲取相关经验。不断完善政策调整、标准建设、场地规划以及建立大型集约化的运输企业。

(1) 政策调整与标准建设。在汽车工业化水平逐渐发展,汽车安全保障技术成熟以及路网通行能力达到条件的情况下,应当适时调整国家现有的一些限制性政策,在确保道路交通运输安全的前提下,开放部分限制性法规,更好地促进甩挂运输行业发展。同时,在现有的甩挂运输技术标准上,结合社会发展要求,出台更为详细的标准体系,规范运输过程管理。

(2) 大型集约化企业联盟。采取政府引导、市场推动的方式,建立区域行业内货运企业联盟机制,将目前货运市场主体普遍弱、小、散,主要为个人经营的形式,逐渐转变为行业内企业或个人联盟,充分利用车辆资源,实现甩挂运输。同时,政府可在试点基础上,组织建立国有大中型甩挂运输企业,以政府为主体,吸收个人和其他企业进入,打造企业共同体,实现货源、车辆的共享与统一化管理。

(3) 专业性运输基地建设。着手建设一批具有典型示范效应的甩挂运输专业性运输基地,实现甩挂运输的货物运输、中转,挂车的集中停放以及牵引车的集中调度,为后续大规模的甩挂运输发展奠定基础,同时出台相关甩挂运输场地规划建设标准。

(4) 信息化管理系统建立。目前在道路运输整个行业,货运信息的发布、车辆调度均不够智能信息化,多依靠简单原始的经验进行操作,而甩挂运输则对道路运输行业的货运组织、车辆调度等提出了更高的要求。因此,需要推动和完善甩挂运输的信息化建设,以信息化的手段,打造高效的甩挂运输发展。

本专题参考文献

[1] 交通运输部. 中国道路运输发展报告(2013)[M]. 北京:人民交通出版社,2014.
[2] 国家统计局. 国家数据[DB/OL]. [2016-4]. http://data.stats.gov.cn.
[3] 国家统计局. 中国能源统计年鉴(2014)[M/CD]. 北京:中国统计出版社,2014.
[4] 交通运输部综合规划司. 2013 中国高速公路运输量统计调查分析报告[M]. 北京:人民交通出版社,2014.
[5] IEA. Energy balance flows[EB/OL]. http://www.iea.org/Sankey.
[6] IPCC. Climate change 2014:mitigation of climate change [M/CD]. Cambridge,2015.
[7] IEA. Key world energy statistics 2013 [M]. OECD/IEA,2013.
[8] IRF. Sustainable transport practices 2015 [M]. IRF,2015.
[9] EPA. Inventory of U.S. greenhouse gas emissions and sinks 1990—2014[EB/OL]. https://www.epa.gov.
[10] IRU. IRU 2015 annual report[EB/OL]. https://www.iru.org.
[11] 史立新,黄茵,于娟. 交通能源消费及碳排放研究(2011)[M]. 北京:中国经济出版社,2011.
[12] 姜军. 基于可持续发展的道路运输节能减排影响要素及对策系统化研究[J]. 物流技术,2014.
[13] 习江鹏. 道路运输节能减排问题研究[D]. 西安:长安大学,2008.
[14] World Bank. world bank indicators [DB/OL]. [2013]. http://data.worldbank.org.
[15] 范蕾. 甩挂运输节能减排效益评估研究[D]. 武汉:武汉理工大学,2012.
[16] Jean-Paul Rodrigue. The geography of transport systems[M]. Routledge,2013.
[17] 边浩毅. 道路运输业节能减排的研究与实践[M]. 杭州:浙江大学出版社,2009.
[18] 交通运输部. 公路水路交通节能中长期规划纲要[EB/OL]. https://www.moc.gov.cn.

专题 7
低碳铁路运输

引 言

　　交通运输是国民经济和社会发展的先导产业,对国民经济发展与构建和谐社会具有重要的作用,而铁路运输以全天候、运能大、成本低、运距长等优势,承担了中长途的大量客货运输。日益发展的高速铁路以快速、舒适、安全以及票价适中的优势,取得了明显的经济效益,带动了铁路的技术创新,给铁路运输的发展提供了新动力和新机遇。随着社会进步和人民物质生活水平的提高,人们对铁路不仅要求能够方便、迅达、安全、舒适、清洁,还要注重铁路与周围生态环境、人文景观的和谐性、环保性,倡导低碳出行。

　　据统计,交通运部门排放的二氧化碳约占全国人为排放总量的 21.8%。在欧盟 27 国,公路运输排放的温室气体约占全部交通方式的 72%;而铁路则以 1.7% 的排放量,完成了 10% 的运输量。在全球交通越来越注重低碳环保的形势下,铁路的低碳环保优势得到凸显。

7.1　铁路——绿色交通的骄傲

7.1.1　铁路运输综合优势

　　铁路运输是一种适合于大运量、长距离、中高速度的运输工具,相对于其他的运输方式,具有成本低、能耗小、占地少、污染轻,可利用多种能源的优势。铁路的运量大,每一列车载运旅客和货物的能力要比汽车和飞机大得多,而从运输速度来说,目前我国几条高速铁路的运营速度已达 350km/h,为世界轮轨铁路中的最高运行速度。此外,铁路的运输成本也比公路、航空要低,运距越长、运量越大,其单位的运输成本越低。铁路运输一般可以全天候运营,较少受到气候的影响,安全性和可靠性较公路运输和航空运输高。铁路运输尤为适合国土面积大的国家,能够满足运送长距离、经常性、稳定的大宗货物的需要,适合于中长距离的旅客运输以及城市间的旅客运输需要。

　　20 世纪 80 年代以前,在铁路、公路、水运、民航和管道 5 种运输方式中,铁路基本处于垄断地位,全国的长、短途客货运输主要靠铁路运输承担。自 20 世纪 80 年代起,国民经济迅猛发展,交通运输全面紧张;公路和民航发展很快,铁路客运被大量分流;在社会主义市场经济逐步完善的过程中,运输市场的竞争日益显著,铁路的垄断地位已被削弱。但发展综合运输体系要符合我国国情民情,在将来相当长一段时间内还是要以铁路为重点,主要有以下原因:

(1) 我国疆域辽阔,人口众多,中长距离的出行,需要运力大、运费低的铁路运输。

(2) 我国东部工业发达,中西部资源丰富,形成了北煤南运、西煤东运、南粮北调、西棉东调等大宗货物长距离运输的格局,只有铁路才能承担这样繁重的运输任务。

(3) 我国还处于社会主义初级阶段和工业化前期,决定了运输物品多为煤炭、矿产品、原材料和粗加工的大宗货物,量大而价低,为了减少销售成本中的运费支出,并将选择运费低廉、安全可靠的铁路运输。

(4) 铁路与其他客运方式相比,目前仍然是最安全、快捷、大容量的运载工具,符合我国国情。

长期以来,由于我国疆域辽阔、人口众多、资源分布不均,各地区的经济发展不平衡,需要铁路长途运输大宗货物,所以铁路运输在我国的综合交通运输体系中占据首要地位。随着公路,特别是高速公路的迅速发展,铁路的客货运量虽有所下降,但是我国的煤炭、石油、钢铁、大型设备以及中长距离(1000km左右)的旅客运输任务还是主要由铁路来承担。铁路在构建高效综合运输体系、优化资源配置和产业布局、降低物流成本、支撑区域协调发展等方面,发挥着巨大作用。因此,在相当长的一段时间内,铁路运输仍将是我国综合运输体系的骨干。铁路通达的规模和水平,是衡量一个国家或地区现代化和社会文明程度的重要标志。

我国铁路的《中长期铁路网规划(2008年调整)》,明确了我国铁路网中长期建设目标和任务,确定了扩大规模,完善布局结构,提高运输质量,快速扩充运输能力,迅速提高装备水平的铁路网发展目标及要求。

在2013年,我国铁路完成的旅客周转量、货物发送量、货物周转量、换算周转量已居世界第一位。截至2014年底,我国铁路营业里程突破11.2万km,比上年末增长8.4%。其中,高铁营业里程达到1.6万km(居世界第一位),西部地区营业里程4.4万km,增长10.2%。路网密度116.48km/万km^2,提高9.04km/万km^2。其中,复线里程5.7万km,增长17.7%,复线率50.8%、提高4.0个百分点;电气化里程6.5万km、增长16.9%,电化率58.3%、提高4.2个百分点(图7-1)。

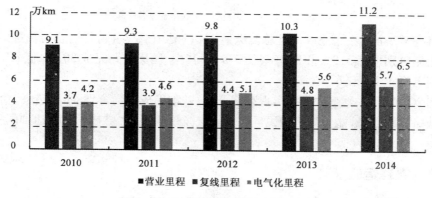

图7-1 2010—2014年全国铁路营业里程

2014年底全国铁路机车拥有量2.11万台,比上年末增加261台。其中,电力机车占55.0%;内燃机车占45.0%。全国铁路客车拥有量为6.06万辆,比上年末增加0.18万辆;其中,空调车5.21万辆,占85.9%,提高3.3个百分点;"和谐号"动车组1411组、13696辆,增加103组、

3232 辆。全国铁路货车拥有量为 71.01 万辆。

2014 年全年全国铁路完成旅客发送量 23.57 亿人（图 7-2），旅客周转量 11604.75 亿人·km，比上年分别增长 11.9% 和 9.5%（图 7-3）。其中，国家铁路完成 23.24 亿人，11556.36 亿人·km，分别增长 12.0% 和 9.5%。

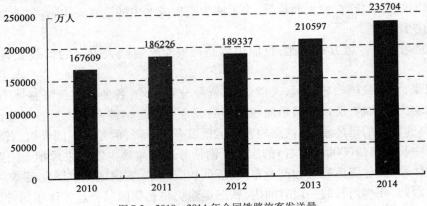

图 7-2　2010—2014 年全国铁路旅客发送量

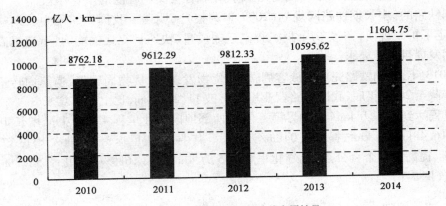

图 7-3　2010—2014 年全国铁路旅客周转量

2014 年全年，全国铁路完成货运总发送量 38.13 亿 t（图 7-4），货运总周转量 27530.19 亿 t·km，比上年分别下降 3.9% 和 5.6%（图 7-5）。其中，国家铁路完成 30.69 亿 t，25103.42 亿 t·km，分别下降 4.7% 和 6.5%。

规划到 2020 年，主要繁忙干线实现客货分线，基本形成布局合理、结构清晰、功能完善、衔接顺畅的铁路网络，运输能力满足国民经济和社会发展需要，主要技术装备达到国际先进水平（图 7-6）。

7.1.2　铁路运输能耗

交通行业是资源占用型和能源消耗型行业，发达国家运输业的能耗占全国总能耗的 1/4~1/3。随着我国客货运输量的增长，交通运输业能源消耗的规模逐年上升，成为我国用能增长最快的行业之一。以国际通用口径估计，目前我国交通行业能源消费量约占全国总用能量的 10%，其中用能以油气为主，几乎全部汽油、60% 的柴油和 2/3 的煤油被各类交通工具所消耗。

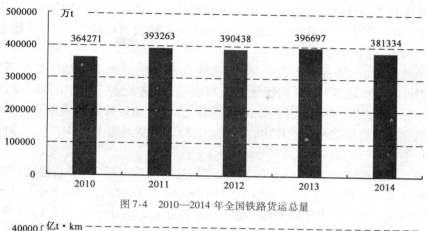

图 7-4 2010—2014 年全国铁路货运总量

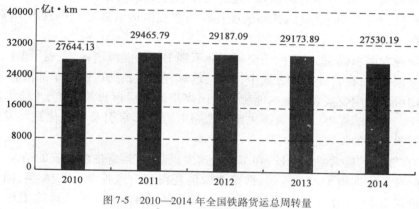

图 7-5 2010—2014 年全国铁路货运总周转量

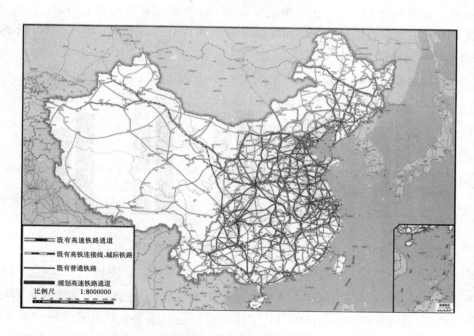

图 7-6 中长期铁路网规划示意图（2008 年调整）

交通与能源

铁路运输能耗是指铁路客货运输及相关的调度、信号、机车、车辆、检修、工务等运输辅助活动中所产生的能源消耗。在铁路、公路、水运和航空4种交通运输方式中,铁路运输是能源消耗最少的运输方式。

在能源消耗方面,欧盟提供的数据是1L燃油在1km的距离上移动的货物质量:公路是50t,铁路是97t,内河水运是127t。我国统计资料表明,民航、公路、铁路单位运输量平均能耗比约为11:8:1。从完成单位运输量的油品消耗看,公路运输是铁路运输的20~30倍。以铁路、公路、民航完成运输单位量的能耗比,客运为1:3:5.2;货运为1:1.3:3。公路能耗强度是铁路的2~10倍。

从一年中各种运输方式100t·km油耗指标看,航空燃油消耗35.4kg,道路运输汽油消耗6.9kg,柴油消耗5.2kg,铁路运输柴油消耗0.5kg,水路运输燃料油消耗0.6kg。从各种运输方式客运能耗方面,每100km消耗标准煤,道路大客车为1.5kg,小轿车为3.8~4.8kg,航空为6.8kg,快速铁路约为1.0kg。我国铁路的能耗在国家交通运输总消耗中只占18%,而完成的换算周转量在50%以上。

从节能降耗方面来说,我国铁路用交通行业不到1/5的能源消耗,完成了全社会1/2的运输量。特别应该指出,在各种运输方式中,航空、汽车、水运、铁路内燃机车都依靠石油资源,铁路电力机车则可以使用煤炭和其他的能源。我国煤炭储量居世界第一位,水能资源蕴藏量也居世界第一位。丰富的煤电、水电资源决定了铁路电力机车牵引及电气化铁路发展较之其他运输方式具有更有利的发展前景。

近年来,在客货运量大幅度增长、列车运行速度提高、客运舒适度改善的情况下,我国铁路运输的节能降耗工作取得了较大进展,铁路能源消耗得到有效控制。2014年,国家铁路能源消耗折算标准煤1652.6万t,比上年减少80.1万t、降低4.6%。单位运输工作量综合能耗4.51t标准煤/(百万换算t·km),比上年减少0.12t标准煤/(百万换算t·km)、降低2.6%。单位运输工作量主营综合能耗3.82t标准煤/(百万换算t·km),比上年减少0.04t标准煤/(百万换算t·km)、降低1.0%(图7-7)。

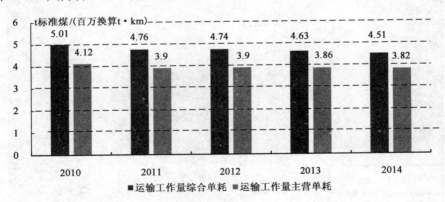

图7-7 2010—2014年国家铁路运输工作量综合单耗、主营单耗

另外,随着我国铁路部门实施了一系列的电气化改造项目,并新建了许多客运专线、城际铁路和高速铁路,这使得铁路部门的电气化率进一步提高。图7-8显示我国铁路电气化水平的变化,数据来自国家铁路局历年《铁道统计公报》。可以看出,不仅我国铁路电气化率逐年

增加,其增速也是逐年增长。电气化结构调整为减少铁路能耗、二氧化碳排放发挥了重要的作用。

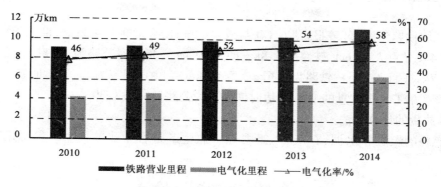

图7-8　2010—2014年我国铁路电气化里程变化图

我国铁路近几十年来致力于牵引动力结构改革,从过去以蒸汽机车为主转变为以内燃、电力机车并重。铁路牵引动力结构的变化使能源利用效率得到提高,已由过去以煤为主发展到目前以电和用油为主。从能源转换效率上看,蒸汽机车的终端能源利用效率一般在5%~9%,而内燃机车的终端能源利用效率达到25%~26%,传统直流传动电力机车的能源利用效率可达30%左右,大功率交流传动电力机车效率可达32%以上。因此,内燃机车特别是电力机车比重的上升会加快提高能源利用效率。

在我国铁路运输量不断增长的情形下,加快铁路电气化的建设和提高电力机车的牵引比重是降低我国铁路行业能源消耗和提高能源利用效率的重要途径。

7.1.3　铁路运输碳排放

碳排放是关于温室气体排放的一个总称或简称。温室气体中最主要的气体是CO_2,因此用碳(Carbon)一词作为代表。能源消费是碳排放的主要来源,据统计,我国使用能源排放的CO_2约占各种温室气体总排放量的80%。国内外经验表明,鼓励铁路发展、发挥铁路在节能降耗中的独特优势,已成为提高交通运输业能源利用效率、降低能耗增幅、减轻对石油依赖度的一个重要途径,而且也是实施我国能源安全战略的出发点和突破口。

交通工具排放的CO_2的量已经占到CO_2总排放量的不小份额,估算目前此值在我国已经达到2.8%,预计到2020年此值将达到5.5%左右,但是交通部门能源消费的绝对量将从1990年的45Mtce到2020年的173Mtce。美国国家环保局估计,交通工具排放的CO_2的量占CO_2总排放量的份额在美国已经达到24%。

铁路是当今对环境影响最小的运输工具。交通运输产生的废弃物和噪声已成为环境污染,尤其是大中城市环境污染的主要来源。全世界由交通运输散入空气中的有害气体已占大气污染的一半以上,对人类生存构成了严重威胁。造成大气环境污染的各种因素中,交通运输排放的二氧化碳和氮氧化物等废物所占比例最大。

国际上许多研究者对不同的运输方式产生的污染物做了比较,其结果表明:客运造成的单位污染强度,铁路是航空的20%~40%,是公路的10%左右;货运造成的单位污染强度,铁路仅为公路的10%。日本运输部门对各种运输方式二氧化碳排放比例的调查显示:家用轿车52%，货车31%，内河航运6%，铁路3%，航空3%。旅客运输使用私家车每人·km排放的二氧化碳是铁路的9.5倍，货物运输使用普通卡车每t·km排放的二氧化碳是铁路的13.8倍。

根据德国铁路年度"环境报告"对CO_2排放量的统计，客运时公路为16.8kg/(百人·km)，空运为13.4kg/(百人·km)，铁路为4.8kg/(百人·km)；货运时公路为79.8kg/(百t·km)，空运为10.7kg/(百t·km)，铁路为2.6kg/(百t·km)。由此可以看出，客运时铁路运输仅为公路运输产生的CO_2排放量的1/4，货运时铁路只为公路运输的1/30。

CO_2排放量的计算方法：

化石燃料的燃烧和水泥、石灰石、氮肥等工业生产过程中排放的CO_2量可用以下公式计算：

$$G(CO_2) = aQ(1-b)$$

式中：$G(CO_2)$为某类CO_2排放源的排放量，Mt/a；a为某类CO_2排放源的排放因子；Q为燃料或物质的消费量或生产量，Mt/a；b为某类燃料在运输、分配加工过程中的平均损失系数，%。

燃料燃烧时的CO_2排放因子不仅与燃料的种类、燃烧方式有关，而且还与操作条件、原料成分、生产工艺流程有关。根据北京市环境监测中心的研究结果，各类CO_2排放源分排放因子如表7-1所示。

各类CO_2排放源的排放因子 表7-1

燃料因子	煤炭	石油	天然气	水泥	氮肥
排放因子	2.01	3.11	2.40	0.329	0.96

随着我国铁路部门实施了一系列的电气化改造项目，并新建了许多客运专线、城际铁路和高速铁路，这使得铁路部门的电气化率进一步提高。电气化结构调整为减少铁路能耗、二氧化碳排放发挥了重要的作用。

2014年国家铁路主要污染物排放量为国家铁路化学需氧量排放量1999t，下降5.1%，二氧化硫排放量3.17万t，下降10.1%。国家铁路绿化里程4.46万km，比上年增加0.32万km，增长7.7%（图7-9）。

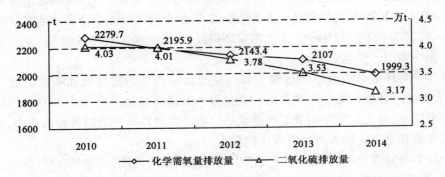

图7-9 2010—2014年全国铁路化学需氧量、二氧化硫排放量

7.2 低碳铁路政策与技术

7.2.1 铁路节能减排影响因素

随着我国节能减排力度加大、节能产业加快发展,铁路节能减排的外部环境趋好。铁路通过提高复线率、电气化率和货运重载化,可有效降低单位运输工作量能耗,但由于大量高速动车组投入运营,大型现代化客站增多,相应会增加铁路运营能耗,并且铁路应用市场节能机制存在障碍。

1)直接能源消耗

高速铁路的直接能源消耗主要指行车方面的消耗,其能源消耗主要有4个影响因素:为克服阻力所消耗的能源;由于牵引系统低效率而损失的能耗;为使乘客感觉舒适所消耗的能源;从变电所到接触网之间的能源损失。在以上影响因素中,以克服阻力为主要因素。根据日本新干线的数据,用于行车方面的能耗约占高速铁路总耗能量的87%。

(1)克服阻力所需要的能源

行车消耗能源的直接阻力有机械阻力和空气阻力两种。Davis方程式描述了不考虑坡度影响,即在水平轨道上列车运行的阻力计算方法:

$$R = A + BV + CV^2$$

式中:R 为阻力;V 为速度;A 为独立于速度的机械阻力常数;B 为与速度成正比的机械阻力系数;C 为与速度平方成正比的空气阻力系数。

从公式中可以得出两个结论:在高速行驶中,空气阻力占有主导地位;当速度足够高的时候,空气阻力与速度的平方成一定的比例。

对于高速列车,当列车速度超过300km/h时,列车运行阻力的80%以上均为空气动力学阻力。从列车纵向动力学的观点看,在地面稠密大气层里运行的任何车辆,当超过一定速度,如350或400km/h时,空气阻力将占运行阻力的绝大部分,而且是无法回避的。因此,速度将是计算高速铁路能耗的主要参数。

(2)牵引系统中损失的能源

在各种电气、机械效率不完全发挥情况下,列车牵引系统部件的能量部分以热能的形式散发,这不仅引起了一部分能量的损失,同时也会反过来导致对机械降温的能源需求。目前,较为先进的16.7Hz、15kVAC系统在满负荷的情况下也只能达到85%的效率。负载率越低,牵引系统的效率就越低。

再生制动系统可以将制动时产生的热量部分收回,然后转化为列车运行时所需的动力势能。若安装再生制动系统将会减少能源消耗。据统计,为克服惯性阻力和坡度阻力,高速铁路机车车辆安装再生系统,将会减少8%的能源消耗。

(3)列车舒适功能需要的能源

列车舒适功能通常包括照明、恒温、车厢通风等,这些功能大约消耗列车运行过程中所需能源的20%。用于列车舒适功能的能源消耗与速度没有直接关系,但是与行使的时间直接相关。在同等距离的条件下,高速铁路与传统铁路相比更加节能。

(4)供电系统损失的能源

由于输电线的电阻与效率原因,将不可避免地产生变电所到接触网之间的电力损失,这部分损失与列车运行时的能耗相比显得微不足道。

2)间接能源消耗

高速铁路间接能源消耗是指建设高速铁路基础设施及后期的维护过程中所发生的能源消耗。传统铁路每 km 路基大约需消耗 990t 水泥及 39t 钢筋,高速铁路无砟轨道路基每 km 大约消耗 4500t 水泥及 132t 钢筋,这些材料的生产和制造属于高能源密集产业,因而应对高速铁路基础设施建设嵌入式排放量进行估算。

7.2.2 低碳铁路政策

(1)1986 年,根据中华人民共和国国务院发布的《节约能源管理暂行条例》,原铁道部组织制定了《铁路节约能源管理暂行细则》。

(2)1986 年原铁道部发布《铁路节约原材料、能源奖励暂行办法》和《生产生活能源包干经验责任制试行办法》,从而在节能奖励政策上进行明确规定和具体落实。

(3)为加强铁路节能监督管理,1986 年原铁道部组织制定了《铁路能源监察工作办法》,该办法于 1995 年进行了修订。

(4)为加强铁路工程项目节能管理,1986 年原铁道部发布了《铁路工程节能设计规范》,该规范于 2001 年进行了修订。

(5)1987 年,原铁道部先后发布了《铁路企业节约能源管理升级(定级)试行办法》、《铁路企业能量平衡暂行办法》、《铁路节能统计若干问题暂行规定》、《铁路企业节能管理升级(定级)机车车辆工业产品能耗试行标准》、《铁路局、铁路分局节能升级(定级)能耗指标试行标准》、《铁路企业单位产品综合能耗换算系数》等若干铁路节能减排的管理规范和标准,极大地促进了铁路节能工作的发展。

(6)为加强节能统计分析,1995 年原铁道部发布了《铁路企业能源消耗与节约统计办法》,对铁路节能和能源消耗数量统计进行了规范,该办法于 2007 年进行了修订。通过建立科学的标准和规范体系,切实把握与节能有关的技术参数,引导铁路发展的方向。

(7)1997 年,《中华人民共和国节约能源法》颁布,根据节能法规定和合理用能要求,原铁道部组织制定了《铁路实施〈节约能源法〉细则》。铁路各企业根据节能法规定和部的实施细则,结合本单位的实际情况,制定了各自的节能管理办法。同年,原铁道部计划司发布了《关于创建节能单位样板的通知》以及《铁路运输系统节能样板单位标准》。

(8)根据节能法对合理用能和节能技术进步的要求,结合《中国节能技术政策大纲》和铁路主要技术政策规定,原铁道部于 1999 年组织制定了《铁路节能技术政策》。该政策于 2007 年进行了修订。通过建立科学的标准和规范体系,切实把握与节能有关的技术参数,引导铁路发展的方向。政策主要包括以下四方面:一是大力发展电力牵引,改进高效内燃牵引节能技术;二是发展新材料、新结构、自重轻、强度大的新型客货车辆,加速车辆轴承化,减少轮轴摩擦,降低能耗;三是发展重轨及 75kg 钢轨和无缝线路,减少列车运行的冲击和阻力;四是在铁路运输运营组织方面加强节能增效管理;五是提升铁路节约用热技术水平等。

(9)印发《铁路做好建设节能型社会和加快发展循环经济的实施意见》和《关于加强铁路

节能工作的实施意见》,落实《铁路"十一五"规划》、《铁路"十一五"环境保护规划》和《铁路"十一五"节能和资源综合利用规划》,使行业节能减排各项措施落实到实处。

(10)自2006年起,交通运输部相继出台一系列政策措施,保障低碳交通运输的贯彻实施,2006年先后出台了《建设节约型交通指导意见》、《交通行业全面贯彻落实〈国务院关于加强节能工作的决定〉的指导意见》,提出以提高能源利用效率为核心,坚持交通发展与节约能源并重,加强节能型交通基础设施建设(表7-2)。

交通部出台的交通低碳发展的相关文件　　　　　　　　表7-2

年份	相关文件
2006	《交通行业全面贯彻落实国务院关于加强节能工作决定的指导意见》
2008	《公路水路交通节能中长期规划纲要》
2008	《公路水路实施＜中华人民共和国节约能源法＞办法》
2011	《建设低碳交通运输体系指导意见》
2011	《交通运输行业应对气候变化行动方案》
2011	《公路水路交通运输节能减排"十二五"规划》
2012	《关于公路水路交通运输行业落实〈国务院"十二五"节能减排综合性工作方案〉的实施意见》
2013	《交通运输行业"十二五"控制温室气体排放工作方案》
2013	《加快推进绿色循环低碳交通运输发展指导意见》

(11)2011年陆续出台了《建设低碳交通运输体系指导意见》、《建设低碳交通运输体系试点工作方案》、《交通运输节能减排专项资金管理暂行办法》,提出以加快构建低碳交通运输体系为战略任务,不断优化交通运输用能结构,到2020年基本建立以低碳排放为特征的交通运输体系。

(12)2013年,交通运输部出台了《加快推进绿色循环低碳交通运输发展指导意见》,提出建设资源节约型、环境友好型交通运输行业,实现交通运输绿色发展、循环发展、低碳发展。

原铁道部"九五"以来制定了一系列铁路节能低碳发展的相关文件(表7-3)。《铁路"十二五"节能规划》明确"十二五"时期铁路行业节能规划主要目标是:基本完善行业节能减排法规、政策和标准;建立完善行业节能监测体系;单位运输工作量综合能耗降低5%,从2010年的5.01t标准煤/(百万换算t·km)下降到2015年的4.76t标准煤/(百万换算t·km)。

原铁道部出台的铁路低碳发展的相关文件　　　　　　　　表7-3

年份	相关文件
2006	《铁路"十一五"环境保护规划》
2006	《铁路"十一五"节能和资源综合利用规划》
2012	《铁路"十二五"节能规划》
2012	《铁路"十二五"环保规划》

7.2.3　低碳铁路技术

铁路运输部门作为单位能源消耗较低的运输部门(低于航空运输、管道运输与公路运输),在交通运输部门的节能与减轻环境影响方面将发挥越来越重要的作用。铁路运输部门是发展最早的运输部门之一,但在20世纪下半叶,随着航空运输业的发展与高速公路网的建设,世界各主要国家的国内与国际运输中的铁路运输份额均在逐步下降。铁路运输在灵活性方面没有优势,在时间性与舒适性等方面的优势也在逐渐失去,因此,提高铁路运输部门的时间性与舒适性,增加其灵活性与降低成本一样是提高其竞争力的重要措施。而铁路运输部门的技术进步正是提高其各方面竞争能力的重要手段。

其中,依靠摆式列车的高速铁路技术、高速磁悬浮列车技术和背驮运输技术对我国运输结构的合理化以及对我国未来交通部门的节能减排活动将产生重大影响。

1) 运输节能技术

(1) 合理利用运输能力,优化运输路径。优化列车编组和牵引定数。

(2) 合理配备机车与牵引吨位,在规定范围内,力争组织满载货物运输,尽量减少欠重欠轴,提高机车运用效率。

(3) 严格按检修规程检修机车,保证机车良好的热力状况、柴油机燃烧状态和恒功性能。

(4) 保证燃油、燃煤及供电质量。注意燃料油密度,燃煤要湿润好、混合好;努力提高电力牵引供电功率因数和牵引变电容量利用率;加装谐波、滤波装置,减少谐波分量和负序电流;采取降低接触网损耗的技术措施。

(5) 对机车用能实现全程监控管理,消除跑、冒、滴、漏;提高乘务员操纵水平,保持机车在经济区运行;加强空调客车制冷、制热管理,采用自控装置,降低能耗。

(6) 内燃机车和电力机车要加装新型轮轨自动润滑装置,减少磨耗和阻力;内燃机车应采取优化增压器压力、提高最大气缸压力、改善缸内摩擦副、燃料空气混合稀化等技术措施;应引进或研制涡轮增压发动机、涡轮复合发动机、绝热涡轮复合内燃机、超高增压内燃机等新型节能内燃机。在寒冷地区应采用燃油自动加温装置等预热保温措施,减少内燃机打温用油。

青藏铁路采用大功率、高效率的内燃机车,运用增压技术,提高了机车在高原缺氧地区的燃烧效率。沿线30个无人值守车站安装太阳能光伏发电系统,每站容量13kWp,全线光伏发电容量共390kWp,占地3450m^2,年发电量32500kW·h。铁路站段采取了节能管理和技术措施,推广新能源,使运输辅助能源消耗比重逐年下降,由2003年的45%下降到2008年的38%。

2) 节热技术

(1) 逐步改造燃煤耗能设备,发展热、电、冷三联供,增加其热效率。有条件的地区,铁路供热应争取纳入当地城市供热规划,尽量实现集中供热。

(2) 对没有达到国家标准的铁路供热管网进行改造,使其热效率在95%以上。宜采用新型保温材料和成熟的保温结构。

(3) 电或蒸汽加热同样可以满足需要时,应优先采用蒸汽加热;高温或低温蒸汽同样可以完成时,应优先采用低温蒸汽;在蒸汽用量波动较大的供热系统中安装蒸汽蓄热器,自动调节设备用汽和锅炉供汽之间的平衡,使锅炉在稳定工况下高效率运行。

(4) 更新改造能耗高、技术落后的工业窑炉,提高加热炉、均热炉、锻造炉、火焰热处理炉、干燥炉等的热效率。应大力采用新型隔热、保温材料。炉膛内表面贴耐火纤维,采用超轻质耐火砖砌体、全纤维炉衬,减少炉表散热损失及蓄热损失。推广强化传热、炉温均匀及节能的新炉型,应逐步扩大对炉子的热工自控及空气燃烧比例自动调节。对三相电弧炼钢炉电极调节方式、变压器、电抗器等电器设备进行综合技术改造,减少 t 钢电耗,节约电能。推广采用直流电弧炉技术。在有条件的企业,应选择热效率高的锅炉,如循环流化床锅炉、有机热载体加热炉等。新建工业窑炉应向连续化、大型化、自动化方向发展,推广全纤维结构工业炉。在分散的铁路沿线和施工工地宜使用节能炉灶、饮水茶炉应安装磁化除垢器。

(5)发展粉煤旋风燃烧技术。推广应用脉冲式燃烧、触煤燃烧及超声波雾化油烧嘴等新型燃烧装置。应更新改造换热设备,推广板式、螺旋管式、螺纹板式换热器及热管、热泵等低温换热器;开发应用喷流式、陶瓷材料、流化床等高温换热器。

(6)采用高效节能新技术,如远红外、等离子、感应加热等。感应加热比电阻炉、周期盐浴炉的能源利用率可提高 1 倍。大力推广电液锤和空气锤,逐步淘汰蒸汽锤。

3)节电技术

(1)企业应根据负荷等级、容量和分布情况选择供电压等级;按经济电流密度选择导线截面,优化线路布局,降低受电端至用电设备的线损。及时调整企业用电设备的工作状态,控制用电高峰,合理分配和平衡负荷。

(2)选用低损耗变压器。运用新技术、新材料改造老式高损耗变压器,推广使用非晶态合金磁性材料配电变压器,企业应合理分配用电负荷,使变压器经济运行。

(3)电动机节电。这是一项面广量大的重点节电措施。电动机负荷经常低于 40% 时,经节能考核后应予以更换。选用高效的机械设备,对大部分时间处于轻载运行的风机、水泵,可采用变频调速方式实现节能。

(4)采用新型电光源。随着电光源技术的迅速发展,适合于各种场所使用的品种越来越多,在使用中应根据实际情况合理选配。

(5)电加热节电。对用于脱水、烘干、固化的低温加热炉,应推广采用红外、远红外加热技术,并改进热工设计和选用性能好的保温材料。对金属热处理炉宜用耐热保温的多晶莫来石纤维材料。对老式电炉,可采用空气保温夹层和耐火纤维喷涂新技术进行改造。对轴承等零件的加热可采用感应加热器;机车轮箍加热可采用工频、中频感应加热炉。积极推广新型半导体电热新材料。

(6)电子节电。应用电力电子技术和微电子技术是减少电能消耗和自身耗电量的有效途径。应加大应用电子技术对生产工艺参数、操作过程进行自动控制的力度。

4)节油技术

应发展应用直喷式柴油机及其他高、中速节能型柴油机,推广先进的增压技术。采用低标号柴油替代高标号柴油技术,推广汽车、工程机械的综合节能技术,如采用子午线轮胎、风扇离合器、经济化油器、高能电子点火装置、高效磁化节油净化器及添加剂等,逐步推进汽车代用燃料的使用。

5)节水技术

(1)铁路水源应力求就近取水,优先采用地下水、河流水,并因地制宜,尽量采用重力流,以减少输水和净化处理系统的能耗。给水系统应分别采用统一、分区、分质或分压供水,水塔和高位水池宜采用扬配兼用的管道供水系统。

(2)铁路运输和工业生产供、用水系统的节水工艺和节水措施,应与主要生产系统同时设计、施工、验收,广泛选用节能型产品和先进的节水装置。

(3)企业内各用水应安装计量分水表,车间用水计量率应达到100%,设备用水计量率不低于90%。铁路运输及工业冷却水应做到重复利用,系统冷却水的重复利用率应不低于75%。有条件的地方,应采用空冷代替水冷,汽化冷却代替一般的水冷却。

(4)做好废水回收利用。工业系统排出的大量污水,应净化后回收利用,节约新鲜水,并综合利用废渣、废液,回收废水中的有用物质。

(5)做到计划用水,应实行严格的奖罚制度,对用户应进行考核。铁路客车用水、上水应采用先进的上水装置,杜绝浪费。

6)采用新能源技术

大力开发太阳能,推广使用高效、低成本的中、小型光伏发电系统;积极推广生物质能转化技术。铁路沿线燃料获取困难的单位,可以利用沼气技术取得清洁方便的优质能源,在风力资源丰富的山区或沿海地区,可建立风力发电、柴油发电与太阳能光伏发电联合供电系统,改善铁路沿线和施工单位的用电状况。有条件的地区还可充分利用地热。

7)采用新材料、新技术

(1)应大力加强抗磨减阻材料的推广使用。在全世界生产的能量中,有40%的消耗与摩擦有关,我国与摩擦有关的能耗约占1/3~1/2。应大力推广使用减摩耐磨工程塑料及其复合材料、高分子流体减阻剂和润滑油添加剂等先进节能材料。除了常用的尼龙、聚缩醛、氟塑料、聚酰亚胺、某些酚醛塑料用作摩擦材料外,高密度填充聚四氟乙烯、聚碳酸酯、聚苯硫醚及某些耐高温塑料则是较新的摩擦塑料,如选材、设计和使用合理,上述工程塑料及其复合材料均有很好的减磨效果。

流体减阻剂可以克服管道中流体的摩擦阻力。在水输送、热网与水冷设备中,加入高分子减阻剂后,可使管道压降减少40%,或可使流体增加50%。最高可节约70%~80%的输送能量,有的还可使输送泵的效率提高5%~15%,从而降低能耗。

应重视润滑油、燃油添加剂的推广应用。选择先进、可靠、适用的添加剂,其中所含的金属元素渗入摩擦副表层,形成保护膜,有很好的减磨抗磨、自润滑及自修复作用。在燃油中,添加剂可有效地清除燃烧系统中的结碳、结焦,同时还有较好的减磨作用,可大大减少供油系统阻力,使燃油与空气雾化更理想,从而减少燃油不完全燃烧损失,减少环境污染。

(2)在内燃机车上推广使用复合陶瓷薄膜强化金属表面活塞环,可以节约燃油,耐磨性能良好,安全可靠。

(3)应加大蓄电池添加剂的推广应用。它可解决蓄电池极板硫化问题,提高容量,延长使用寿命,减少充电次数及充电时间,并可减少冷却水量,具有节能、节材、节水及环保效应。

(4)应积极引进国外高科技的节能装置。采用新一代磁化节油装置。燃油经磁化处理后,其黏度下降、表面张力下降,使燃油雾化质量提高,燃烧充分,从而提高燃烧效率,减轻排气污染程度。应采用新一代超强无液电瓶。该类电瓶采用超纯铅、固体酸和螺旋卷绕技术,可提供的功率比同体积传统电瓶大数倍,具有强起动电流、多次重复起动、自放电极低、大容量、长寿命、全密封、免维修等优点。

（5）应积极推广使用煤炭助燃剂、清灰剂和除渣剂；回收炉窑烟道废能及油漆车间溶剂废能等的燃烧催化剂、水垢清除剂等。

（6）推广使用新型焊割器具，如激光焊割、氧焊割等，以达到节能、降低成本及减少环境污染的效果。

7.3　中国高铁发展

7.3.1　中国高铁发展现状

20世纪90年代初，中国开始高速铁路研究，把"提高列车速度"上升到铁路发展的战略高度，对高速铁路的设计建造技术、高速列车、运营管理的基础理论和关键技术组织攻关，开展了大量的科学研究和技术攻关。以此为基础，进行了广深铁路提速改造，修建了秦沈客运专线，实施了既有铁路6次大提速，为构建中国高速铁路技术标准体系奠定了必要的基础。

2002年12月建成的秦皇岛至沈阳间的客运专线，是中国自己研究、设计、施工、目标速度200km/h，基础设施预留250km/h高速列车条件的第一条铁路客运专线。自主研制的"中华之星"电动车组在秦沈客运专线创造了当时"中国铁路第一速"——321.5km/h。

中国铁路坚持自主创新，经过十多年坚持不懈的努力，攻克了重重难关，依靠自己的力量进行高速铁路勘测设计、工程施工。经过建设实践，我国系统掌握了复杂路基处理、长大桥梁工程、大断面隧道工程、轨道工程等高铁建设技术和运营管理维修技术。在高速铁路的工务工程、高速列车、通信信号、牵引供电、运营管理、安全监控、系统集成等技术领域，取得了一系列重大成就，形成了具有中国特色的高铁技术体系，总体技术水平进入世界先进行列。

按照国家中长期铁路网规划和铁路"十一五"、"十二五"规划，以"四纵四横"快速客运网为主骨架的高速铁路建设全面加快推进，建成了京津、沪宁、京沪、京广、哈大等一批设计时速350km、具有世界先进水平的高速铁路，形成了比较完善的高速铁路技术体系。通过引进、消化、吸收、再创新，系统掌握了时速200~250km动车组制造技术，成功搭建了时速350km分动车技术平台，研制生产了CRH(China Railway High Speed)380型新一代高速列车。

据国家铁路局的介绍，到2015年底，中国高速铁路营业里程达1.9万km(而快速铁路网将达4万km以上)。中国已经拥有全世界最大规模以及最高运营速度的高速铁路网。"四纵"干线已经成型。中国高速铁路运营里程约占世界高铁运营里程的60%，稳居世界高铁里程榜首(图7-10)。

看今朝，在我们广袤的国土上，纵贯南北、横跨东西的快速客运网正日臻完善，它集中展现了中华民族自强不息、不断追求、勇攀高峰，在高科技领域取得的辉煌成就，让国人自豪，令世界瞩目。

7.3.2　中国高铁发展规划

2004年1月，国务院常务会议讨论通过了《中长期铁路网规划》。2008年10月31日，国务院批准了《中长期铁路网调整规划》，勾画出我国铁路建设的宏伟蓝图。

交通与能源

图 7-10 中国高速铁路示意图（数据至 2015 年 7 月）

根据《中长期铁路网规划》，中国高速铁路发展以"四纵四横"为重点，构建快速客运网的主要骨架，形成快速、便捷、大能力的铁路客运通道，逐步实现客货分线运输。

1）四纵

（1）北京—上海高速铁路，全长 1318km，贯通环渤海和长三角东部沿海经济发达地区。

（2）北京—武汉—广州—深圳（香港）高速铁路，全长 2350km，连接华北、华中和华南地区。

（3）北京—沈阳—哈尔滨（大连）高速铁路，全长 1612km，连接东北和关内地区。

（4）上海—杭州—宁波—福州—深圳高速铁路，全长 1650km，连接长三角、东南沿海、珠三角地区。

2）"四横"

（1）青岛—石家庄—太原高速铁路，全长 906km，连接华北和华东地区。

（2）徐州—郑州—兰州高速铁路，全长 1346km，连接西北和华东地区。

（3）上海—南京—武汉—重庆—成都高速铁路，全长 1922km，连接西南和华东地区。

（4）上海—杭州—南昌—长沙—昆明高速铁路，全长 2264km，连接华中、华东和西南地区。

按照规划，到 2020 年，中国铁路营业里程达到 10 万 km，主要繁忙干线实现客货分线。建立省会城市及大中城市间的快速客运通道，以及环渤海地区、长江三角洲地区、珠江三角洲地区 3 个城际快速客运系统,建设客运专线 1.2 万 km 以上(图 7-11)。

环渤海地区:以北京、天津为中心,围绕北京—天津主轴进行建设,形成对外辐射的客运通路。

长江三角洲地区:以上海、南京、杭州为中心,建成连接沪宁杭周边重要城镇的城际客运铁路网络。

珠江三角洲地区:以广深、广珠两条客运专线为主轴,辐射广州、深圳、珠海等 9 个大中城市,构建包括港澳在内的城市 1h 绿色交通圈。

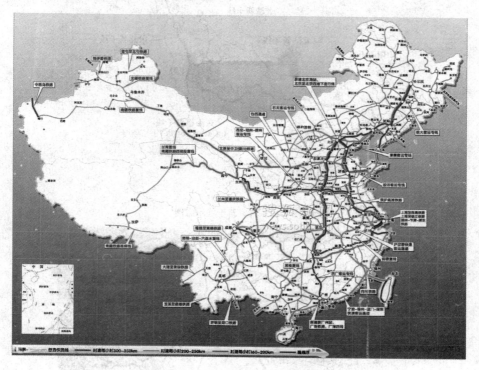

图 7-11　2020 年高速铁路网示意图

7.3.2　国外高速铁路发展和现状

1)日本

1964 年 10 月 1 日,世界上第一条高速铁路在日本东海道新干线(东京至大阪)开通营业,全程 515.4km,直达旅行时间 3h,列车最高运营速度 210km/h。随后,日本大力发展新干线,并不断进行技术升级,山阳新干线和东海道新干线的运行速度分别提高到现在的 300km/h 和 270km/h,东北新干线的运行速度提高到 320km/h。如今,新干线主干线和支线已经覆盖日本本土,新干线总里程达 2300 多 km。新干线被誉为"日本经济起飞的脊梁"(图 7-12)。

2)法国

1981 年 9 月 27 日,欧洲第一条高速铁路,由法国首都巴黎至里昂的 TGV 东南线通车,全程 417km,直达时间 2h,列车运行最高速度 270km/h,经改造后,目前速度可达 300km/h。此后,法国

交通与能源

相继建设开通了 TGV 大西洋线、北方线、地中海线、巴黎东部线等高速铁路,形成了以巴黎为中心,辐射全国的 TGV 高速铁路干线,并与周边国家连接(图 7-13)。法国高速铁路总里程约 2000km,而 TGV 高速列车可通行的范围 6000km 以上,列车最高运营速度可达 320km/h。

图 7-12　日本新干线示意图

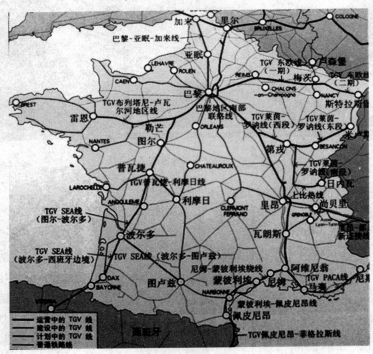

图 7-13　法国 TGV 线路示意图

3)德国

德国发展高速铁路有坚实的技术基础,1988 年其电力牵引试验速度就达到 406.9km/h。

但是由于种种原因,直到 20 世纪 90 年代后,德国高速铁路才陆续开通运营。目前,ICE 高速列车可通达德国境内多数大城市,包括德国的汉堡、慕尼黑、柏林、法兰克福、斯图加特、科隆、杜塞尔多夫等,总里程约 1000km,ICE 列车可通行范围 6300km 以上,列车速度最高可达 300km/h(图 7-14)。

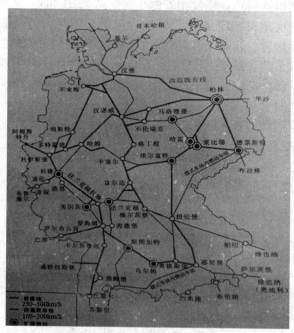

图 7-14　德国高速铁路示意图

此外,意大利、西班牙等国家高速铁路技术的发展也形成了自己的特点。

7.3.3　高铁发展趋势

随着世界高速铁路技术的不断发展,高速列车的商业运行速度迅速提高。旅行时间的节约,旅行条件的改善,旅行费用的降低,再加上国际社会对人们赖以生存的地球环保意识的增强,使得高速铁路在世界范围内呈现出蓬勃发展的强劲势头。作为主要的公共交通工具之一,高速铁路将在 21 世纪获得迅速发展。因此,欧洲、美洲、亚洲诸国和地区,正在计划进一步加快高速铁路的建设。由此可见,更为密集的高速铁路网目前看来前途一片光明。截至 2014 年底,我国铁路营业里程突破 11.2 万 km,比上年末增长 8.4%。其中,高铁营业里程达到 1.6 万 km(居世界第一位)。

与世界许多国家相比,我国高速铁路的发展有更加广阔的空间。我国国土东西跨度 5400km,南北相距 5200km,这决定了中长距离客货运量需求巨大,而铁路是经济又快捷的交通运输方式,因此有很大的发展潜力。从 1998 年到现在,中国已有 20 多个城市研究发展高速铁路。根据铁道部规划,2004 年 4 月以后,中国将又有 28 条铁路线上的列车时速达到 200km/h,中国的铁路高速线路总里程也将达到 2 万 km 左右,整体的高速铁路网估计将在 2020 年形成。另外,五次大提速带来的经济和社会效益有目共睹,充分证明了高速铁路在我国有很强的生命力和广阔的发展前途。中国高速铁路的建设和发展,将会给国内外铁路建设者带来巨的商机，同时促进世界和区域经济的提速和发展，为世界经济的腾飞做出巨大的贡献。

总结

现如今节能减排使得铁路产业焕发出新的生机。进入21世纪，能源与环境成本越来越受到了世界各国政府的高度重视，节能减排已经成为包括中国在内的众多国家制定经济政策时所必须考虑的一个重要内容。相对于公路和航空，铁路运输具有明显的节能减排优势，节能减排撬开了铁路运输替代公路和航空运输的巨大市场空间，铁路这个十八世纪诞生的古老产业开始焕发出新的生机。凭借劳动力等成本优势，我国铁路产业链的国际市场拓展空间广阔，其成长空间必将由中国走向世界。

中国高速铁路的发展和运营实践表明，高速铁路在我国有很大的发展空间和潜力，我国应充分利用后发优势，实现我国高速铁路的跨越式发展。所以，在未来的十几年中，我们不仅要大力发展高速铁路，而且在技术和管理上还要赶超一些发达国家的水平，实现中国铁路现代化。由此可见，中国需要高速铁路，中国的经济发展需要高速铁路，我国发展高速铁路的前景将会一片光明。

拓展资料：中国高铁发展

2004年1月，国务院常务会议讨论并原则通过历史上第一个《中长期铁路网规划》，以大气魄绘就了超过1.2万km"四纵四横"快速客运专线网。同年，中国在广深铁路首次开行时速达160km的国产快速旅客列车。广深铁路被誉为中国高速铁路成长、成熟的"试验田"。2004—2005年，中国北车长春客车股份、唐山客车公司、南车青岛四方、先后从加拿大庞巴迪、日本川崎重工、法国阿尔斯通和德国西门子引进技术，联合设计生产高速动车组。2007年4月18日，全国铁路实施第6次大提速和新的列车运行图。繁忙干线提速区段达到时速200~250km，这是世界铁路既有线提速最高值。同时，"和谐号"动车组从此驶入了百姓的生活中。2008年2月26日，原铁道部和科技部签署计划，共同研发运营时速380km的新一代高速列车。2008年8月1日，中国第一条具有完全自主知识产权、世界一流水平的高速铁路京津城际铁路通车运营。2009年12月26日，世界上一次建成里程最长、工程类型最复杂时速350km的京港高铁武广段开通运营。2010年2月6日，世界首条修建在湿陷性黄土地区，连接中国中部和西部时速350km的郑西高速铁路开通运营。2012年12月1日，世界上第一条地处高寒地区的高铁线路——哈大高铁正式通车运营，921km的高铁，将东北三省主要城市连为一线，从哈尔滨到大连冬季只需5h40min。哈大高铁将以冬季时速200km的"中国速度"行驶在高寒地区，成为一道亮丽的风景线。截至2012年底，中国高速铁路总里程达9356km。2013年以来，随着宁杭、杭甬、盘营高铁以及向莆铁路的相继开通，高铁新增运营里程1107km，中国高铁总里程达到10463km，"四纵"干线基本成型。

本专题参考文献

[1] 铁道部.2014年铁道统计公报[EB/OL].[2014-3].http://finance.china.com.cn.
[2] 国家统计局.国家数据[DB/OL].[2014-6].http://data.stats.gov.cn.
[3] 崔力心.国外高速铁路节能减排影响因素分析[J].铁道运输与经济,2013,32(4):19.

专题 8
低碳水路运输

引 言

水路运输方式具有运载能力大、运输成本低、能源消耗少、土地占用少、环境影响小、技术速度低、机动性较差等特点，在五种运输方式中具有比较优势，是世界贸易的主要运输方式。尽管相对于其他运输方式，水运方式的能耗及 CO_2 排放量是相对较低的，但是由于全球船舶数量多，吨位大，绝对能耗已经超过 2.5 亿 t/年，绝对 CO_2 排放量也已超过 10 亿 t/年。随着人们节能环保意识的不断提高，水运的节能减排工作也成为亟待解决的问题。于是，人们提出了新船能效设计指数（EEDI）、船舶能效营运指数（EEOI）、船舶能效管理计划（SEEMP）和一系列管理、技术和营运等方面的措施。

近年来，我国港口营运和船舶运输的能耗及 CO_2 排放总量均不断上升，但是能耗强度和碳排放强度均呈下降趋势。未来，预测我国水运能耗总量在 2010—2050 年间均持续上升，年均增速在基准情景、低碳情景、强化低碳情景等三种情景下，分别为 2.1%、1.8%、1.0%；碳排放总量在 3 种情景下也均持续上升。

8.1 国际水运能耗与碳排放

8.1.1 水路运输方式的特征

水路运输对人类文明发展的作用是不言而喻的。海洋占全球面积的 71%，现代世界贸易的货运量 85% 以上是靠海上运输方式实现的，世界各大城市有 60% 以上位于海边或距离海岸 50km 范围内，内陆城市也大多建在江河湖泊岸边。可见，水路运输对社会的贡献不可小觑。

现代交通运输系统由铁路、水路、公路、航空及管道等 5 种运输方式组成，每种运输方式都有自身的优缺点。虽然在运输功能上基本相同，但是在速度、承载重量、运输的连续性、货运质量和旅客的安全、舒适程度、对地理环境的适应程度、能源和材料消耗、投资的多少、运输费用的大小、劳动生产率的高低以及对环境的影响等方面各不相同，在某些情况下甚至是不可能由其他运输方式替代的。人们对交通运输的要求是安全、迅速、经济、便利，与公路、铁路、民航相比，水路运输方式的技术经济特征表现为以下几个方面。

1）运载能力大

水路运输的载重量之大是其他几种运输方式所无法比拟的。海运航道的通过能力几乎不受限制，内河航道通过能力也十分惊人，一条多瑙河相当于19条铁路，一条莱茵河相当于20条铁路。通常，一列火车载重量只有3000t左右，即使是近代发展的重载列车，一般载重量也只有10000t，最大也不过30000t（如我国的大秦铁路），最大双层集装箱班列载箱

图8-1 各种运输方式的运能载重吨

量也只有约550TEU。此外，汽车的最大载重量不过300t（如采矿区的自卸车），飞机的最大载重量不过250t（如前苏联的安-225飞机）。而大型远洋原油船的载重量可达56万t，远洋铁矿砂运输船也普遍在30万t以上，当前投入环球班轮营运的集装箱船最大可装载18200TEU（如丹麦马士基公司的"凯尼·穆勒"号，该轮长400m，宽59m）以上。在内河运输中，世界先进国家如美国最大的顶推船队载重能力达到6万t，我国长江大型顶推船队也可达到3.2万t。此外，在超大、超重单件货物的运输方面，水运也有其他运输方式不可比拟的优越性。水运与铁路、公路运输的运载能力对比如图8-1所示。

2）运输成本低

水路运输成本明显低于其他运输方式。在我国，海运及管道运输成本最低，其次为内河、铁路、公路和航空运输。而美国内河运费约为铁路的1/4、公路的1/15；德国内河运输成本是铁路的1/3、公路的1/5，海运运费比内河更低。各种运输方式的成本水平受诸多因素影响，例如与运量有关的规定费用，如果在运输成本中所占的比例较大，则成本水平受运输密度的影响也较大；又如运输距离对运输成本也有很大影响，这是因为终端作业成本的比例随着运输距离的增加而下降，通常对水运的影响最大，铁路次之，公路最小；再如运载工具的载重能力对运输成本亦有相当的影响，载重量较大的运输工具一般来说其运输成本也较低。因此，水运在运输成本方面居于相当有利的地位。水运在经济运输距离和运价等方面的优势如图8-2所示。

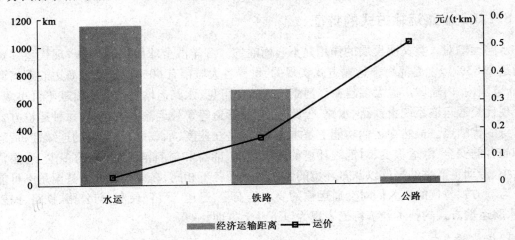

图8-2 各种运输方式经济运输距离和运价比较图

3) 能源消耗少

运输业是能耗大户,在各种运输方式中船舶主机功率的热效率是最高的。中低速柴油机是船舶主要采用的主机,其中,低速机热效率最高,一般可达 40% ~ 50%,而通常内燃机的热效率仅为 30%,因此,船舶单位能耗低于铁路,更低于公路。以平均每吨货物运输 1km 所消耗的燃料折合标准煤计,船舶运输为 2kg,火车为 12kg,汽车为 40kg,航空则高达 800kg。由于世界能源储量有限,节约能源已成为各国产业技术发展的主要目标。因此,消耗能源的多少正日益成为选择运输方式的重要选择标准。当然,影响能耗的因素较多,如载质量、速度等。因此,在同一种运输方式中能耗的差别也较大。

4) 土地占用少

土地资源是一个国家赖以生存和发展的极其宝贵的资源。从世界各国道路建设实际情况分析,铁路、公路建设均需要占用大量的土地,据测算,1km 复线铁路占地约 20000m^2(30 亩),1km 双向四车道高速公路占地约 40000m^2(60 亩),而船舶主要航行于自然水道上,特别是在海洋上航行的船舶,基本不占用土地。此外,各种运输方式线路投资也是不一样的,有相当大的差别。水路运输投资主要集中在船舶、码头,并对局部航道进行整治、维护、设置航标等。因此,用于航道的投资、维护及管理费用比其他运输方式少得多。而铁路、公路等运输,不仅要建设站场,而且需要巨额投资建设线路、桥梁、隧道等。据测算,现代高速铁路造价约为 1 亿元/km,高速公路造价也约为 8000 万元/km。据测算,长江黄金水道水运建设每投资 1 亿元所产生的运能是公路的 17 倍、铁路的 3 倍。

5) 环境影响小

与铁路、公路运输相比,水路运输对环境的影响较小。据美国环境保护机构对各种运输方式造成的污染研究分析表明,公路运输对环境的污染最为严重,在 PM10 的污染方面占 71%,有机化合物污染占 81%,氮氧化物占 83%,一氧化碳占 94%。航空的铅污染最为严重,约占 96%。船舶除在 PM10 的污染方面占 10% 外,其他方面如铅污染、有机化合物污染、氮氧化物、一氧化碳等很小,几乎可以忽略不计。根据德国对运输造成的污染估算,铁路运输对环境的污染为水路运输的 3.3 倍,公路是水路的 15 倍。在货物运输中,每 100t·km 需要付出的环境保护成本,内河运输为 0.35 马克,铁路为 1.15 马克,公路为 5.01 马克。根据荷兰的研究资料,公路运输排放的二氧化碳为 35.1g/(t·km),是内河运输的 3 倍,公路运输排放的氮氧化物为 0.42g/(t·km),是内河的 2 倍。

6) 技术速度低

数千年来,船舶虽然有了很大发展,但一直离不开阿基米德原理,始终依赖静浮力支撑船重。水的密度是空气的 800 倍,水中的阻力也是空气的 800 倍,而且船在水面上航行,会兴起波浪,这一由波浪而引起的阻力一般与航速的 6 次方成正比,提高船舶航速有很大难度,所以常规船舶技术速度较低,一般远洋运输船舶速度在 30 ~ 35 节(1 节 = 1.852km/h),内河运输船舶速度在 10 ~ 20 节左右。由于水对船舶的阻力随船速的提高而迅速增加,从主机功率和节省燃油成本的角度看,船速一般不高。而且,水路运输往往是运输链的中间环节,多数货物在两端港口还要依靠汽车倒载才能运达目的地,运载工具的技术速度基本决定了货物或旅客在途运输时间的长短。

交通与能源

各种运输方式均有其适宜的速度范围。一般认为公路运输的最优速度为 80~100km/h，普通铁路运输为 100~200km/h，高速铁路为 200~350km/h，航空运输则为 800~1000km/h。水路因其速度低，已经基本退出了普通客运市场，但在具有地理位置优势的地区，高速船、旅游船和普通客船仍有一定的发展余地。

7) 机动性较差

从运输的经常性看，铁路是唯一不受季节和气候影响的运输方式，其他运输方式均受影响。公路运输机动灵活，中转环节少，可实现"门—门"运输，运输的机动性最好；铁路受线路布局的影响，机动性与水路相当；航空的机动性也因受到飞机起飞、降落的限制而受到影响；水路则因外界营运条件复杂，受自然条件和地理位置限制大，内河航道和某些港口受季节影响较大，冬季结冰，枯水期水位变低，难以保证全年通航，且往往需要公路予以接应，运输的机动性较差。

8.1.2 国际水运发展概况

1) 船舶吨位及分布

据统计，截至 2011 年底，全球 300 总吨以上商船 48687 艘，运力总计 14.5 亿载重吨，集装箱箱位 1641 万 TEU，平均船龄 16.7 年。按 1000 总吨以上商船队计，油轮船队（包括原油轮、成品油轮、化学品和液化气船）规模 5.44 亿载重吨，占世界商船队比重 37.5%；干散货船队规模 6.05 亿载重吨，占世界商船队比重 41.6%；集装箱船队规模 1.97 亿载重吨，占世界商船队比重 13.5%。具体如图 8-3 和表 8-1 所示。

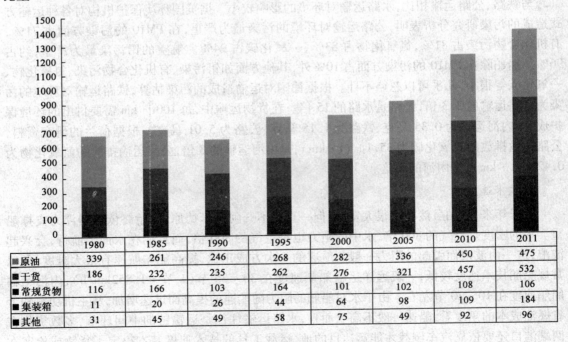

	1980	1985	1990	1995	2000	2005	2010	2011
原油	339	261	246	268	282	336	450	475
干货	186	232	235	262	276	321	457	532
常规货物	116	166	103	164	101	102	108	106
集装箱	11	20	26	44	64	98	109	184
其他	31	45	49	58	75	49	92	96

图 8-3 世界主要船舶类型统计分布图（单位：百万 t）

全球拥有船队规模前10位国家(地区)统计表　　　　　　　　　　表8-1

2011排名(2010)	国家(地区)	拥有船队总量(百万载重吨)	占世界船队比重(%)	不同类型船队占世界船队比重(%)			本国旗船队比重(%)	方便旗船队比重(%)
				油船	散货船	集装箱船		
1(1)	希腊	217.1	14.9	18.2	17.1	5.8	29.9	70.1
2(2)	日本	209.8	14.4	11.1	20.3	7.5	9.9	90.1
3(3)	德国	125.5	8.6	4.4	4.2	33.2	13.9	86.1
4(4)	中国	115.6	8.0	4.1	11.9	5.6	43.9	56.6
5(5)	韩国	54.5	3.7	2.5	5.5	2.9	31.8	68.2
6(6)	美国	44.5	3.1	3.9	2.8	1.7	11.6	88.4
7(7)	中国香港	42.4	2.9	2.6	3.9	1.4	63.3	36.7
8(8)	挪威	40.6	2.8	3.7	1.6	0.2	35.2	64.8
9(9)	英国	40.3	2.8	2.5	2.7	4.0	32.7	67.3
10(10)	中国台湾	37.7	2.6	1.7	3.2	3.8	11.2	88.8

注：1000 总吨以上船舶，截至2011年12月31日。

当前，世界航运业正在发生结构性变化。据英国劳氏船级社统计，亚洲船东拥有船舶吨位占全球的43%；世界前20大集装箱班轮公司和集装箱港口中，有2/3在亚洲；超过80%的商用船舶由韩国、日本和中国建造；超过一半的船员来自菲律宾、印度和其他亚洲国家；其他航运相关行业，如航运金融、保险、法律等，正在加速向香港、新加坡和上海等亚洲航运中心转移。

2) 世界海运量

据统计，2011年全球海运量为84.79亿t。其中，集装箱为14.77亿t，原油及成品油28.2亿t，件杂货24.77亿t，干散货21.05亿t。具体统计数据如图8-4所示。

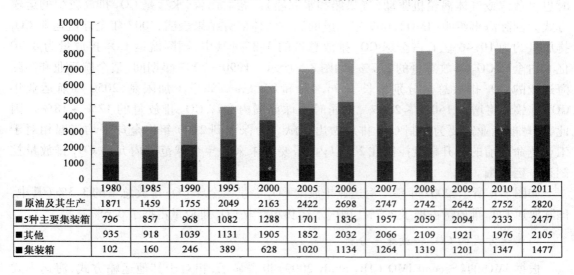

图8-4　全球主要货种海运量统计图(单位：百万t)

8.1.3 国际水运能耗及碳排放概况

1) 能耗概况

据国际能源机构(IEA)统计,2011年全球水运能耗为248Mtoe(百万吨油当量),约占各种运输方式总能耗的10.14%,远低于道路运输,略低于航空运输,大幅度高于铁路运输和管道运输。具体如表8-2所示。

1973年、1990年、2011年世界不同运输方式能源消费情况表　　　表8-2

地区	1973年		1990年			2011年		
	消费量(Mtoe)	比例(%)	消费量(Mtoe)	比例(%)	年均增速(%)(相对1973年)	消费量(Mtoe)	比例(%)	年均增速(%)(相对1973年)
道路运输	695	64.3	1128	71.3	1.6	1815	74.2	4.2
国际航空	62	5.7	87	5.5	1.1	158	6.5	4.1
国内航空	60	5.6	95	6.0	1.5	98	4.0	1.7
国际海运	120	11.1	114	7.2	-0.1	203	8.3	1.8
国内水运	32	3.0	31	2.0	-0.1	45	1.8	1.1
管道运输	17	1.6	58	3.7	6.3	63	2.6	7.1
铁路运输	82	7.6	52	3.3	-1.0	53	2.2	-0.9
其他	12	1.1	16	1.0	0.9	9	0.4	-0.7

数据来源:IEA能源平衡图。

2) 碳排放概况

水运工具从游艇到大型远洋货船,主要由大型、慢速和中等速度的柴油发动机驱动,有时也由蒸汽或气体涡轮机驱动(气垫船和水翼船)。相对而言,水运是CO_2排放较少的运输方式。国际海事组织(IMO)2009年完成的温室气体研究结果表明,2007年全球航运业CO_2排放量约为10.46亿t,占全球CO_2排放总量的3.3%;其中,国际航运CO_2排放量为8.70亿t,占全球CO_2排放总量的2.7%,如图8-5所示。1990—2007年期间,整个航运业和国际海运业的CO_2排放总量分别增长了96.4%和85.1%。如果不加限制,2050年航运业年CO_2排放量将增加150%~250%,占届时全球范围内允许CO_2排放量的12%~18%。因此,全球航运业需要为控制CO_2排放做出贡献。为保证到2100年将全球平均气温相对于工业革命之前的上升幅度控制在2℃以内,需要将未来每年全球范围内允许CO_2排放量控制在一定范围。

如图8-6所示,2007年整个海运业排放的CO_2总量占全球CO_2排放总量的3.3%(其中,国际海运CO_2排放量占据了2.7%,国内水运和水产业CO_2排放量占据了0.6%)。

3) 海运方式的CO_2排放效率分析

根据IMO的《Second IMO GHG Study 2009》报告显示,相对于其他运输方式,海运方式的CO_2排放效率是最高的,但这不能够等于说全部船舶运输的CO_2能源效率都是最高的。

由图8-7容易看出,全部船舶运输的CO_2能效性都高于公路运输,但是部分船舶运输的CO_2能效性与铁路运输差距很小。例如,CO_2能源效率比较低的滚装船海运形式,它的CO_2排放量大致为$50\sim60gCO_2/(t\cdot km)$;但是部分铁路运输方式的$CO_2$能源效率可以大约为$10gCO_2/(t\cdot km)$。

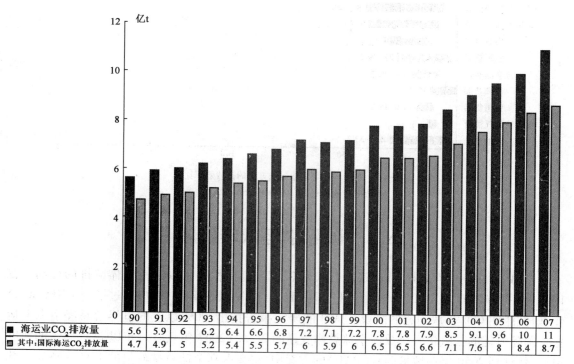

图8-5　1990—2007年海运业和国际海运的CO_2排放量

数据来源:Second IMO GHG Study 2009(国际海事组织2009年发布的第二次温室气体研究报告)。

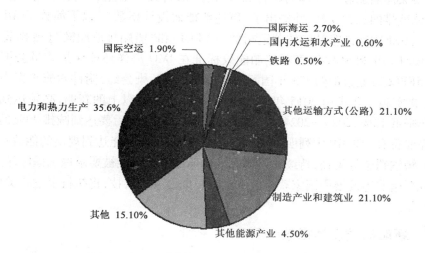

图8-6　2007年海运业与其他运输方式的CO_2排放量占全球CO_2排放总量比例

数据来源:Second IMO GHG Study 2009。

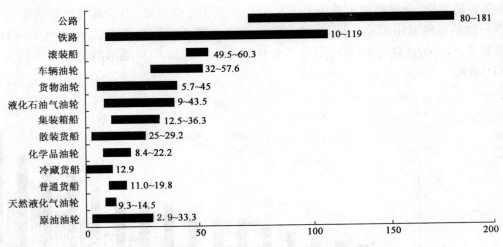

图8-7 各种船舶与其他运输方式的排放效率比较
数据来源：Second IMO GHG Study 2009

8.2 国际水运低碳措施

自20世纪90年代中期以来，国际海运领域一直在积极采取温室气体减排的行动。在1997年的MARPOL公约缔约国大会上，国际海事组织（以下简称IMO）通过了与UNFCCC合作、研究船舶CO_2排放问题的决议。IMO的研究报告指出，90%以上的世界贸易经由海上运输。国际海运的二氧化碳排放占全球总排放量的2.7%（2007年），且每年以2%~3%的速度增长，估计到2050年在情景照常（BAU）的方案中，将会占到全球总排放量的12%~18%。其中，发展中国家所占比例急剧上升。

IMO主要关注船舶温室气体的减排目标和指标，将技术措施、船舶操作措施和市场机制作为温室气体减排的三大支柱，并提出了"新造船能效设计指数"（以下简称EEDI）、"船舶能效管理计划"（SEEMP）、"船舶能效营运指数"（EEOI）和"船舶排放配额"（或排放税）等指标和方案。其中，EEDI和SEEMP两项船舶能效标准在IMO海洋环境保护委员会第62次会议（以下简称MEPC62）通过的《1973年国际防止船舶造成污染公约》附件六修正案中，确定将于2015年起正式实施。要求由2015年开始，所有400总吨或以上的新船，必须达到新的EEDI要求，将能效降低10%，2020—2024年间再降低10%，2024年后要达到减排30%的目标；已下水的船只，亦要符合SEEMP中列明的准则。若经核查，船舶未能达到规定的能效和排放要求，将受到扣船、缴纳罚金等惩罚，持续达不到标准的船舶甚至可能被要求退出国际航运市场。中国、巴西、印度、南非等发展中国家获得了4年宽限期以改进科技，将执行上述相关标准的期限推迟至2019年。

8.2.1 新船能效设计指数（EEDI）

1）定义

2011年7月的MEPC第62次会议上，IMO正式通过新船能效设计指数（EEDI），包含

EEDI 在内的能效规则于 2013 年 1 月 1 日正式生效。EEDI 的正式生效,为全球航运业的节能减排工作注入了一股强心剂。

EEDI(Energy Efficiency Design Index)新船能效设计指数是由业内人士熟知的"新造船 CO_2 设计指数"变身而来,是衡量船舶 CO_2 效能的一个指标,其含义是单位船舶运输量和二氧化碳排放量间的比值。IMO 旨在通过对新造船强制执行 EEDI,减少或控制航运业的温室气体排放,达到节能减排的目的。利用 EEDI 指数公式,可以计算出不同船型、不同吨位及不同航区船舶的 EEDI 指数,通过与参考线公式进行比较,满足参考线要求的船舶将会得到认可,不满足的将会遭到淘汰。

2) 计算公式

EEDI 的计算公式为:

$$EEDI = \left\{ \left(\sum_{j=1}^{M} f_j\right)\left(\sum_{i=1}^{nME} P_{ME(i)} \cdot C_{FME(i)} \cdot SFC_{ME(i)}\right) + (P_{AE} \cdot C_{FAE} \cdot SFC_{AE}) + \left[\left(\sum_{j=1}^{M} f_j \cdot \sum_{i=1}^{nPTI} P_{PTI(i)} - \sum_{i=1}^{neff} f_{eff(i)} \cdot P_{AEeff(i)}\right) \cdot C_{FAE} \cdot SFC_{AE}\right] - \left(\sum_{i=1}^{neff} f_{eff(i)} \cdot P_{eff(i)} \cdot C_{FME} \cdot SFC_{ME}\right)\right\} / (f_i \cdot Capacity \cdot V_{ref} \cdot f_w)$$

式中:C_F 为燃油的无量纲碳转换系数,基于含碳量的多少将燃油消耗量转换为 CO_2 排放量,用 $t-CO_2/t-Fuel$ 表示。燃油类型不同值也不同,例如重燃油(HFO)的 $C_F = 3.1144$;P 表示主机和辅机的计算功率;$Capacity$ 为载重吨或总吨;V_{ref} 为特定功率和装载条件下的船舶航速;S_{FC} 为柴油机经核定的特定燃油消耗量,$g/(kW \cdot h)$;f_i 系指对 $Capacity$ 的修正系数;f_j 系指冰区加强修正系数;f_w 系指不同的风、浪流等不利海况下作用下导致船舶航速降低的影响因数,可以理解为耐波性失速系数;f_{eff} 系指反映了创新能效技术的利用系数,例如,若全机系统采用废热回收技术,则该值为 1.0。

公式简化为式,分别从分子和分母两部分来理解:

$$EEDI = \frac{CO_2 \text{ emission}}{\text{transport work}}$$

式中:分子部分表示船舶航行过程中;分母部分表示船舶的货运能力。

EEDI 公式的实施,旨在对所有新造船能效性能规定一个强制性的指标,船舶制造企业必须采取有效措施使新造船在设计之初就要满足能效要求,这些措施包括:船舶线形优化、主机功率降低、螺旋桨优化、采用附加推进装置等,以达到使船舶航行时阻力最小、主机功率消耗最小等目的。另一方面,采用新能源或者替代能源,减小燃油的消耗,也可以在很大程度上减小温室气体的排放。通过 EEDI 的计算与分析,对船舶的总体设计进行指导,设计人员知道应该从哪些方面进行优化和改善,可以采取什么样的措施,综合考虑其他方面的性能,最大程度提高设计船的能效水平。

3) 适用船型

根据"新船能效设计指数计算方法的临时导则",$EEDI$ 计算公式适用于:客船、散货船(包括:散货船、矿砂船、运煤船和散货矿砂混装船等)、油船(包括原油船、成品油船、化学品船、沥青船及相应的混装船等)、气体运输船(包括 LNG 运输船、LPG 运输船等)、集装箱船

（包括集装箱船、敞口集装箱船等）、车辆运输船、容积型滚装船、载重型滚装船、杂货船、客滚船。其他船型如拖船、调查研究船、铺管船、海洋工程船等的 EEDI 计算方法还在研究中。另外，对于柴油机-电力推进系统、蒸汽轮机推进系统或混合推进系统，EEDI 计算公式尚不适用，如表 8-3 所示。

表 8-3 EEDI 公式适用船型定义（MEPC62）

1	客船	SOLAS 公约第 1 章第 2 条中定义的载客超过 12 人的船舶
2	干散货船	SOLAS 公约第 4 章第 1 条中定义的在货物所处中通常建有单层甲板、顶边舱和底边舱，且主要用于运输散装干货的船舶，包括诸如矿砂船和兼船等船型
3	气体运输船	SOLAS 公约第 3 章第 3 条中定义的气体运输船
4	液货船	MARPOL 附则 I 第 1 条中定义的油船或化学品船以及 MARPOL 附则 II 第 1 章定义的船舶
5	集装箱船	专门设计成在货物处和甲板上装载集装箱的船舶
6	滚装货船：车辆运输船	具有多层甲板的设计承载空的小汽车和卡车的滚装货船
7	滚装货船：容积型船舶	设计成载运运货单元的每米车道的载重量小于 4t(4t/m) 的滚装货船
8	滚装货船：重量型船舶	设计成载运运货单元的每米车道的载重量不小于 4t(4t/m) 的滚装货船
9	普通货船	设有多层甲板或单层甲板主要用于装载普通货物的船舶
10	客滚船	SOLAS 公约第 II-I 章 A 部分第 2.23 条中定义的客船

8.2.2 船舶能效营运指数（EEOI）

船舶能效营运指数，简称 EEOI（Energy Efficiency Operational Indicator），它反映了二氧化碳排放和船舶运输单位货物周转量之间的关系。根据 IMO《自愿使用船舶能效营运指数（EEOI）的指南》，EEOI 可表示为：

$$EEOI = \frac{\sum_i F_{Ci} \times C_{Fi}}{m_{cargo} \times D}$$

式中：分子部分表示船舶某航次 CO_2 排放量；i 为燃料种类；F_C 为船舶航行中消耗的燃油量；C_F 为燃烧单位质量燃料的 CO_2 质量排放量，也称之为 CO_2 排放因子，这两项和乘积表示燃用某种燃料产生的 CO_2 排放量；分母部分为船舶的总运输量，用载货量（m_{cargo}）和船舶航行的里程 D 的乘积表示，m_{cargo} 的单位视情况而定，可以是载重量（t）、TEU 或者人（对于客船）。

船舶能效营运指数实际上就是运输每吨海里货物所产生的 CO_2 排放量。根据 EEOI 的定义，EEOI 值越小，表明船舶的能效越高。降低船舶能效营运指数，可通过降低船舶每海里油耗、提高船舶载重量，或使用低 CO_2 排放因子的燃料实现。

船舶能效营运指数一般是根据一个航次或者多个航次的数据进行统计得出的。需要对船舶航行及在港停泊期间船舶主机、副机、锅炉等所消耗的所有燃料油量进行统计，因此必须建立起一个有效的船舶能效管理系统。在信息高度发达的今天，借助于海事卫星和计算机网络可以实现船舶公司对于船舶航行情况、船舶载货量、船舶日耗燃油量、船存燃料等信息的实时监控和管理。

通过对比不难发现，$EEDI$ 与 $EEOI$ 最本质的区别在于，前者是针对新造船舶能效的限制，而后者的对象是正在运营的船舶。$EEOI$ 考虑了船舶在运行过程中主机、辅机、锅炉和焚烧炉所带来的燃料消耗和二氧化碳排放，包括了船舶的航行和靠港时间。

8.2.3　船舶能效管理计划（SEEMP）

国际海事组织海上环境保护委员会第59届会议（IMO MEPC59 会议）上，各国意识到有必要制定管理工具来帮助船舶公司管理船舶的环境表现。工作组讨论并完成了《船舶能效管理计划制定导则》（SEEMP）。删除了导则中有关 ISM 的内容，使导则与 ISM 脱钩，确保导则自愿性质。采用"能效"概念而非"温室气体"概念，即用"能效"代替文中的"CO_2"。最终，会议通过了船舶能效管理计划制定导则（SEEMP）。SEEMP 的目的是为公司建立提高船舶作业能效的机制，帮助公司管理其正在运行中的船舶的环境表现。SEEMP 的制定步骤为：

1）计划

该阶段是 SEEMP 的最初阶段，应主要确定船舶能效使用的当前状态和船舶能效的改进期望。鼓励在计划阶段花充足的时间以便制定出最合适、最有效和可执行的计划。

（1）特定船

改进效率有多种途径，如航速优化、航线优化、船壳清洁与维护、改进效能等，故对特定船舶来说，应首先明确改进能效的最好的措施，并将这些措施列成一张可供执行的表。在这一过程中，重要的是确定和理解本船能源使用的当前状态。然后从已列的措施表中找出能节约能源的措施，并确定这些措施在改进能效方面的有效程度。应注意的是，并非所有的措施都能应用到所有船舶，或对相同的船舶、不同运行状态时，一些措施是相互排斥或无效的。

（2）特定公司

船舶营运的能效改进不能仅依赖于对单艘船的管理，还可从利益相关者，包括船舶修理场、船东、承租人、港口和交通服务管理等方面入手。这些利益相关者协调得越好，改进效果将会越好。故建议公司在制定船舶能源管理计划时，要在利益相关方之间进行充分的沟通与协调。

（3）人力资源开发

为了使所采用的措施能有效而持续地执行，对岸上、船上人员进行必要的训练以提高认识是十分重要的。

（4）目标设定

目标设定是自愿的，不必要公开宣布其目标或结果，公司或船舶均不需接受外部的检查。目标设定的目的是给出让相关人员警觉，激励其创造良好合适方案的信号，增加改进能效的承诺。该目标可以是任何形式，但应是可度量和易于理解的。

2）执行

（1）建立执行系统

当船舶和公司列出待执行的措施后，更重要的是制定能效管理的程序，形成所标明和选择的措施的执行系统，定义任务，并将任务分配到相关责任人。SEEMP 应描述措施如何执行及具体的负责人。

(2) 执行和保存记录

按预先的执行系统执行计划措施,保存对每一措施执行情况的记录,这对后续的自我评价是有益的。若某措施由于某原因不能执行,不能执行的原因也应记录,以供内部使用。

3) 监测

(1) 监测工具

由 IMO 制定的 EEOI 是营运中的船舶或船队能效指标的国际化工具之一,应是监测工具的主要选择,EEOI 应按照 IMO 制定的指南(MEPC.1/Circ.684)进行计算。此外,也可使用其他测量手段,但该测量手段或工具的概念和监测方法应于计划阶段进行确定。

(2) 建立监测系统

收集连续一致的船舶运营数据是监测的基础。监测系统包括数据收集过程和责任人的指派。为了避免给船上人员带来不必要的行政负担,监测工作应尽量由岸上员工执行,尽量使用已存在的记录,如燃油记录本等。额外数据也可用合适的方法获取。

4) 自我评估和改进

该阶段是评估计划措施及其执行的有效性,以加深理解船舶营运的综合特性,弄清哪些类型的措施能或不能发挥作用、产生何等作用及其原因,得出船舶效率改进的趋势,为下一个周期制定出改进的 SEEMP 提供参考。自我评价应基于监测过程中收集的数据进行周期性的工作。为改进下一阶段的管理计划,自我评价周期内可对船舶表现进行因果分析。

8.3　水运节能减排措施及典型技术分析

8.3.1　国际水运减排措施概述

目前,国际水运业至少受四个方面因素的影响,导致减排压力巨大,首先是日常航运过程中温室气体排放,其次是船只拆解后的处理问题,第三是新船制造过程中的排放,第四是日常运输过程中的排放。但是,国际水运减排空间巨大,以运输过程中的温室气体排放为例,通过调整船速即可大幅度减少海船发动机的排放,同时还可以达到减少燃油消耗的效果。

IMO 关于船舶温室气体减排措施的讨论主要集中在技术、营运和市场机制等三个方面。

(1) 技术性减排措施。具体包括:船体线型优化、气膜减阻、推进装置及螺旋桨优化、发动机效率的提高、使用岸电、废热回收、使用新能源和替代燃料等。这些技术性措施从根本上减少船舶温室气体的排放,是实现温室气体减排的主要手段。

(2) 营运性减排措施。具体包括:船队减速、优化辅机供电体系、气象导航、准时制物流管理、提高装卸效率、船体维护保养等。营运性措施在现有硬件条件基础上,通过更高效的管理和运作来提高营运效率,从而实现温室气体的减排。

(3) 基于市场的减排措施。具体包括:对排放主体采取适当的激励性或者惩罚性的经济手段,促使其直接或间接减少温室气体的排放。主要措施包括:实施碳税,实行碳排放交易,温室气体补偿基金等。这些措施本身并不能直接提高能源效率,也无法实现直接的温室气体减排,却有助于提高节能主体的积极性,进而有利于实现减排成本的最小化。因此是技术性和营运性减排措施的重要补充。

8.3.2 国际水运减排潜力分析

当前,国际水运节能减排措施及效果如表 8-4 和表 8-5 所示。

水路运输节能减排潜力　　　　　　　　表 8-4

类别	主要节能措施	节能效果参考值(%)
结构性节能	内河船队运力结构调整	28~29
	船型结构优化	20
	海运船队运力结构调整	7
技术性节能	优化新船型及其主尺度线型	8~15
	优选低转速大直径螺旋桨	10~15
	应用节能型柴油机	12~15
	应用主机废气余热回收利用技术	5~8
	采用防污漆	6~7
	优选机舱自动化控制操作	4~6
	优化电子喷油控制装置	3~5
	采用新型燃油添加剂	3~4
	优化设计减轻船舶自重量	2~3
	采用轴带发电机	2~3
	采用节油减烟器	2~3
管理性节能	船舶经济航速航行	20 左右
	提高船舶载重量利用率	17~20
	采用精确气象导航技术优化航线	6~8
	优选最佳船舶纵倾航行状态	4~7
	加强船舶维修保养	3~5

港口生产节能减排潜力　　　　　　　　表 8-5

类别	主要节能措施	节能效果参考值(%)
结构性节能	优化港口码头结构及码头吨位结构	宏观实现节能
	通过"油改电"调整能源结构	40~60
	应用太阳能及热泵清洁能源	节约化石能源
技术性节能	门机电控变频改造技术	14~40
	RTG 发动机降频改造	12 左右
	采用高杆节能灯	20 左右
	冷藏箱用电钦启动技术	10
	采用集卡全场智能调控系统	7 左右
管理性节能	开展节能操作技术培训	10 左右
	建立定额考核体系及激励约束机制	—

在船只技术革新方面,具体有两个方面可以挖掘潜力:

1) 动力源

减排措施主要包括:减少船舶自身重量,减少船只自身用电,减少摩擦阻力,减少风阻力,增加推进效率,提高马达效率,优化船体外形设计等。

2) 新能源、可再生能源发电

减排措施包括:使用燃料电池、氢能、风能、太阳能和液化天然气等替代能源。

通常以上几个方面在实际运用中必须互相结合。例如,根据日本NYK公司的生态船舶设计方案,对一艘船舶来说,如果要实现减排69%的目标,可采用燃料电池技术减少32%,船体优化减少2%,通过减少船体阻力减排10%,风阻减排1%,提高阻力效率减排5%,使用风能减排4%,减重减少9%等。在新船设计里,通过一些具体措施可以实现船只重量减少20%,CO_2排放可以减少9%。船舶减重技术及措施如表8-6所示。

船舶减重技术与措施表　　　　表8-6

项目	具体措施	减重(t)
新材料	高强度钢和合金,复合材料	3000
新的结构方案	封闭的船体梁	5000
机械装置	采用燃料电池替代传统动力装置	3000
自重	去掉压舱物	6000
	减少燃料重量	2500
	采用更轻的包装容器	8000

资料来源:NYK Line/MTI,2009。

在MTI的高效节能的未来概念船只设计中,具体的船只减排技术设计如表8-7所示。

未来船只减排的技术设计　　　　表8-7

项目	具体技术
燃料电池发电	将化学能直接转化为电能
	燃料电池装在集装箱单元中
	进行每次航程的动力优化,支持所有的船只维护保养过程
废热回收利用	通过高低温冷却的废热回收利用最大化提高能效
太阳能利用	船体和帆上安装太阳能设施
	采用柔软、清洁太阳能面板
	到2030年占动力的30%
船帆设计	特殊设计包括:高纵横比机翼设计,圆顶效率最高,机翼采用太阳能板,为了减少风阻,机翼可以随风力状况拆卸

资料来源:NYK Line/MTI,2009。

从目前的技术状况来看,实现船只减排的关键是燃料技术,以燃料电池技术为核心的新燃料研发应用进程直接关系到新型节能船舶的设计制造。由于燃料电池技术和氢的储存技术还存在一些技术难题有待攻关,因此在2020年前,船舶的燃料仍将以化石燃料为主,2020—2030年,醇基替代燃料将占据很大的比例,2030年以后,液化天然气和燃料电池将占领市场。最终为了实现零排放,氢能的应用将是人类的终极选择。

以德国、荷兰、丹麦等欧洲国家为代表的世界各国航运公司积极开发各种新型船舶减排技术,取得了显著效果,具体如表8-8所示。这些新技术将成为船舶行业的风向标,直接关系到船舶企业乃至整个国家航运业的核心竞争力。

各国船舶节能减排典型技术一览表　　　　表8-8

国　家	主要技术	节能减排效果
丹麦	马士基公司将船舶的最高航速降低50% 允许对CO_2排放数据进行逐船独立核查	主要航线的油耗减少30%
德国	德国开发出世界上第一艘风动力货船"白鲸天帆号" 赫伯罗特公司2010年在集装箱货轮上安装了动态纵倾平衡辅助系统(DTA)	实现节油5%
欧盟	船用超低排放燃烧高效率柴油机研发。同时致力于研究利用风能、太阳能、液化天然气等清洁能源作为船舶动力的技术	实现了燃烧消耗降低1.4%,NO_X减排50%,SO_X减排90%,碳氢化合物减排20%
韩国	韩国STX研发出"绿色之梦"生态环保船舶,在节约燃料,利用太阳能等方面走在世界前列。现已建造了世界上第一艘搭载太阳能电池面板的"AURIGALEADER"号	最多可节省50%的燃料费用
日本	开发新型环保船舶 开发环保型汽车运输船 已开发出了"降低风压居住区"、"船用吸收式冷冻机"和"MT-FAST"等环保配套产品。	能够将CO_2排放量削减30%

资料来源:NYK Line/MTI,2009。

8.3.3　国际水运典型减排技术介绍

1)船体减阻降耗技术

降低船舶阻力是节能降耗的重要手段。从船舶设计方面讲,可以从低阻力线型设计,浮态调整以降低风浪中阻力、失速,低风阻上层建筑和船体表面减阻等方面着手研究。

低阻力线型设计包括总体设计优化和线型优化两方面。总体设计单位根据母型船和设计经验,在保证具有足够排水量的基础上,合理选取船型尺度比、调整方形系数和浮心位置。一般来讲,方形系数小的船舶,阻力小;线型的UV度、前体线型、水线进流角和去流角的设计对船体阻力也有很大影响,这需要依靠CFD和模型试验手段,反复计算、调整和验证、修改,最终确定低阻力线型。优秀的低阻力线型能够节约能源1%~3%。

船舶实际航行中的阻力不仅取决于船舶的静水阻力,而且与船舶航线上的风浪流等海洋环境和船舶的装载工况有关。通过船舶在多种装载工况(吃水、纵倾、横倾)下阻力性能研究,以船舶全航程、多工况最佳阻力性能为目标的船型优化技术研究,掌握船舶装载工况对阻力性能影响机理,实现多装载工况船舶阻力性能预报通过数值分析方法结合模型试验,研究风浪中阻力增加规律,阻力增加估算,形成风浪中减小阻力和失速的设计;再结合船舶全航程多工况下船体阻力性能的综合研究,克服目前仅研究船舶静水阻力而导致设计船型的片面性,达到船舶全航程多工况下综合阻力性能全面提升的目标,最终形成浮态调整和控制的方法和图谱。据相关统计分析,采取相应的调整浮态的措施可达到2%～5%的节能效果。

船体表面减阻主要从减阻涂料和气泡减阻法等两个方面进行研究。气泡减阻法是空气润滑的概念,在万吨级以下船舶上已有应用实例。减阻涂料(主要有硅基底漆)已经应用在大型集装箱船上,可以节省推进功率4%～8%。但是对于低速散货船怎样避免污底的问题,还没有解决,所以目前该技术还不能应用于散货船上。

另外,还有低风阻上层建筑,通过优化上层建筑外形,降低风阻力,可达到0.5%～1%的节能效果。低风阻技术主要是应用空气动力学理论,在船舶设计阶段进行大量流体力学分析,形成最优的上层建筑设计方案。

2)使用新能源和替代燃料

柴油,是目前世界上各类船舶的主要能源。由于其燃烧后产生的NO_x、SO_2等气体对大气的严重污染,迫使船舶制造商不得不为船舶寻找更为清洁的新型能源作为动力。近年来,造船业所采用的新型能源主要有太阳能、氢能、风能、核能、天然气、生物能、海洋能等。

(1)太阳能

太阳能是一种新型的可再生能源,现代科技利用太阳能发电为船舶提供动力。2011年8月,世界最大的太阳能动力船舶"星球太阳能号"抵达香港,这是它环球之旅的其中一站。该船的太阳能板约$500m^2$,最高航速达每小时15n mile,即使在缺乏阳光的情况下,一次充电的能量也可维持3天的航行。该船造价为1000万欧元,耗时13个月建成。

太阳能安全无污染,不消耗其他地球资源,不会导致温室效应。船舶行驶在海面上有绝佳的采光条件,敞露的轮船表面又适宜铺置大面积太阳能板。这些优势使太阳能在全球节能减排的呼声下受到国际航运界的更多关注。

(2)氢能

氢能,是氢的化学能,属于二次能源,目前广泛应用于宇航飞船。它是最清洁的可再生能源之一,对环境的友好度很高,因此成为船舶的又一种新型动力。氢能来源于水,燃烧后又还原成水,不污染环境。氢气无味无毒,即使发生泄漏,也会远离地面,在纯度高于75%时,性质更为稳定,发生爆炸的系数较低。

现有的船舶常规动力机械稍加改造,即可用氢代替煤和石油作为动力,这使得氢能更加受到环保组织的关注。当船舶行驶在海上,周围存在着取之不尽的电解水—海水。利用海上的有利条件,收集太阳能,既可以在阳光充足的时候利用太阳能作为动力,又可以利用太阳能电解海水制氢,作为储备能源。无须像柴油船舶一样靠岸获取能源。

2007年,冰岛氢能公司利用欧特克解决方案设计出了世界上第一艘配备氢能的商用船。这是一艘重达130t、可搭乘150名乘客的观鲸旗舰船。该项举措为船舶搭载氢能注入了一剂兴奋剂。

(3)风能

风能是地球表面大量空气流动所产生的动能。风能在地球上分布广泛,储量很大,可再生,永不枯竭,而且不产生任何污染。随着科技的发展,风力发电的成本一降再降,现在已经远低于太阳能发电。研究表明,风力发电的成本为 4~8 美分/(kW·h),而太阳能光伏发电和太阳能热力发电的成本分别是 50~100 美分/(kW·h)和 12~30 美分/(kW·h)。与煤电相比,风力发电将减少 CO_2 排放 820~910t/(GW·h)。目前,风力发电成本已经降到了 20 世纪 80 年代的 1/6,并且还在继续下降。

1980 年 8 月,世界上第一艘风帆油轮"新爱德丸号"建造于日本,截止到 2004 年日本已有 14 艘以风作辅助动力的船只航行在海上,它们的耗油量仅为普通机动船的 75%。

这些船舶虽然采用了风能这种新型能源,但仍然以主机为主,风帆为辅,同时也注意到,当风向不合适的时候,可调整风帆的角度,风力过大时,也可将其放倒。至于风力的储存,德国柏林的普伦茨劳启用的一座风力混合发电站,可将风能以氢的形式储存起来,在无风情况下继续提供"绿色能源"。船舶在利用风能的时候,也可以考虑是否能将能量储存以备不时之需,或者干脆采用包含了风能的混合动力。

(4) 核能

核能,是通过转化其质量从原子核释放的能量。核能发电作为船舶的动力,是一种近乎零排放的清洁能源,全球有相当数量的潜艇正在使用这种能源。此外,最引人注目的是,少量的核燃料就能够产生巨大的能量。一艘新型核动力航空母舰可以航行 10 多年而不必加燃料,一艘 3 万 t 级油轮在不计补充核燃料条件下,航行一万海里仅消耗一公斤 U235,同样这条油轮若采用燃油航行同样距离,则要消耗 1200t 柴油。

1962 年美国商用核燃料船舶"萨娃娜"号建成,并于 1964 年下水航行,1970 年退役。其中,在 1968 年曾经换过一次核燃料。俄罗斯则有 9 艘核动力破冰船。德国、日本等也都在商用船舶上采用过核能源作为船舶动力。但是,核能源仍然饱受争议。迄今为止,仍有一些港口拒绝搭载核燃料的船舶停靠。不仅因为放射性物质危险性非常大,一旦污染港口、城市或者街道,将带来难以估量的损失。而且,很多非政府组织一直在持续抗议核设施的应用,这给当地政府也带来很多压力。商用船舶若采用核动力行驶在海上,在当今的国际形势下,也必须加大保安力度,以防止恐怖分子袭击。再者,核废料该如何处置?处理不当的后遗症和所需的费用也需要仔细思考。2011 年日本地震所引发的核泄漏,让很多人又想起切尔诺贝利核电站的事故。因此,核能应用在商用船舶上,仍然有一段艰难的路需要走,包括技术上的和民众心理接受程度上的。

(5) 天然气

天然气谈不上是纯粹的新能源,因为它燃烧后产生的依然是二氧化碳,只是排放量要少很多,同样热值下比石油少排放 30%,比煤炭少排放 50%。再者成本低廉,天然气发电的成本仅为太阳能成本的 1/6。另外,还有清洁干净、安全性较高等优点。因此,天然气也成为船舶动力可以考虑的能源之一。

2011 年 12 月,山东内河第一艘液化天然气混合动力船在京杭大运河中首航。该船由普通原动力船舶改装而成,天然气的能耗约占 70%,柴油 30%,改装后节能达 25%。

(6) 其他能源

包括生物能、海洋能等。它们作为新型能源也受到很多关注,但目前应用仍然不是特别广泛。

3)船舶使用岸电

船舶使用岸电技术是靠泊船舶利用岸上的电源为船舶用电终端进行供电,而不采用船上自带的发电柴油机进行发电的一种供电方式。该技术可以减少港区及其附近区域的空气污染和在港区的 CO_2 排放,明显改善环境。

(1)工作原理

船舶靠泊期间船上的发电柴油机继续运行以维持船上照明、通信、空调、水泵等用电终端的用电需求。靠泊船舶使用岸电后,关闭船上的柴油发电机,船上用电设备的电源改由岸上电网提供,从而节约了发电柴油机所消耗的燃油。靠泊船舶使用岸电后所节约的燃油与船舶的吨级、船型及靠泊时间有关,船舶吨级越大,靠泊时间越长所节约的燃油越多。一般情况下,由于客轮、装载冷藏箱的集装箱船由于靠港期间用电负荷较大,所节约的燃油就越多。

(2)节能效果

船舶发电柴油机的燃油消耗率一般为 $200\sim230g/(kW\cdot h)$,国际海事组织(IMO)在计算船舶设计能效指数(EEDI)时,通常取发电柴油机燃油消耗率为 $210g/(kW\cdot h)$。本文参考 IMO 的做法,取发电柴油机在额定工况下的燃油消耗率为 $210g/(kW\cdot h)$。船舶靠泊时,发电柴油机会在部分负荷下运行,发电柴油机的功率一般为额定功率的 30%~40% 范围,此状态下发电柴油机的燃油消耗率一般比额定燃油消耗率增加 5%。那么,可以认为船舶在靠泊期间发电柴油部分负荷状态下的燃油消耗率为 $220.5g/(kW\cdot h)$。船上发电机全部为同步发电机组,其效率一般为 90%。那么船上柴油发电机组生产 $1kW\cdot h$ 电力需要消耗的柴油量为 245g。柴油折标准煤系数为 $1.457tce/t$,那么采用船舶发电柴油机为船舶提供 $1kW\cdot h$ 的电力需要消耗的标准煤为 357g。如果采用靠泊船舶使用岸电技术,应用电力折标准煤等价系数,为船舶提供 $1kW\cdot h$ 的电力需要消耗的煤炭折算成标准煤为 333g。由此可见,靠泊船舶使用岸电后,能耗下降 6.7%,具有一定的节能效果。

(3)减排效果

靠泊船舶使用岸电后,使得船舶的排放为零,但由于使用的岸电来自电厂,从而增加了电厂的能耗和排放。因此,船舶使用岸电节能减排的效果应考虑电厂能耗和排放的影响。

据测算,靠泊船舶采用船上柴油发电机供电和采用岸电供电在 CO_2、SO_2、NO_X 方面的排放对比情况如表 8-9 所示。由表可见,靠泊船舶使用岸电后,NO_X、SO_2 排放分别比原来降低 67%、45.9%,CO_2 排放方面则不能达到减排的效果,反而会使得 CO_2 排放增加,比原来增加 19.2%。当然,这是在考虑发电厂 CO_2 排放的情况下得出的计算结论,但如果单就港区 CO_2 排放而言,船舶在靠泊时使用岸电技术,肯定会大大降低 CO_2 排放。以日平均靠泊船舶有 21 艘的连云港为例,若使用船舶辅机发电,船舶 CO_2 排量超过港口自有 25 艘船舶、1025 辆流动机械 CO_2 的总排量,而在技术改造,使用高压变频数字化船用岸电系统后,每年减少的 CO_2、SO_X、NO_X 排放量分别可达 119179t、2077t、2825t。美国洛杉矶港在实施船舶岸电计划后,其氮氧化物(NO_X)、硫氧化物(SO_X)和可吸入颗粒物($PM10$)的排放量平均也减少了 95%。

靠泊船舶使用船上柴油发电机供电和利用岸电供电的排放物对比表　表8-9

排放物	CO_2	NO_x	SO_2
柴油发电机[g/(kW·h)]	774	9.7	9.8
岸电[g/(kW·h)]	923	3.2	5.3
使用岸电后指标降低率(%)	-19.2	67.0	45.9

4) 船舶采用经济航速航行

　　船舶在建造时,都已经确定了一个设计航速。航行时的实际航速,通常与设计航速相近。此时,主机运转良好,燃烧最充分,"每千瓦·小时油耗"也最低。

　　在燃油价格攀升、贸易量减少以及海员工资待遇提升等一系列问题出现的时候,航运企业成本加大,这时最适宜采用经济航速,不仅可以减少航运企业的损失,而且也为节能减排做出贡献。船舶航行1n mi 所需费用最低的航速称之为船舶的经济航速,即"每海里燃油消耗"最低的航速。这个速度可以减少燃油消耗,降低成本,减少 CO_2 排放量。据测算,如果航速降低10%,则主机功率下降27.1%,燃油消耗量减少19%;如果航速降低20%,则主机功率下降48.8%,燃油消耗量减少36%,具体如图8-8所示。从图中可以看出,如果在航行中采用经济航速,节能效果非常明显。但是如果主机长时间低负荷运转,会导致偏离设计工况太多,使柴油机增压扫气不足,产生燃烧恶化、运动部件磨损加剧等情况,所以为了避免这种情况的出现,一般在航行中柴油机比较理想的结合点应为航速降低10%左右。

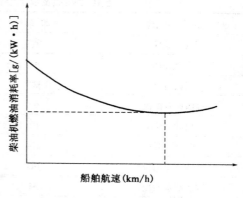

图8-8　燃油航速关系图

8.4　中国水运节能减排现状、措施及前景

8.4.1　中国水运发展概况

1) 内河航道

　　据统计,截至2012年底,全国内河航道通航里程12.50万km,比上年末增加383km。其中,等级航道6.37万km,占总里程的51.0%。其中,三级及以上航道9894km,五级及以上航道2.64万km,分别占总里程的7.9%和21.1%。各等级航道通航里程为:一级航道1395km,二级航道3014km,三级航道5485km,四级航道8366km,五级航道8160km,六级航道19275km,七级航道18023km。各水系内河航道通航里程分别为:长江水系64122km,珠江水系16091km,黄河水系3488km,黑龙江水系8211km,京杭运河1437km,闽江水系1973km,淮河水系17285km。

2) 港口泊位

2012年底,全国港口拥有生产用码头泊位31862个,比上年末减少106个。其中,沿海港口生产用码头泊位5623个;内河港口生产用码头泊位26239个。全国港口拥有万吨级及以上泊位1886个,比上年末增加124个。其中,沿海港口万吨级及以上泊位1517个;内河港口万吨级及以上泊位369个。具体如表8-10和表8-11所示。

2012年全国港口万吨级及以上泊位(单位:个) 表8-10

泊位吨级	全国港口	比上年末增加	沿海港口	比上年末增加	内河港口	比上年末增加
合计	1886	124	1517	95	369	29
1万~3万吨级(不含3万)	732	24	564	16	168	8
3万~5万吨级(不含5万)	335	24	232	16	103	8
5万~10万吨级(不含10万)	581	53	489	40	92	13
10万吨级及以上	238	23	232	23	6	—

全国万吨级及以上泊位构成(按主要用途分,单位:个) 表8-11

泊位用途	2012年	2011年	比上年增加
专业化泊位	997	942	55
集装箱泊位	309	302	7
煤炭泊位	189	178	11
金属矿石泊位	60	52	8
原油泊位	68	68	—
成品油泊位	114	111	3
液体化工泊位	141	123	18
散装粮食泊位	34	33	1
通用散装泊位	379	338	41
通用件杂货泊位	340	322	18

3) 船舶数量及吨位

2012年底,全国拥有水上运输船舶17.86万艘,比上年末减少0.4%;净载重量22848.62万t,比上年末增长7.5%;平均净载重量1279.38t/艘,比上年末增长7.8%;载客量102.51万客位,比上年末增长1.7%;集装箱箱位157.36万TEU,比上年末增长6.7%;船舶功率6389.46万kW,比上年末增长7.4%。具体如表8-12所示。

2012年水上运输船舶构成(按航行区域分) 表8-12

指标	计量单位	统计数据	比上年增长(%)
内河运输船舶			
运输船舶数量	万艘	16.52	-0.4
静载重量	万t	9381.58	6.9
平均载重量	t/艘	568	7.3
载重量	万客位	81.65	-0.3

续上表

指 标	计量单位	统计数据	比上年增长(%)
集装箱箱位	万 TEU	18.98	18.1
船舶功率	万 kW	2995.16	8.1
沿海运输船舶			
运输船舶数量	艘	10947	0.4
静载重量	万 t	6523.25	12.8
平均载重量	t/艘	5959	12.4
载重量	万客位	18.90	11.8
集装箱箱位	万 TEU	22.72	11.8
船舶功率	万 kW	1705.97	11.2
海洋运输船舶			
运输船舶数量	艘	2486	-0.3
静载重量	万 t	6943.79	3.6
平均载重量	t/艘	27932	3.9
载重量	万客位	1.95	-4.5
集装箱箱位	万 TEU	115.66	4.1
船舶功率	万 kW	1688.33	2.7

4) 水路运输量

2012年,全国完成水路客运量2.58亿人、旅客周转量77.48亿人·km,分别增长4.9%和4.0%。全国完成水路货运量45.87亿t、货物周转量81707.58亿t·km,分别增长7.7%和8.3%,平均运距1781.27km,比上年增加10.62km。在全国水路货运中,内河运输完成货运量23.02亿t、货物周转量7638.42亿t·km,比上年分别增长9.5%和16.4%;沿海运输完成货运量16.27亿t、货物周转量20657.06亿t·km,分别增长6.9%和5.9%;远洋运输完成货运量6.58亿t、货物周转量53412.10亿t·km,分别增长3.6%和8.2%。

5) 港口吞吐量

2012年全国港口完成货物吞吐量107.76亿t,比上年增长7.3%。其中,沿海港口完成68.80亿t,内河港口完成38.96亿t,分别增长8.2%和5.9%。全国港口完成旅客吞吐量1.94亿人,比上年下降0.1%。其中,沿海港口完成0.79亿人,内河港口完成1.15亿人,分别下降1.5%和增长0.8%。全国港口完成外贸货物吞吐量30.56亿t,比上年增长9.7%。其中,沿海港口完成27.86亿t,内河港口完成2.71亿t,分别增长9.5%和12.0%。货物吞吐量超过亿吨的港口由上年的26个增加到29个。其中,沿海亿吨港口19个,内河亿吨港口10个。全国港口完成集装箱吞吐量1.77亿TEU,比上年增长8.4%。其中,沿海港口完成1.58亿TEU,内河港口完成1950万TEU,比上年分别增长8.0%和12.3%。集装箱吞吐量超过100万TEU的港口由上年的19个上升到22个。其中,沿海港口18个,内河港口4个。具体如表8-13和表8-14所示。

我国货物吞吐量超过亿吨的港口(单位:亿t)　　　　　　　　　表 8-13

港口	货物吞吐量	港口	货物吞吐量
沿海港口			
宁波-舟山港	7.44	深圳港	2.28
上海港	6.37	烟台港	2.03
天津港	4.77	北部湾港	1.74
广州港	4.35	连云港港	1.74
青岛港	4.07	厦门港	1.72
大连港	3.74	湛江港	1.71
唐山港	3.65	黄骅港	1.26
营口港	3.01	福州港	1.14
日照港	2.81	泉州港	1.04
秦皇岛港	2.71	—	—
内河港口			
苏州港	4.28	江阴港	1.32
南京港	1.92	泰州港	1.32
南通港	1.85	重庆港	1.25
湖州港	1.78	嘉兴内河港	1.09
镇江港	1.35	岳阳港	1.04

我国集装箱吞吐量超过 100 万 TEU 的港口(单位:万 TEU)　　　　表 8-14

港口	集装箱吞吐量	港口	集装箱吞吐量
沿海港口			
上海港	3252.94	营口港	485.10
深圳港	2294.13	烟台港	185.05
宁波-舟山港	1617.48	福州港	182.50
广州港	1454.74	日照港	174.92
青岛港	1450.27	泉州港	169.70
天津港	1230.31	丹东港	125.05
大连港	806.43	汕头港	125.02
厦门港	720.17	虎门港	110.36
连云港港	502.01	海口港	100.01
内河港口			
苏州港	586.35	南京港	230.03
佛山港	266.71	江阴港	115.38

8.4.2 中国水运节能减排概况

1) 港口营运能源消耗

(1) 能源消费总量

港口企业分为沿海港口和内河港口两大类,我国现有港口能耗统计数据主要是针对 13 个沿海主要港口(包括:大连港、营口港、秦皇岛港、天津港、烟台港、青岛港、日照港、连云港、上海港、宁波港、广州港、湛江港、汕头港)和长航局原属 20 个长江干线港口。统计资料表明,2006 年与 2000 年相比,沿海 13 个主要港口吞吐量由 70537 万 t 增长到 171916 万 t,增加了 144%,年均增长率达到 16%,能源消耗总量由 479961tce 增长到 987744tce,增加了 106%,年均增长率达到 12.8%;20 个长江干线港口吞吐量由 18719 万 t 增加到 29707 万 t,增加 59%,年均增长率为 8%,能源消耗总量由 78017tce 增加到 122099tce,增加 57%,年均增长率为 7.7%。上述沿海 13 个主要港口吞吐量占全国沿海港口吞吐量 60% 左右,且地域范围从北到南,具有一定代表性,因此,13 个主要港口基本可以代表我国沿海港口运营单耗水平。长航局原属 20 个长江干线港口吞吐量虽然占全国内河港口吞吐量比例不高,但是覆盖区域较广,基本可以代表我国内河港口单耗水平。由此测算出全国港口 2000~2006 年能耗总量从 1261697tce 增加为 2866823tce,增幅为 127%,年均增长率达到 14.7%。其中沿海港口能耗总量从 880425tce 增加为 2028338tce,增幅为 130%,年均增长率为 14.9%;内河港口能耗总量从 381272tce 增长为 838485tce,增幅为 120%,年均增长率为 14%。具体港口能耗情况如表 8-15 所示。

2000—2006 年全国港口能源消费情况　　　　表 8-15

年份		2000	2001	2002	2003	2004	2005	2006
沿海港口	吞吐量(万 t)	129208	145293	171595	206360	253777	300893	353031
	能耗总量(tce)	880425	946157	1055077	1306680	1486034	1755323	2028338
内河港口	吞吐量(万 t)	91480	94781	108344	123286	163393	184495	204003
	能耗总量(tce)	381272	345420	449084	547935	869836	749976	838485
全国港口	吞吐量(万 t)	220688	240074	279939	329646	417170	485388	557034
	能耗总量(tce)	1262697	1291567	1504161	1854615	2455871	2505300	2866823

注:1. 吞吐量数据来自《全国交通统计年鉴》;
　2. 能源消耗数据由单耗数据与吞吐量数据相乘得到。

(2) 能源消费结构

沿海港口能源消费品种主要是电力、柴油、燃料油、汽油及煤炭,内河港口能源消费品种主要是电力、柴油、汽油及煤炭。图 8-9、图 8-10 分别为 2000—2006 年全国沿海 13 主要港口、长航局原属 20 个长江干线港口的能源消费结构的变化情况。

(3) 能耗强度

全国港口营运单耗从 2000 年的 5.77tce/万 t 吞吐量,下降至 2006 年的 5.14tce/万 t 吞吐量,降幅达 10.9%,年均下降 1.9%。其中,我国沿海港口能源单耗由 6.81tce/万 t 吞吐量下降到 5.75tce/万 t 吞吐量,降幅达到 15.6%,年均下降 2.8%。而内河港口单位吞吐量综合能源单耗降幅比较平缓,由 4.17tce/万 t 吞吐量下降到 4.11tce/万 t 吞吐量,降幅为 1.4%,年均降低 0.2%。据统计,2012 年全国港口企业每万 t 单耗 3.0tce,比 2011 年下降了 3.7%。

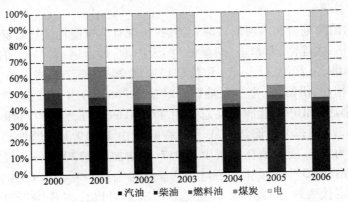

图 8-9　2000—2006 年沿海 13 个主要港口能源消费结构

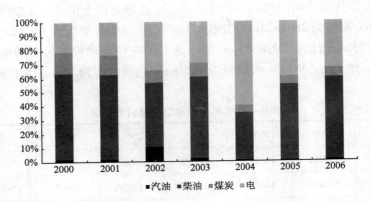

图 8-10　2000—2006 年长航局原属 20 个长江干线港口能源消费结构

2)船舶运输能源消耗

(1)能源消费总量

2001—2008 年期间,全国营运船舶周转量由 25989 亿 t·km 增加为 50263 亿 t·km,增幅达到 93.4%,年均增长率为 9.9%;能耗总量由 2261 万 tce 增加为 3871 万 tce,增幅达到 71.2%,年均增长率为 8%,如图 8-11 所示。由于船舶运输量受 2008 年全球金融危机影响大幅减少,2008 年船舶能耗量有较大降低。

(2)能源消费结构

船舶运输能源消费品种为柴油、燃料油等。内河运输以消耗柴油为主,沿海和远洋运输以消耗燃料油为主。图 8-12 为 2008 年专项调查各航区能源消费结构统计图。

(3)能耗强度

船舶运输分为内河(包括运河、湖泊)运输和海洋运输。2001 年到 2008 年船舶运输能源单耗总体呈下降趋势,从2001年的8.7kgce/(10^3t·km),下降至2008年的7.7kgce/(10^3t·km),降幅达11.5%,年均下降1.7%。其中海洋船舶单耗水平下降较快,由8.5kgce/(10^3t·km)下降到7.5kgce/(10^3t·km),降幅为11.8%,年均下降1.8%;内河船舶的能源单耗水平下降相对缓慢,由11.57kgce/(10^3t·km)下降到11.34kgce/(10^3t·km),降幅为2%,年均下降0.3%。据统计,2012年全国远洋和沿海货运企业每千吨·海里单耗6.2kgce,比2011年下降了11.6%。

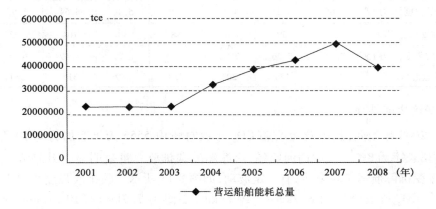

图8-11 2001—2008年船舶运输能耗总量

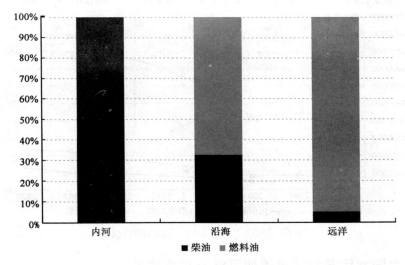

图8-12 各航区能源消费结构

3)港口营运碳排放

2000—2006年期间,我国港口营运过程的碳排放总量不断上升,全国港口碳排放总量增加了1倍,年均增长率为12.4%;其中沿海港口和内河港口的排放总量分别增长了1.1倍、0.9倍,年均增长率分别为12.9%、11.4%。碳排放强度总体呈下降趋势,全国港口碳排放强度降幅约为20%,年均下降3.7%;其中沿海、内河港口碳排放强度降幅分别为24%、15%,年均下降幅度分别为4.4%、2.7%,如表8-16所示。

2000—2006 年全国港口营运过程碳排放情况　　　表 8-16

年份		2000	2001	2002	2003	2004	2005	2006	年均增长（%）
沿海港口	碳排放强度(t/万t)	8.64	7.94	7.45	6.82	6.73	7.01	6.59	-4.4
	碳排放总量(万t)	112	115	128	141	171	211	232	12.9
内河港口	碳排放强度(t/万t)	7.05	6.21	6.86	7.16	5.40	5.64	5.97	-2.7
	碳排放总量(万t)	64	59	74	88	88	104	122	11.4
全国港口	碳排放强度(t/万t)	7.98	7.26	7.22	6.95	6.21	6.49	6.36	-3.7
	碳排放总量(万t)	176	174	202	229	259	315	354	12.4

4）船舶运输碳排放

2001—2008 年期间，我国营运船舶 CO_2 排放总量由 5555 万 t 增加为 9510 万 t，增幅达 71%，年均增长率为 8%。其中内河船舶、沿海船舶碳排放总量呈明显上升趋势，远洋运输碳排放量由于受国际航运市场影响，有一定波动，如图 8-13 所示。碳排放强度均呈下降趋势，船舶运输综合 CO_2 排放强度由 8.7kgce/(10^3t·km) 下降为 7.7kgce/(10^3t·km)，下降幅度为 11.5%，年均降幅为 1.7%；其中内河船舶 CO_2 排放强度下降幅度为 2%，年均降幅为 0.3%；海洋船舶 CO_2 排放强度下降幅度为 11.6%，年均降幅为 1.7% 如图 8-14 所示。

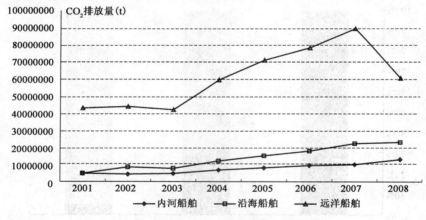

图 8-13　2001—2008 年全国船舶运输碳排放量

8.4.3　中国水运节能减排近期目标及实施路径

1）发展目标

（1）能源强度指标：到 2015 年和 2020 年，营运船舶单位运输周转量能耗比 2005 年分别下降 15% 和 20%，其中，内河船舶分别下降 14% 和 20%，海洋船舶分别下降 16% 和 20%。港口生产单位吞吐量综合能耗分别下降 8% 和 10%。

（2）CO_2 排放强度指标：到 2015 年和 2020 年，营运船舶单位运输周转量 CO_2 排放比 2005 年分别下降 16% 和 22%，其中，内河船舶分别下降 15% 和 23%，海洋船舶分别下降 17% 和 21%。港口生产单位吞吐量 CO_2 排放比 2005 年分别下降 10% 和 12%。

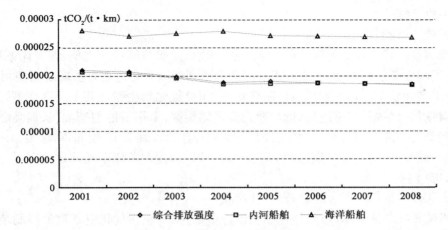

图 8-14　2001—2008 年全国船舶运输碳排放强度

2）实施路径

（1）船舶运输

①结构性节能

a. 提升航道技术等级

大力开发利用长江、京杭大运河、淮河、珠江、黑龙江及水网地区水运资源，加快推进内河水运主通道建设，全面提高航道等级和改善航道条件，提高航道标准和通航保证率。加快形成以高等级航道为主体的干支直达、通江达海、结构合理的内河航道网，到 2015 年和 2020 年，力争使三级以上航道比重分别达到 9% 和 10% 以上。

b. 优化船舶运力结构

加快海运船舶运力结构调整。优化船队的吨位结构，推动海运船舶向大型化、专业化方向发展，重点发展大型集装箱运输船、原油运输船、散货运输船以及液化天然气船等，加快建成规模适当、结构合理、具有较强国际竞争力的海运船队。通过优化运力结构，到 2015 年和 2020 年，力争使海运船舶平均吨位分别达到 10000t 和 12000t 以上，预期可使单耗同比 2005 年分别下降 3.7% 和 4.6% 左右。

大力推进内河船舶运力结构调整。发展与航道技术标准相适应的大型化、标准化船舶，积极发展商品汽车、散装水泥等特种货物运输船舶，加快淘汰挂桨机船等技术落后、能耗高、污染大的老旧船舶与落后船型。积极引导运输企业和船户组建专业化内河运输船队，发展顶推船队，提高船舶吨位，发展规模化运输，降低燃料消耗。到 2015 年，长江、西江、京杭运河货运船舶基本实现标准化和系列化，全国内河货运船舶平均吨位达到 500t 以上，其中长江干线达到 1200t 以上；到 2020 年，全国内河货运船舶基本实现标准化和系列化，平均吨位达到 600t 以上。通过优化内河船舶运力结构，到 2015 年和 2020 年，预期可使单耗同比 2005 年分别下降 3.5% 和 5.2% 左右。

c. 优化船舶能源消费结构

研发推广新型船用替代燃料，适度在船舶上推广应用太阳能、燃料电池、生物质柴油、液化天然气（LNG）、液化石油气（LPG）等清洁能源，推广使用岸电、风力驱动技术，逐步改善船用燃油质量。

②技术性节能

a. 研发推广节能船型

研发推广新一代节能型运输船舶。通过建立健全船舶节能设计规范、评价体系和技术标准,大力发展船舶节能新技术,积极开发和采用节能新船型和先进动力系统,鼓励采用新技术、新材料、新工艺和新结构提高船舶设计制造水平,积极优化新船型及其主尺度线型,优化设计减轻船舶自重量,优选先进推进器、低转速大直径螺旋桨,采用节能型柴油机,提高燃油效率。加大双尾船型等节能新船型推广力度,提高节能船型比重。到2015年和2020年,力争使新增船舶运力中节能船型的比重分别达到70%和80%以上,预期可使单耗同比2005年分别下降1.4%和2.0%左右。

b. 大力研发和推广船舶节能新技术、新产品

加强机桨匹配节能技术改造,优化船舶运行参数;推广应用优化电子喷油控制装置、节油减烟器、精确导航系统设备、防污漆、新型燃油添加剂、燃油均质等先进适用节能技术(产品),降低船舶航行运营能耗水平;推广应用主机废气余热回收利用、主机排气管扩压、轴带发电机等节能技术,降低船舶辅助用能水平。到2015年和2020年,使船壳防污漆、燃油添加剂等船舶高效节能产品的推广应用率大幅提高,其中防污漆应用率分别提高到70%和90%,预期可使单耗同比2005年分别下降3.4%和4.6%;燃油添加剂应用率分别提高到50%和80%,预期可使单耗同比2005年分别下降1.6%和2.2%。

c. 研发推广航标节能新技术

研究、开发并推广应用新型节能型航标灯器,鼓励在航标中应用新技术、新材料、新光源和新能源。

③管理性节能

a. 提升水路运输组织管理水平

加强水路运输组织管理。引导航运企业优化结构,加快培育规模大、信誉好、国际竞争力强的海运企业和一流的全球物流经营人,大力推进内河航运的公司化改造,促进航运企业向规模化、集约化方向发展。发展大宗散货专业化运输、多式联运等现代运输组织方式,鼓励发展海峡、海湾和陆岛客货混装运输及商品车辆集装多元化运输方式,推进江海直达运输,全面提升船舶营运组织效率和节能水平。提高船舶载重量利用率。加强货物集散地规划及建设,完善航运物流系统,优化航运发展规划与组织管理。充分运用信息化、网络化技术,合理组织货源,保持货流平衡,提高船舶载重量利用率。到2015年和2020年,力争使内河船舶载重量利用率在2005年的基础上分别提高20个和25个百分点,预期可使单耗分别下降3.6%和4.5%左右;使海运船舶载重量利用率在2005年的基础上分别提高9个和12个百分点,预期可使单耗分别下降1.7%和2.2%左右。

b. 强化船舶营运节能管理

加强船员节能教育培训,提高船员队伍节能素质。积极应用信息化、智能化等现代管理技术,综合运用船队规划、航线优化、气象导航、最佳纵倾、机舱自动化控制操作等管理技术,提升船舶营运管理节能水平。加强船舶经济航速航行管理,推广应用节油最佳航速显示器,在不影响船期的情况下推行经济航速。到2015年和2020年,使全国海运集装箱船舶的平均航速分别同比2005年分别下降6%和8%左右,预期可使单耗分别下降5.3%和7.6%左右。实行严

格的船舶维修保养管理制度。加强在用船舶的维修保养,保持良好的技术状态。到 2015 年和 2020 年,分别使在用船舶的维修保养率比 2005 年提高 10 个和 15 个百分点,预期可分别使单耗下降 1.2% 和 1.6%。

全国营业性水路运输中长期节能目标分解如表 8-17 所示。

营业性水路运输中长期节能目标分解　　　　　　　表 8-17

项　目			2015 年		2020 年	
单位能耗强度指标	营运船舶综合单耗		下降 15% 左右		下降 20% 左右	
	海洋船舶		下降 16% 左右		下降 20% 左右	
	内河船舶		下降 14% 左右		下降 20% 左右	
分解目标	类别	主要任务	具体目标	节能效果	具体目标	节能效果
	结构性节能	全国船舶吨位结构	内河船舶 > 500t 海运船舶 > 10000t	内河 3.5% 海运 3.7%	内河船舶 > 600t 海运船舶 > 12000t	内河 5.2% 海运 4.6%
		内河航道等级结构	三级以上航道比重 > 9%		三级以上航道比重 > 10%	
	技术性节能	燃油添加剂	应用率 > 60%	1.6%	应用率 > 80%	1.6%
		推广防污剂	应用率 > 70%	3.4%	应用率 > 90%	4.6%
		推广节能船型	应用率 > 70%	1.4%	应用率 > 70%	2.0%
	管理性节能	船舶载重量利用率	内河船舶 > 65% 海运船舶 > 69%	内河 3.6% 海运 1.7%	内河船舶 > 70% 海运船舶 > 72%	内河 4.5% 海运 2.2%
		海运加强经济航速管理、推行减速航行	海运集装箱船平均航速下降 > 6%	5.3%	海运集装箱船平均航速下降 > 8%	7.6%
		全国船舶维修保养率	维修保养率 > 75%	1.2%	维修保养率 > 80%	1.6%

注:1. 2015 年和 2020 年下降幅度同比 2005 年(基年)数据;
2. 营运船舶单耗单位:kgce/(10^3 t·km);
3. 表中仅列出了水路运输节能的主要途径及其效果、目标的确定还综合考虑了其他影响因素;
4. 以 2015 年和 2020 年海洋和内河运输周转量的预测值为权重,计算得到营运船舶综合单耗的预测值。

(2) 港口营运

① 结构性节能

a. 推进港口结构升级

加快推进沿海港口结构调整和升级,加大港口资源整合力度,完善专业化运输系统布局,完善港口集疏运设施,提升进港航道等级,提高集疏运效率。提高沿海港口码头泊位专业化、规模化水平,适当提高煤炭、矿石接卸港口泊位等级、能力和专业化水平,提高大型原油码头接卸比重。建设布局合理、功能完善、专业化和高效率的内河港口体系。全面推进港口技术改造工作,加大老码头更新改造力度,提升既有码头设施的专业化和现代化水平,提高港口通过能力和生产效率,降低港口生产能耗水平。

b. 强化港口工程节能设计

倡导节能设计理念,优化港口总平面布置、港区布局和码头设计,优化装卸工艺、设备选型和配套工程设计,改进工艺流程,使系统各环节能力匹配,提高系统节能水平。优化港区电网设计,积极采用先进技术,减少用电损耗,提高港区电网供电质量,减少电能在传输过程中的消耗。

c. 优化港口装卸设备结构

加快港口装卸机械技术升级改造,推进轮胎式集装箱门式起重机"油改电"技术改造工作,淘汰高耗能、低效率的老旧设备。加快发展轨道式龙门吊等高能效港口装卸设备和工具,引导轻型、高效、电能驱动和变频控制的港口装卸设备的发展,提高能源使用效率。

② 技术性节能

a. 强化港口节能科技创新与推广

加强港口节能技术攻关和推广,积极研发推广港口节能新技术、新工艺、新设备和新能源。加快对集装箱码头设备和散货码头设备关键技术的研究。在大型专业化码头中推广变频调速、自动化系统控制技术。研发推广港口装卸设备"油改电"技术、货场照明控制和绿色电源技术、门机回馈制动技术。大力研发推广应用电能回馈、储能回用、岸电等绿色节能技术,以及电动水平运输车辆等新工艺新技术。推广绿色照明工程,加强照明和空调系统等辅助用能节能改造技术。积极开发利用太阳能、地源/海水源能、潮汐能、风能等可再生能源。

b. 加快港口信息化、智能化建设

研发推广港口能源管理信息系统、集装箱码头集卡全场智能调控系统和智能化数字港口管理技术等,充分利用港口 EDI 技术,整合港口生产管理信息系统,加快推进港口物流综合信息服务平台建设,促进现代港口物流发展。到 2015 年和 2020 年,力争分别使全国 75% 和 90% 以上的主要港口实现基于 EDI 的货运信息服务。

③ 管理性节能

a. 强化港口生产运营管理

针对重点物资及大宗货物,加强港口生产组织、协调,做好与包括铁路运输在内的其他运输方式的衔接工作,提高车船直取的比例,提高港口物流效率。充分利用 GPS 等定位技术,以及射频、条码等识别、跟踪和调度技术,优化运输工具和货物的组织调度,加强货场管理和港区内运输组织管理,加强设备管理和生产工艺流程管理,使机械设备合理负载,提高货物集疏运效率、装卸设备利用率和港口生产作业效率,提升港口生产运营管理水平,降低港口生产单位能耗。

b. 加强港口企业节能管理

加大港口节能操作培训。制定并实施严格的港口生产节能操作标准,加大对港口生产工作人员,特别是节能管理人员和港口机械操作人员的培训力度,提高全员节能意识和操作技能。到 2015 年和 2020 年,力争使全国港口节能操作培训普及率分别达到 70% 和 80% 以上。

全国港口生产中长期节能目标分解如表 8-18 所示。

港口生产中长期节能目标分解　　　　表 8-18

项　目	2015 年	2020 年
全国港口生产综合单耗	降低 8% 左右	降低 10% 左右
沿海港口生产综合单耗	降低 8% 左右	降低 11% 左右
内河港口生产综合单耗	降低 3% 左右	降低 5% 左右

注:1. 2015 年和 2020 年下降幅度同比 2005 年(基年)数据。
　　2. 港口生产综合单位单耗单位:tce/万吨吞吐量。
　　3. 以 2015 年和 2020 年沿海和内河港口吞吐量周转量的预测值为权重,计算并得到港口生产综合单位能耗。

8.4.4 中国水运节能减排发展趋势及前景分析

1) 情景的设置

本书采用情景分析方法考察不同假设条件下 CO_2 排放的变化以及影响排放变化的主要因素。参照国内外相关研究成果，研究中主要设置了3种情景：基准情景、低碳情景、强化低碳情景，并考虑了影响交通能源消耗和 CO_2 排放的各种驱动因子。

（1）主要驱动因子

在情景设置中，本研究主要考虑三个层面的驱动因子：①宏观社会经济发展水平；②相关政策条件；③水运行业能源消耗影响因素。将针对这些因素对情景中相应的参数进行选择和设定。

（2）情景设计

为了能够比较全面地反映我国水路运输行业未来温室气体可能的排放路径，根据与未来排放密切相关的主要驱动因子设计了3个排放情景。

①基准情景（Business As Usual，BAU），即延续当前水运行业的发展模式和节能减排措施、不特别采取其他减少碳排放对策的情景。宏观经济的各个因子的发展状况主要参照相关情景分析的结论，基本反映目前所能够回顾评述到的有关中国未来50年的经济发展途径。人口发展模式主要采用国家计划生育委员会的人口发展情景，该情景下在2030—2040年中国人口达到高峰，为14.7亿左右，2050年下降到14.6亿。

该情景以2005年以来水运行业发展实际为基础，在既定交通运输发展目标的前提下，继续实施现有关于行业节能减排的主要政策措施。同时，该情景考虑随社会经济的发展，行业发展方式的转变以及节能技术、低碳能源技术利用等技术进步对交通运输行业的影响，单位运输周转量能耗将呈现逐步下降趋势，但行业生产方式未发生根本性变化。

②低碳情景（Low Carbon Scenario，LC），指综合考虑国家能源安全、发展低碳经济的实际要求以及交通运输行业的可持续发展，行业在转变发展方式、提高行业科技水平、推进节能减排等方面做出重大努力，在结构调整、技术进步、提高管理水平等方面采取一系列新的政策措施，促进交通运输行业进一步减少碳排放情景。

该情景假设未来水运行业在发展方式、能源消费结构、低碳技术创新及应用等方面均有重大改观，行业发展与能源、环境之间达到较为和谐的状态，单位运输周转量能耗下降速度进一步加快。依靠水运行业自身努力，加大资金和技术投入，尽力争取可以实现低碳发展的情景。

③强化低碳情景（Enhanced Low Carbon Scenario，ELC）。强化低碳情景是指结合我国低碳经济发展需求，考虑水运行业在节能减排、促进低碳经济发展中的重要地位和作用，提高水运行业对低碳经济发展的贡献度。水运行业在转变发展方式、提高行业科技水平、推进节能减排等方面采取更为强有力的措施，并取得明显成效，行业碳排放明显减少的情景。

该情景的实现除了水运行业自身努力之外，还需要国家在资金和技术上给予全力支持，进一步加快发展方式转变，强化技术进步，能源消费结构明显优化，节能减排取得显著成效，单位运输周转量能耗呈现较为明显下降趋势。但在该情景下，由于对减少碳排放要求较高，而交通运输行业作为国民经济的基础性、先导性和服务性行业，在现阶段实施强化低碳情景将会对交通运输行业乃至整个国民经济的发展造成一定的负面影响。因此，该情景只适合在我国经济社会发展到一定历史阶段,综合国力达到世界领先水平的前提下考虑实施。

依据国内相关政策及研究,本书对情景分析中涉及的各项驱动因子进行了具体设置(表8-19)。情景分析的预测基期定为2010年,水平年依次为2015年、2020年、2030年、2040年、2050年。

情景分析的主要驱动因子设定 表8-19

类别	因子	基准情景	低碳情景	强化低碳情景
社会经济	GDP	2005—2020年年均增速为8.8%,2020—2035年为6%,2035—2050年为4.4%	2005—2020年年均增速为8.8%,2020—2035年为6%,2035—2050年为4.4%	2005—2020年年均增速为6%,2020—2035年为4%,2035—2050年为3%
	人口	2030—2040年达到高峰,约14.7亿,2050年为14.6亿	2030—2040年达到高峰,约14.7亿,2050年为14.6亿	2030—2040年达到高峰,约14.7亿,2050年为14.6亿
	产业结构	经济结构有一定优化,2030年后第三产业成为经济结构的主要组成部分,第二产业发展以高物资消耗为特点,重工业仍占重要地位	经济结构将进一步优化,与目前发达国家的格局类似,新兴工业和第三产业发展快速,信息产业占据重要位置,第二产业所占比重较基准情景较低	经济结构将进一步优化,与目前发达国家的格局类似,新兴工业和第三产业发展快速,信息产业占据重要位置,第二产业所占比重较低碳情景较低
综合运输	综合运输体系发展	综合运输体系建设稳步推进,部分公路客货运量向铁路、内河航运等其他运输方式转移	进一步加速推进综合运输体系建设,公路客货运量向铁路、内河航运等其他运输方式转移规模增大	综合运输体系建设速度明显加快,公路客货运量向铁路、内河航运等其他运输方式转移规模进一步增大
水路交通	水运行业总体态势	向现代服务业转型、又好又快的发展模式	适应国家低碳经济、又好又低碳的发展模式,水运行业实行严格的节能措施	低碳强约束下的低碳优先发展模式,又低碳又好
	技术进步	节能减排与效率并重,节能减排技术广泛应用	节能减排与低碳并重,节能技术改造效果显著,相关节能产品得到推广并广泛应用,清洁能源技术得到应用,到2020年,船舶技术制造水平有重大突破,船舶的能耗进一步降低	行业实行更为严格的节能措施,节能的潜力完全挖掘,清洁能源技术广泛应用,港口和船用技术进步能够支撑大量非化石能源的利用
	结构调整	结构调整以节能减排为出发点	结构调整以低碳发展为出发点,运力结构优化	结构调整以低碳发展为出发点
	管理	管理以节能减排为出发点	管理以节能减排和低碳为出发点	管理以低碳为出发点
	能源利用	化石能源的节能减排	化石能源的节能减排,清洁能源的利用,行业能源利用效率很大改善	化石能源的强化节能减排,清洁能源的广泛利用

2)情景结果分析

(1)能源消费总量、结构及强度

综合考虑未来水路运输运力结构调整、船舶及港口节能减排技术应用、船舶及港口新能源技术应用、能源利用管理等方面因素的发展水平,计算得出 3 种情景下,水路交通的能源消耗情况如下表所示。3 种情景中能耗总量在 2010—2050 年间均持续上升,年均增速分别为 2.1%、1.8%、1.0%,见表 8-20 所示。

2010—2050 年水路交通能源消费量(单位:万 tce)　　　　表 8-20

部门	情景	2005	2010	2015	2020	2030	2040	2050
船舶运输	基准情景	3860	5711	7291	8610	10731	12092	13147
	低碳情景		5663	7065	8151	10216	11075	11648
	强化低碳情景		5580	6612	7211	8385	8539	8566
港口生产	基准情景	91	152	193	230	289	326	358
	低碳情景		149	185	218	274	303	328
	强化低碳情景		144	171	196	237	244	257
总计	基准情景	3950	5863	7484	8841	11020	12418	13505
	低碳情景		5811	7250	8369	10490	11378	11976
	强化低碳情景		5724	6783	7407	8623	8782	8823

沿海及远洋运输船舶的能耗结构将明显变化,使用燃料油的比例逐渐减小,而柴油与非化石能源的用量比例逐渐增大。在低碳情景下,到 2050 年,沿海运输船舶的燃料消耗中柴油、非化石能源的比例将分别达到 55%、30% 左右(图 8-15);远洋运输船舶的燃料消耗中柴油、非化石能源的比例将分别达到 20% 及 30% 左右(图 8-16)。

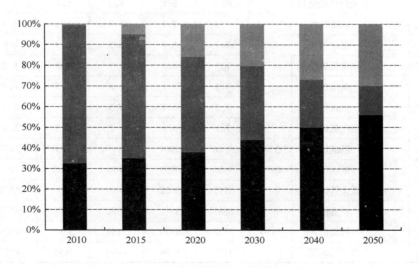

图 8-15　低碳情景下沿海运输船舶能源消费结构变化

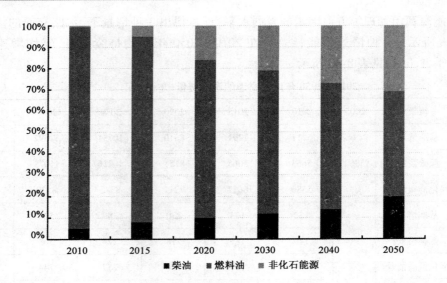

图 8-16 低碳情景下远洋运输船舶能源消费结构变化

水路交通能耗强度持续下降。2010—2050 年间,船舶运输的能耗强度下降幅度在基准情景中约为 16%,在低碳情景和强化低碳情景中可能达到 24% 和 33%。港口生产能耗强度的下降幅度在 3 种情景中分别约为 11%、17%、22%(表 8-21 所示)。

2010—2050 年水路交通能源消费强度　　　　　表 8-21

部门	类型	情景	2005	2010	2015	2020	2030	2040	2050
船舶运输能耗强度 [kgce/(10^3t·km)]	内河船舶	基准情景	11.3	10.9	10.6	10.2	9.9	9.7	9.5
		低碳情景		10.8	10.4	9.7	9.4	8.9	8.4
		强化低碳情景		10.7	9.8	8.7	8.0	7.7	7.4
	沿海船舶	基准情景	7.5	7.2	7.1	6.8	6.6	6.4	6.3
		低碳情景		7.2	6.9	6.5	6.3	6.0	5.7
		强化低碳情景		7.1	6.6	5.9	5.8	5.2	5.1
	远洋船舶	基准情景		7.2	7.1	6.8	6.5	6.4	6.3
		低碳情景		7.2	6.9	6.5	6.3	6.0	5.7
		强化低碳情景		7.1	6.8	6.2	5.5	5.4	5.0
港口生产能耗强度(kgce/万吨吞吐量)	内河船舶	基准情景	4070	3966	3904	3789	3716	3467	3396
		低碳情景		3886	3783	3655	3582	3467	3396
		强化低碳情景		3792	3622	3480	3407	3222	3180
	沿海船舶	基准情景	5830	5637	5543	5382	5278	5215	5175
		低碳情景		5523	5370	5189	5085	4926	4827
		强化低碳情景		5388	5139	4939	4835	4577	4518

(2)碳排放总量及强度

水路交通的碳排放总量在 3 种情景下均持续上升。其中,船舶运输的 CO_2 排放量在 3 种情景下的年增长率分别为 2.1%、1.8%、1.1%;港口生产 CO_2 排放量在 3 种情景下的年增长率分别为 2.2%、2.0%、1.5%。船舶运输与港口生产的 CO_2 排放总量之比在 33∶1~43∶1 之间。具体见表 8-22 所示。

2010—2050 年水路交通 CO_2 排放量（单位：万 t） 表 8-22

部门	情景	2005	2010	2015	2020	2030	2040	2050
船舶运输	基准情景	9482	14029	17911	21153	26363	29707	32299
	低碳情景		13911	17355	20024	25098	27207	28614
	强化低碳情景		13709	16243	17715	20600	20977	21043
港口生产	基准情景	223	373	475	566	709	801	878
	低碳情景		366	455	535	673	745	806
	强化低碳情景		353	419	482	583	598	631
合计	基准情景	9705	14402	18386	21719	27072	30508	33177
	低碳情景		14277	17810	20559	25771	27952	29420
	强化低碳情景		14062	16662	18197	21183	21575	21674

船舶运输的碳排放强度逐年持续下降，在基准情景下年均降幅约为 0.4%，低碳情景和强化低碳情景可以分别达到约 0.7%、1.0%，内河船舶的减排空间较大。港口生产的碳排放强度缓慢下降，3 种情景下的年均降幅分别为 0.1%、0.3%、0.5%。见表 8-23。

2010—2050 年水路交通碳排放强度 表 8-23

部门	类型	情景	2005	2010	2015	2020	2030	2040	2050
船舶运输 [kg CO_2/(10^3 t·km)]	内河船舶	基准情景	27.9	26.7	26.2	25.0	24.2	23.7	23.3
		低碳情景		26.6	25.5	23.9	23.2	21.8	20.6
		强化低碳情景		26.4	24.2	21.5	19.7	18.9	18.1
	沿海船舶	基准情景	18.4	17.7	17.3	16.6	16.1	15.8	15.6
		低碳情景		17.6	17.0	16.0	15.5	14.7	14.0
		强化低碳情景		17.5	16.1	14.4	13.4	12.8	12.5
	远洋船舶	基准情景	18.4	17.7	17.3	16.6	16.1	15.8	15.5
		低碳情景		17.6	17.0	16.0	15.6	14.7	14.0
		强化低碳情景		17.5	16.7	15.2	14.3	13.3	12.3
港口生产 (kg CO_2/万吨吞吐量)	内河船舶	基准情景	1.00	0.97	0.96	0.93	0.91	0.90	0.89
		低碳情景		0.95	0.93	0.90	0.88	0.85	0.83
		强化低碳情景		0.93	0.89	0.85	0.84	0.79	0.78
	沿海船舶	基准情景	1.43	1.38	1.36	1.32	1.30	1.28	1.27
		低碳情景		1.36	1.32	1.27	1.25	1.21	1.19
		强化低碳情景		1.32	1.26	1.21	1.19	1.12	1.11

总结

(1) 水路运输方式具有运载能力大、运输成本低、能源消耗少、土地占用少、环境影响小、技术速度低、机动性较差等特点，在 5 种运输方式中具有比较优势，是世界贸易的主要运输方式。

(2) 截至 2011 年底，全球 300 总吨以上商船 48687 艘，运力总计 14.5 亿载重吨，集装箱箱位 1641 万 TEU，平均船龄 16.7 年。全球海运量为 84.79 亿 t。其中，集装箱为 14.77 亿 t。

(3) 2011 年全球水运能耗为 2.48 亿 t，约占各种交通方式总能耗的 10.14%。2007 年全球航运业 CO_2 排放量约为 10.46 亿 t，占全球 CO_2 排放总量的 3.3%；其中，国际航运 CO_2 排放量为 8.70 亿 t，占全球 CO_2 排放总量的 2.7%。但相对于其他运输方式，海运方式的 CO_2 排放效率是最高的。

(4) EEDI(Energy Efficiency Design Index) 新船能效设计指数是由"新造船 CO_2 设计指数"变身而来，是衡量船舶 CO_2 效能的一个指标，其含义是单位船舶运输量和二氧化碳排放量间的比值。IMO 旨在通过对新造船强制执行 EEDI，达到减小或控制航运业的温室气体排放，达到节能减排的目的。IMO 要求由 2015 年开始，所有 400 总吨或以上的新船，必须达到新的 EEDI 要求，将能效降低 10%，2020 年至 2024 年间再降低 10%，2024 年后要达到减排 30% 的目标。

(5) 船舶能效营运指数，简称 EEOI(Energy Efficiency Operational Indicator)，它反映了二氧化碳排放和船舶运输单位货物周转量之间的关系。船舶能效营运指数实际上就是运输 t/nmi 货物所产生的 CO_2 排放量。根据 EEOI 的定义，EEOI 值越小，表明船舶的能效越高。降低船舶能效营运指数，可通过降低船舶每海里油耗、提高船舶载重量，或使用低 CO_2 排放因子的燃料实现。

(6) 船舶能效管理计划，简称 SEEMP，其目的是为公司建立提高船舶作业能效的机制，帮助公司管理其正在运行中的船舶的环境表现。SEEMP 的制定步骤为：计划、执行、检测和自我评估和改进。

(7) 国际水运减排措施主要包括 3 个方面：①技术性减排措施。具体包括：船体线型优化、气膜减阻、推进装置及螺旋桨优化、发动机效率的提高、使用岸电、废热回收、使用新能源和替代燃料等；②营运性减排措施。具体包括：船队减速、优化辅机供电体系、气象导航、准时制物流管理、提高装卸效率、船体维护保养等；③基于市场的减排措施。主要措施包括：实施碳税，实行碳排放交易，温室气体补偿基金等。

(8) 当前，实现船只减排的关键是燃料技术，以燃料电池技术为核心的新燃料研发应用进程直接关系到新型节能船舶的设计制造。由于燃料电池技术和氢的储存技术还存在一些技术难题有待攻关，因此在 2020 年前，船舶的燃料仍将以化石燃料为主，2020—2030 年，醇基替代燃料将占据很大的比例，2030 年以后，液化天然气和燃料电池将占领市场。为了最终实现零排放，氢能的应用将是人类的终极选择。

(9) 国际水运典型减排技术包括：船体减阻降耗技术、使用新能源和替代燃料、船舶使用岸电、船舶采用经济航速航行等。

(10) 截至 2012 年底,全国内河航道通航里程 12.50 万 km,港口生产用码头泊位 31862 个,水上运输船舶 17.86 万艘,完成水路客运量 2.58 亿人、旅客周转量 77.48 亿人·km,完成水路货运量 45.87 亿 t、货物周转量 81707.58 亿 t·km,全国港口完成货物吞吐量 107.76 亿 t,完成旅客吞吐量 1.94 亿人,货物吞吐量超过亿吨的港口由上年的 26 个增加到 29 个,集装箱吞吐量超过 100 万 TEU 的港口由上年的 19 个上升到 22 个。

(11) 全国港口营运单耗从 2000 年的 5.77tce/万吨吞吐量,下降至 2012 年的 3.0tce/万吨吞吐量,降幅达到 48%,年均下降 4%。船舶运输能耗从 2001 年的 8.7kgce/(10^3t·km),下降至 2012 年的 6.2kgce/(10^3t·km),降幅达到 28.7%,年均下降 2.4%。

(12) 近年来,我国港口营运过程的碳排放总量不断上升,年均增长率为 12.4%。但是,碳排放强度总体呈下降趋势,全国港口碳排放强度降幅约为 20%,年均下降 3.7%。我国营运船舶 CO_2 排放总量年均增长率为 8%。但是,碳排放强度均呈下降趋势,船舶运输综合 CO_2 排放强度由 8.7kgce/(10^3t·km) 下降为 7.7kgce/(10^3t·km),下降幅度为 11.5%,年均降幅为 1.7%。

(13) 我国水运节能减排发展目标为:①能源强度指标:到 2015 年和 2020 年,营运船舶单位运输周转量能耗比 2005 年分别下降 15% 和 20%。其中,内河船舶分别下降 14% 和 20%,海洋船舶分别下降 16% 和 20%。港口生产单位吞吐量综合能耗分别下降 8% 和 10%。② CO_2 排放强度指标:到 2015 年和 2020 年,营运船舶单位运输周转量 CO_2 排放比 2005 年分别下降 16% 和 22%。其中,内河船舶分别下降 15% 和 23%,海洋船舶分别下降 17% 和 21%。港口生产单位吞吐量 CO_2 排放比 2005 年分别下降 10% 和 12%。

(14) 采用情景分析方法,设置 3 种情景:基准情景、低碳情景、强化低碳情景。综合考虑未来水路运输运力结构调整、船舶及港口节能减排技术应用、船舶及港口新能源技术应用、能源利用管理等方面因素的发展水平,预测我国水路交通未来能耗总量在 2010—2050 年间均持续上升,年均增速分别为 2.1%、1.8%、1.0%;水路交通的碳排放总量在 3 种情景下均持续上升。其中,船舶运输的 CO_2 排放量在 3 种情景下的年增长率分别为 2.1%、1.8%、1.1%;港口生产 CO_2 排放量在 3 种情景下的年增长率分别为 2.2%、2.0%、1.5%。

拓展资料:营运船舶燃料消耗限值标准

1.《营运船舶燃料消耗限值及验证方法》(JT/T 826—2012)

为贯彻落实交通运输部《公路水路交通运输节能减排"十二五"规划》和《"十二五"水运节能减排总体推进实施方案》的工作要求,由交通运输部水运科学研究院牵头,联合国内其他 7 家单位,在全面分析国际海事组织、美国和欧盟做法的基础上,针对我国拟投入国内营运市场的内河和沿海船舶,首次确定了船舶燃料消耗指标和 CO_2 排放指标;之后,以样本船舶燃料消耗指标和 CO_2 排放指标的统计和分析结果为基础,从必要性和可行性两方面研究,首次得出了我国干散货船、集装箱船和油船的燃料消耗和 CO_2 排放限值;最后,在实船测试验证的基础上,首次设计了燃料消耗指标和 CO_2 排放指标验证方法。并最终形成了交通运输行业标准《营运船舶燃料消耗限值及验证方法》。

营运船舶燃料消耗限值按公式(1)计算,适用船舶载重 t 范围如表 8-24 所示。

$$\text{Limit } FC = a \times DWT^{-c}$$

式中：Limit FC——燃料消耗限值，$g/(t\cdot n\ mi)$；
　　　DWT——载重吨，(t)；
　　　a,c——常数，根据船型、航区按表8-25选取。

公式（1）适用船舶载重吨范围（单位：t）　　　　表8-24

航区	船型		
	干散货船	集装货船	油船
内河A级航区	$DWT\leq10000$	$DWT\leq9000$	$DWT\leq4500$
内河B级航区	$DWT\leq5000$		
近海、沿海、遮蔽水域	$DWT\leq60000$	$DWT\leq22000$	$DWT\leq90000$

不同船型、航区船舶的 a、c 值　　　　表8-25

实施阶段	航区	船型					
		干散货船		集装箱船		油船	
		a	c	a	c	a	c
第一阶段	内河A级航区	24.23	0.2025	937.1	0.5920	145.9	0.4132
	内河B级航区	114.0	0.4352				
	近海、沿海、遮蔽水域	243.2	0.4705	364.7	0.4458	194.3	0.4351
第二阶段	内河A级航区	24.23	0.2025	893.0	0.5991	147.0	0.4256
	内河B级航区	114.0	0.4352				
	近海、沿海、遮蔽水域	243.2	0.4705	327.8	0.4414	137.2	0.4068

注：1. 跨航区船舶以高等级航区为准，等级分布由高到低依次为近海、沿海、遮蔽水域，内河A，内河B；
　　2. 第一阶段、第二阶段执行时间按照实施方案相关规定执行。

2.《四川省农村客渡船燃料消耗量限值及测量方法研究》

四川省交通运输厅航务管理局和重庆交通大学在认真调研分析四川省现有农村客（渡）船5种主力船型燃油消耗现状的基础上，结合国家宏观节能减排要求和交通运输行业节能减排发展规划，考虑未来四川省农村水路客渡运输市场发展趋势，经过科学论证和广泛征求意见，研究制定了四川省农村客（渡）船两阶段燃油消耗限值标准。详见表8-26所示。

四川省农村客（渡）船燃油消耗限值标准统计表　　　　表8-26

序号	主力船型（客位）	燃油消耗率[$g/(kW\cdot h)$]		营运能耗率[$g/(人\cdot km)$]	
		第一阶段	第二阶段	第一阶段	第二阶段
1	20	216.59	191.11	18.068	15.943
2	30	212.19	187.22	17.398	15.351
3	40	208.91	184.34	15.796	13.937
4	60	201.99	178.23	14.299	12.617
5	80	196.84	173.69	13.375	11.801

注:1. 第一阶段、第二阶段具体执行时间由四川省港航管理部门按照实施方案相关规定执行;
2. 根据不同水文条件,分别给予静水河段和急流河段不同的限值标准机动幅度。规定四川省长江干线水系农村客(渡)船燃料消耗限值标准第一阶段在上表所述的基础上调5%,第二阶段上调8%;四川省内陆湖泊水系农村客(渡)船燃料消耗限值标准第一阶段在上表所述的基础上下调5%,第二阶段下调8%。
3. 第一阶段限值标准开始执行后,新船进入四川省农村水路客渡运输市场必须响应上表所述第一阶段和第二阶段燃料限值标准;
4. 第一阶段限值标准开始执行后,老船退出农村客渡运输市场可以享受2年的过渡期,否则,一律强制性退出市场;
5. 非标准船舶一律按最靠近的对应主力船型燃料消耗限值标准为准,凡按期达不到对应标准者,一律强制性退出市场。

本专题参考文献

[1] 交通运输部.2012年公路水路交通运输行业发展统计公报[EB/OL].2013.http://www.moc.gov.cn.
[2] 交通运输部.公路水路交通运输节能减排"十二五"规划[Z].2011.
[3] 交通运输部."十二五"水运节能减排总体推进实施方案[Z].2011.
[4] 交通运输部.建设低碳交通运输体系指导意见[Z].2011.
[5] 交通运输部.建设低碳交通运输体系试点工作方案[Z].2011.
[6] 刘飞.EEDI对船舶总体设计影响分析研究[D].大连理工大学,2011.
[7] 汪峰.C航运公司船舶节能减排的对策研究[D].大连海事大学,2011.
[8] 郝金凤,等.船舶设计节能减排技术策略[J].舰船科学技术,2013(12).
[9] 涂桂禄.基于低碳综合物流的航运企业发展策略研究[D].广州:华南理工大学,2012.
[10] 彭传圣.营运船舶燃料消耗及CO_2排放限值标准的制定与实施[J].水运管理,2012(11).
[11] 牟继冰.基于节能减排理念的绿色海运方式[J].物流科技,2012(6).
[12] 方芳.船舶营运管理学[M].北京:人民交通出版社,2007.
[13] 赵刚.国际航运管理[M].北京:人民交通出版社,1997.
[14] 谢新连.船舶运输管理与经营(第2版)[M].大连:大连海事大学出版社,2009.

专题 9
低碳航空运输

引 言

　　航空运输是最有效的长距离交通工具,也是碳排放增速和碳排放强度最大的交通方式。飞机高空飞行排放的污染物造成的温室效应大约是地面等量废气的 3 倍。国际航空业的飞速发展带来的温室气体排放,越来越受到国际关注。

　　近年来,相关国际组织和众多国家针对航空温室气体排放做了大量研究工作,在国际公约、国家政策、行业协议等层面积极推动相关政策的制定,从先进航空技术、运营管理、基础设施和市场机制等方面,推进航空业节能减排的不断进步。

9.1　世界航空业能耗与碳排放

9.1.1　世界航空业发展态势

1) 世界航空运输现状

　　航空连通性是全球经济增长的关键。在国际旅行中,一半以上的游客乘飞机。航空运输将全球市场联系在一起,使得世界各地都可以及时获得药品、新鲜农产品、紧急援助等时效性产品与服务。近 20 年,航空客运周转量的平均增长为全球 GDP 增长的 1.8 倍。牛津经济研究院指出,全球 2000 亿美元 GDP 的额外增长,得益于过去 20 年中增加的航路连通性。

　　目前,航空运输业每年承担约 30 亿旅客的出行和近 5000 万 t 货物的运输,占世界国际运输量的 0.5% 和运输价值的 35%(达 6 万亿美元);全球贸易额中,约 35% 的制成品通过航空进行运输,总价值约 3.5 万亿美元;航空和相关旅游业提供了大约 5700 万个工作岗位,约 1 千万人直接在航空运输业工作;为世界经济带来了 5380 亿美元的收入和 2.2 万亿美元的 GDP,约占全球 GDP 的 3.5%。

　　据联合国下属的国际民用航空组织(International Civil Aviation Organization,ICAO)统计,2012 年,全球航班数为 3120 万班次,国际和国内客运量达到 29.6 亿人次,定期航班客运周转量为 5.4 万亿客·km;货运量 4920 万 t,货运周转量为 1824 亿 t·km;亚洲和太平洋客货运量占比最大(图 9-1 ~ 图 9-4)。

2) 世界航空运输发展趋势

　　自 1977 年以来,全球航空运量规模每 15 年增长一倍。2013 年 ICAO 预测,2011—2030 年全球航班将增加到约 6000 万次;定期航班客运量将翻番,达到 64 亿人次;客运周转量年均增长

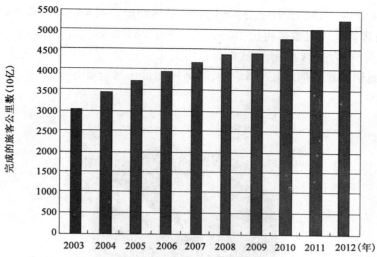

图 9-1 2003—2012 年世界定期航班客运周转量
数据来源：ICAO,2012.

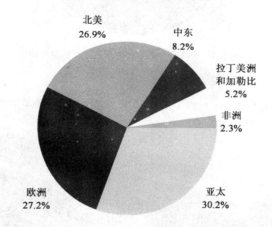

图 9-2 2012 年世界定期航班客运周转量分布
数据来源：ICAO,2012.

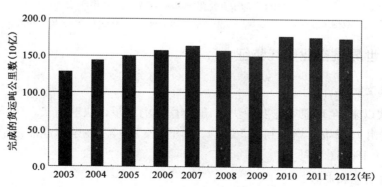

图 9-3 2003—2012 年世界定期航班货运周转量
数据来源：ICAO,2012.

4.6%,达到5.4万客·km(图9-5、图9-6);货运量年均增长4.8%,由2010年的0.507亿吨增加到1.5亿吨;客货运飞机数量将由18890架倍增至36300架。与此相应的,航空业将维系着8200万个工作岗位,为全球GDP贡献6.9万亿美元。其中,亚太地区客运周转量年均增速为6.2%,远高于同期世界平均增长率4.7%,客运周转量将增至2010年的3.3倍,在全球占比达到38%。

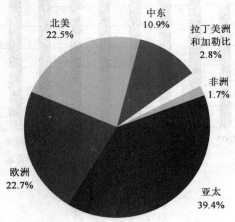

图9-4　2012年世界定期航班货运周转量分布
数据来源:ICAO,2012.

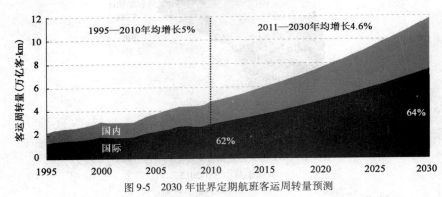

图9-5　2030年世界定期航班客运周转量预测
数据来源:ICAO,《Global Air Transport Outlook to 2030 and Trends to 2040》。

9.1.2　世界航空业能耗特征

1)世界航空能耗

1970年代以来,全球航空业发展快速,航空用油消费量也快速增长。1973—2011年,全球航空燃油消费由1.22亿t增加到2.56亿t,年均增长2.9%;在全球成品油消费中的比例,由4.2%提高到6.4%(图9-7)。

2)世界航空能耗趋势

2009年,航空燃油消费量占交通燃油消费总量的12%。IEA预测,在新政策情境下,2035年这一比例将增加到14%,总量约为390Mtoe(图9-8)。其中,主要增量来自非OECD国家,中国是航空用油增长最大的国家,预期年均增长 2.6%。ICAO 根据不同情境预测认为,到 2036 年全球航空燃油消费量将达到 4.61~5.41 亿 t。

图 9-6 2030 年世界定期航班客运周转量分布

数据来源:ICAO,《Global Air Transport Outlook to 2030 and Trends to 2040》。

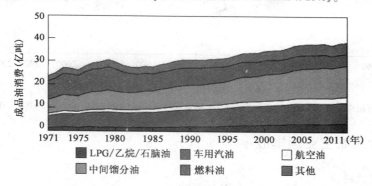

图 9-7 1971—2011 国际成品油消费情况

数据来源:IEA,《Key World Energy Statistics 2013》。

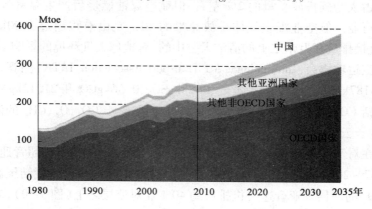

图 9-8 2035 年新政策情境下全球航空燃油消费趋势

数据来源:IEA,《World Energy Outlook 2010》。

飞机在其生命周期内消耗大量的燃油,如大型飞机在 30 年的服役期内将消耗 10 亿升航空煤油。因而,提高飞机的能源效率具有非常重要的意义。国际清洁交通委员会(International Council on Clean Transportation,ICCT)分析表明,1960—2008 年,新型飞机燃油效率提高约 51%,航空客运周转量人·公里和航空货运周转量吨·公里燃油消耗量年均减少约 1.5% (图9-9)。ICAO 统计表明,全球航空客运燃油效率,由 1985 年 8L/(座·100km)下降到 2005 年的 5L/(座·100km),预计 2025 年将达到 3L/(座·100km)。从技术上看,新型飞机的能源强度在 2050 年将比现有机型下降 23%~50%,相当于能源效率年均提高 0.5%~1.0%。综合考虑运行管理、航线优化等措施,在基准情境下,2010—2050 年飞机的能源效率将提高约 30%;在 450 情境下,飞机的能源效率将提高约 43%,年均提高 1%。

图 9-9　1960—2008 年新型飞机燃油效率变化趋势

数据来源:ICCT.《Efficiency Trends for New Commercial Jet Aircraft 1960 to 2008》.2009

9.1.3　世界航空业碳排放

1) 航空碳排放特点

由于航空运输的国际性,航空业减排已成为全球应对气候变化的焦点之一。虽然航空温室气体排放量仅占人为碳排放总量的 2% 左右,但航空煤油燃烧后产生温室效应的能力及危害远远大于其他行业。航空业温室气体排放总量的 80% 是由航程超过 1500km 的飞行制造的,绝大多数是直接排放在万米之上的清洁天空中的,对地球大气环境的影响不容忽视。

按照国际航空运输协会(International Air Transport Association,IATA)测算,飞机每消耗 1t 航空煤油,排放 3187kg CO_2、1239kg 水蒸气、0.28kg SO_2、0.56kgCO 和 21.12kg NO_x。飞机排放的主要污染物包括 CO_2、水蒸气、NO_x、SO_x 和油烟,它们会影响 CO_2、O_3、CH_4 的浓度,引发形成凝结尾流,增加卷云云量,这些都会加重温室效应,促成气候变化。

亚音速飞机在对流层顶部和平流层底部飞行(巡航高度 9~13km),超音速飞机在同温层飞行(巡航高度 17~20km)。研究表明,飞机在平流层排放 NO_x 和产生凝结尾流,其温室效应辐射强迫值是 CO_2 的两倍。亚音速飞机排放约 40% 在对流层之上(图9-10),对流层 O_3 破坏显著。在低对流层,飞机排放的 NO_x 会催化 O_3 的产生,O_3 导致的温室效应是 CO_2 的 1000 倍。在高对流层,飞机排出的 NO_x,会加快破坏臭氧层,削弱臭氧层阻挡太阳紫外线的效能。在大气混合层,飞机排放直接破坏地面的空气质量。当飞机接近对流层顶时,飞机排放形成凝结尾流(飞机云)和气溶胶,会增加天空中的卷云云量。

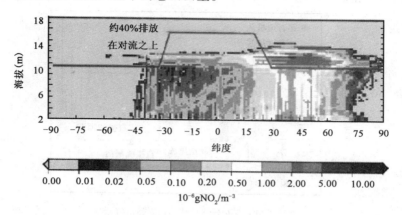

图 9-10　全球飞机排放垂直分布

数据来源:OECD/ITF.《Greenhouse Gas Reduction Strategies in the Transport Sector-Preliminary Report》[R]. 2008.

此外,大多数小型活塞飞机所燃烧的汽油,都含有四乙基铅,是一种高毒性物质,能够污染土地和机场。水蒸气 SO_x(形成硫酸颗粒)和油烟,在气候和臭氧化学反应中也起着直接和非直接作用。

2)航空碳排放趋势

据 ICAO 统计,1940 年以来,全球航空 CO_2 排放增长明显(图 9-11),2000 年为 5.72 亿 t,2012 年增至 6.89 亿 t,约为全球温室气体排放总量的 2%,约占全球交通碳排放的 11%。从 1990 年起,航空业碳排放已经增长了 87%。

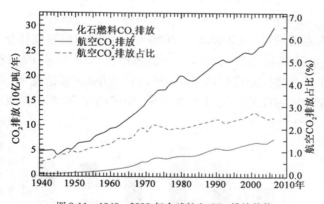

图 9-11　1940—2008 年全球航空 CO_2 排放趋势

数据来源:ICAO.《AVIATION AND CLIMATE CHANGE》.2010

随着技术的进步,在过去 40 年,航空业在提高飞机效率方面取得了显著的进步,CO_2 排放量降低了 70%、噪声降低了 90%,而未燃尽碳氢化合物降低了 90%。

IPCC 预测,2050 年全球飞机年均辐射强迫值约为 1992 年的 4 倍(图 9-12)。ICAO 预测,在运行效率和飞机技术都适度提高的情境下,全球航空 NO_x 排放,将由 2006 年的 52 万 t 增加到 2036 年的 72 万 t(图 9-13),年均增长 2.4%~3.5%,低于航空运输周转量 4.8% 的年均增长。同时,飞机油烟排放年均增长3.3%,到2036年达到5800t。

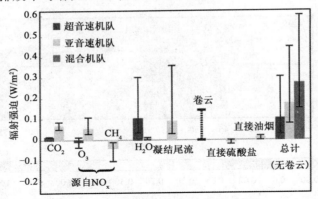

图 9-12　2050 年全球飞机年均辐射强迫值预测

数据来源:IPCC.《Aviation and the Global Atmosphere》.2000

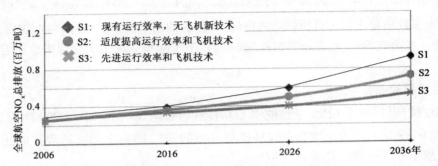

图 9-13　3000 英尺(915m)下全球航空 NO_x 排放量预测

数据来源:ICAO.《AVIATION AND CLIMATE CHANGE》.2010

IEA 预测认为,在基准情境下(2008 年),2050 年全球航空温室气体排放将是 2005 年的 3 倍;在高基准情境下(较高运输需求),2050 年排放将达到 2005 年的 4 倍;在蓝图情境下(提高能效和技术),2050 年排放将比基准情境下降 43%;在蓝图/转移情境下(提高能效和技术,转移运输需求),2050 年排放将比基准情境下降 55%,但仍高于 2005 年排放(图 9-14)。

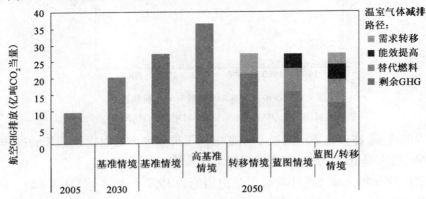

图 9-14　IEA 预测的全球航空温室气体排放趋势

数据来源:IEA/OECD.《Transport,Energy and CO_2:Moving towards Sustainability》.2009.

9.2 航空低碳发展政策与技术

9.2.1 航空低碳发展政策

1) 航空业"碳中和发展"

近年来,全球航空业已投入巨额人力、物力、财力努力成为"环境友好"行业,ICAO 和 ITAT 已经制定了一系列的标准、政策和指导文件,来解决航空器噪音和发动机排放问题。

2009 年,IATA 联合国际机场协会(ACI)、民航导航服务组织(CANSO)及宇航工业协会国际协调理事会(ICCAIA),拟定《航空业全球性行业解决方案》,提出航空业的环境目标,承诺在 2020 年实现"碳中和发展":到 2020 年以前,燃油燃烧效率逐年提高 1.5%;从 2020 年开始,实现碳中和增长(零增长);到 2050 年,净排放量削减到 2005 年排放量的一半(图 9-15)。

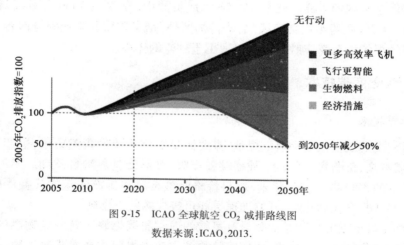

图 9-15　ICAO 全球航空 CO_2 减排路线图

数据来源:ICAO,2013.

IATA 预计,航空业需要投入 1.6 万亿美元,来实现 2020 年航空碳排放总量零增长目标,主要基于"四大支柱"战略:

一是投资新技术。改进飞机设计,发挥节油潜力,使新型飞机碳排放降低 20%~35%。发展航空生物燃油,节省约 10% 的燃油,降低约 80% 的碳排放。

二是实施高效的运行管理。包括改善空中交通流量管理、加强空域灵活使用、改进机务维修技术、提高航班和燃油计划的准确性、多用地面电力等。

三是建立并应用高效的基础设施。包括采用先进的空中交通管理体系(Air Traffic Management,ATM),应用电子客票系统等。

四是实施有效、全球的经济措施。包括保障环境政策的完整和连贯,避免各自为政、恶性竞争,降低管理的复杂性,全球性排放交易体系。

2) 欧盟航空碳排放税

2008 年 11 月,欧盟通过法案颁布 2008/101/EC 号指令,将国际航空业纳入欧盟的碳排放交易机制(ETS)。并宣布于 2012 年 1 月 1 日起实施。根据该指令,几乎所有在欧盟境内机场起降的国际航班都要为碳排放缴纳费用。包括中国公司在内的全球 2000 多家航空公司都被列入了该体系。2011 年 3 月,欧盟委员会公布了首个航空业年度碳排放限额,即 2012 年不超过 2.13 亿 t,2013 年起不超过 2.09 亿 t。

欧盟对航空业的碳排放限额,是以 2004—2006 年全球航空排放量为基础确定的。当年约 85%的排放量免费,其余部分由航空公司在欧盟 ETS 体系中购买。此项体制第一年将会让全球航空业成本增加 35 亿欧元,并且这一数字会逐年递增,到 2020 年,航空公司将会为此支付 212 亿欧元。

欧盟碳排放体系免费配额计算公式采取的是"祖父原则",体现在温室气体减排上就是"航空公司历史排放量越多,现在获得的免费配额也就越多"。欧盟此举的战略目的是,借助于航空业的国际性,把区域性温室气体减排方案扩展到全球范围,从而显示其在解决气候变化问题上的领导权,并强化其运用市场机制减缓气候变化领域的优势。

这种单边强收"买路钱"的做法,尽管得到了欧盟成员国的大力支持,却引起了包括中国、印度和美国等航空大国的不满。在 ICAO 36 个成员国中,有 26 个明确表示反对欧盟的航空碳税。2012 年 11 月,欧盟委员会建议"有条件的暂停"航空碳税新法规部分内容,前提是未来建立的全球气候保护体系都应胜过目前仅适用于欧盟的体系。

9.2.2 航空低碳技术

1) 替代燃料技术

现代飞机使用的航空汽油和航空煤油,需要满足航空环境的苛刻要求,生产工艺复杂,技术标准严格,成本高、价格贵、用量大,战略储备有限,极易受世界油价波动。燃油成本约占航空公司运营成本的 30%以上。近年来,燃料价格剧烈波动和排放法规的日益严格,促使全球航空公司、石油公司、飞机制造商,开始加速寻找可替代的航空燃料。

高品质、高能量密度的生物柴油是最有可能的航空替代燃料。航空生物燃料是航空业减少碳排放最有效的途径之一。目前,比较成熟的航空生物燃料主要是从麻风树、亚麻荠、海藻和盐生植物中提取,其中以麻风树为原料的种植、提炼、标准化工作最为成熟。荠蓝、地沟油也开始加入替代燃料的行列。

2008 年 2 月,一架 A380-841 型客机以液化燃气为燃料,成功完成了从英国菲尔顿到法国图卢兹 3h 的试验飞行,成为第一架用液化燃气进行飞行的民用飞机。

2008 年 6 月,空客宣布发展第二代生物燃料,从非食物作物且能大量消耗二氧化碳的植物中提炼替代航空燃料。空客支持世界各地创新性的航空替代燃料项目,2012 年已在拉丁美洲、澳洲、欧洲、中东及亚洲(中国)建立起环保型航空替代燃料研发基地。波音正在与美国大陆航空合作,研发以藻类为原料的燃料。

荷兰皇家航空公司通过对"地沟油"进行脱氧处理,加氢裂化变成较小的碳氢化合物,然后再进行异构化,将其生产为所需要的"可再生飞行燃料"。2011 年 9 月,在 200 个航班上正式使用该生物燃料。

2011 年 7 月,德国汉莎航空公司推出全球首个使用生物燃料的定期民航旅客航班。该航班每日四次往返于汉堡和法兰克福,由空中客车 A321 执飞,使用燃料是经过氢化处理的植物油和非食用动物脂肪与 50%的传统航空燃料混合而成。

2012 年 6 月,空客与加拿大航空公司合作进行了北美首个跨越国界的"完美航班"飞行,减少二氧化碳排放超过 40%。该航班从加拿大多伦多飞往墨西哥的墨西哥城,由最先进的飞机执飞、由航空替代燃料提供动力、由最高效的空中交通管理程序导航,采用了业界最佳操作规范。

航空燃料替代势头愈来愈强劲。如果所有飞机都使用可持续性生物燃油,航空业可以降低 80%的碳排放。目前,全球已有 1500 多个商业航班使用生物燃油。2009 年 IATA 发布报告称,在 2017 年将使用 10%的生物燃料替代传统航空燃料,2040 年生物燃料比例将达到 50%。

2) 新型发动机技术

开发新一代飞机的关键是改善燃效,大体有 3 类方法,分别是提高发动机性能、提高机身空气动力性能和减轻机身重量。过去 40 年间,飞机发动机效率提高了约 40%,近 10 年提高了 23%(图 9-16)。许多高效能飞机出现在 1980 年后,近些年新型飞机的能效提高趋势有所减缓。但新型飞机的能效提高,依然是航空节能减排的重要技术措施。IEA 预测,2010—2050 年,新型飞机的能效提高潜力为 30%~50%,年均提高 0.6%~1.0%。

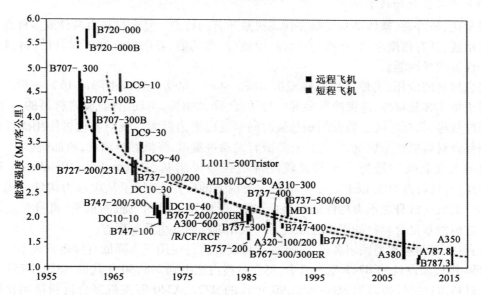

图 9-16　全球航空飞机燃油效率变化趋势

数据来源:IEA/OECD.《Transport, Energy and CO_2: Moving towards Sustainability》.2009.

开式转子发动机也称桨扇发动机,采用一对相互反转的风扇。除了通过燃烧燃料来喷射气体外,还通过大型螺旋桨的旋转来提高助推力、以改善燃效。与传统喷气发动机相比,可以节省 25%~30%的燃油消耗,污染排放减少可高达 30%。尽管开式转子存在发动机风扇直径大,增加发动机重量、噪声较大等问题,但被认为是唯一能达到 2020 年减排目标的技术措施。

20世纪70年代,美国GE和NASA合作研发了研究GE36开式转子发动机(图9-17),1986年首次试运行。2000年以来,NASA提出了N+1目标,力争于2015年,使开式转子发动机噪声降低33%,RR、GE、CFM等公司都在进行开式转子发动机深入研究。

图9-17 GE36开式转子发动机

GE公司考虑在LEAP-X发动机上采用开式转子技术,预计在2016年以后替换当前装配波音737和空客A320飞机的CFM56发动机。法国斯奈克玛公司计划于2015年制造出一台全尺寸开式转子发动机原型机,2019年随一架A340进行飞行试验,2030年投入服役。

3) 先进复合材料技术

轻量化、长寿命、整体结构是新一代飞机最显著的特点。复合材料由两种或多种性质不同的材料组成,具有密度小、高比强、高比模、耐疲劳、多功能、各向异性和可设计性、材料与结构的同一性等优异性能。

复合材料的应用,可使飞机结构减重10%~40%、结构设计成本降低15%~30%。复合材料对于增大客舱湿度,进而改善乘客的舒适度、降低油耗,实现结构/舱内材料的一体化、减少零部件数量、简化系统安装及缩短总装时间等方面潜力巨大。航空发动机使用碳纤维增强树脂基复合材料取代金属材料,可以有效减轻发动机重量,降低燃料消耗,增加航程。

目前飞机上应用最为广泛的是碳纤维增强型树脂基(Carbon-Fiber Reinforced Plastic, CFRP)复合材料,占80%以上。复合材料在飞机上的应用,经历了从次承力构件—尾翼主承力构件—机翼—机身主承力构件的发展,已被广泛应用于民用飞机的机翼、机身及发动机部件。先进树脂基复合材料的用量已经成为飞机先进性的一个重要标志。

波音、空客两家大型民用客机制造商,都将复合材料应用视为降低直接运营成本的有效途径。1960年代末设计的B747型飞机中,复合材料占比不到2%,80年代的A320、B757等机型的复合材料占比已经提高到3%~6%,90年代的B777、A340等飞机复合材料使用比例到达了11%。进入21世纪,复合材料在民用飞机上的用量更是大幅度增长,A380复合材料占比为25%,B787复合材料占比达到50%(图9-18)。

2013年6月首飞的A350XWB型飞机,是空中客车下一代高效中等运力远程宽体飞机。该机型复合材料用量增至52%(图9-19),超过70%的减重是由于采用了全新碳纤维增强性塑料,拥有更低的燃油消耗水平、更低的维修成本。与目前正在运营的同级别飞机相比,平均每座燃油效率提高25%,每座CO_2排放降低25%,外部噪声降低16EPNdB(有效可察觉噪声分贝),将大大提高中远程航空运营效率、克服油价波动所带来的挑战。

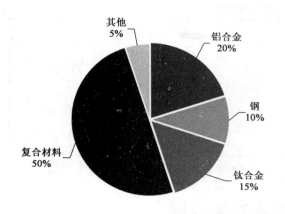

图 9-18　B787 型飞机材料占比

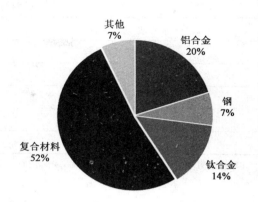

图 9-19　A350XWB 型飞机材料占比

4) 航空空域管理技术

随着国际民航运输业的快速发展,空中交通流量增长较快,出现了世界范围内机场、空域和航线网的拥挤,导致飞行冲突、航班延误,影响运营效率,增加能耗和碳排放。当前,各国正由空中交通"管制"向"管理"转变。美国和欧洲利用科学的流量管理方法,建立了流量管理中心,对空中流量的协调、控制和管理起到了重要作用,大大提高了空域利用率。

欧盟实施了"欧洲统一天空计划"(Single European Sky,SESAR),制订航空运输整体方案,将会降低非航线运行碳排放的 70%;美国实施的第二代空中交通管理体系(Air Traffic Management,ATM)会降低 57% 的延误。很多国家推行了基于性能导航(Performance-Based Navigation,PBN)的飞行程序和连续下降近进程序(Continuous Descent Arrival,CDA)。应用连续下降进近程序 CDA(图 9-20),取代传统的在空中盘旋并一步步逐渐下降,等待降落的方法,能有效减小民用飞机在着陆阶段对地面噪声的影响,减少着陆过程中 NO_x 的排放。应用表明,对 B767 或 B757 机型,CDA 可以在最后着陆 300km 阶段分别节省燃油 5% 和 11%。

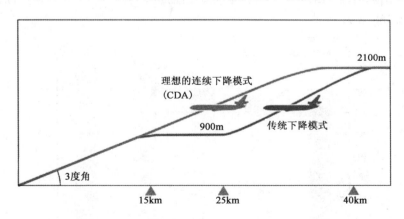

图 9-20　飞机连续下降近进程序(CDA)

轻量化技术、发动机技术、空气动力学技术、航空空域管理技术等,对未来飞机能效提高潜力如表 9-1 所示。

未来飞机燃油强度下降潜力　　　　　　　　　　　表9-1

改 进 项 目	燃油潜力下降程度
机身空气动力学	20%~30%
机身轻量化	20%~30%
发动机技术	15%~25%
航空管理	7%~12%
总计	40%~50%

数据来源：IEA/OECD.《Transport，Energy and CO$_2$：Moving towards Sustainability》.2009.

9.3　中国航空业低碳发展

9.3.1　中国航空业发展现状

1）中国民航运量快速增长

改革开放以来，中国民航业飞速发展，在所有运输方式中，虽然运量占比不高，但其增速是最快的。1990—2012年，民航客运周转量年均增长高达94.6%，民航货运周转量年均增长86.5%。截至2014年，我国共有定期航班航线3142条，按重复距离计算的航线里程为703.11万km，按不重复距离计算的航线里程为463.72万km。定期航班国内通航城市198个（不含香港、澳门、台湾），我国航空公司国际定期航班通航48个国家的123个城市。

2014年，全行业完成运输总周转量748.1亿t·km（图9-21），位列国际民航组织所有缔约国的第二名。其中，旅客周转量560.34亿t·km，货邮周转量187.77亿t·km；国内航线508亿t·km，国际航线240.11亿t·km；完成旅客运输量39195万人次（图9-22），国内航线36040万人次，国际航线3155万人次；完成货邮运输量594.1万t（图9-23），国内航线425.7万t，国际航线168.4万t。

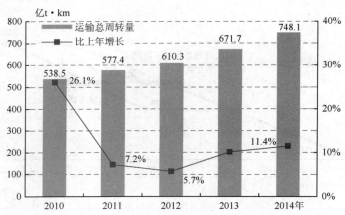

图9-21　2010—2014年民航运输总周转量
数据来源：《2014年民航行业发展统计公报》

专题9 低碳航空运输

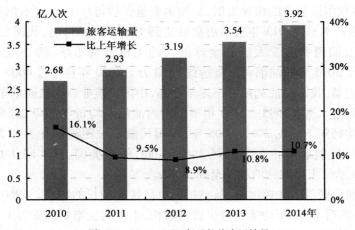

图 9-22 2010—2014 年民航旅客运输量
数据来源:《2014 年民航行业发展统计公报》

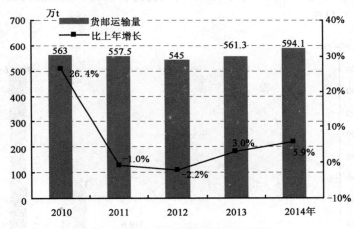

图 9-23 2010—2014 年民航货邮运输量
数据来源:《2014 年民航行业发展统计公报》

规划到 2020 年,我国初步形成安全、便捷、高效、绿色的现代化民用航空体系,年运输总周转量达到 1700 亿 t·km,年均增长 12.2%,全国人均乘机次数达到 0.5 次,航空服务覆盖全国 89% 的人口。2030 年的战略目标是旅客运输量达到 15 亿人次,将成为全球最大航空运输市场。

2) 中国民航能耗和碳排放快速增长

我国现有民航能源消耗结构中,航空燃油约占民航总能耗的 94%,机场用能约占 3%,航空公司地面用能约占 2%,空管及其他民航企事业用能约占 1%。航油能耗约占航空公司能源消耗总量的 98%,国航、南航、东航三大航空集团占全行业航油消耗的 75% 以上。

20 世纪 60 年代,我国民航以活塞式螺旋桨飞机为主,航空汽油占燃油的比重平均达到 73%。20 世纪 70 年代初期以后,民航客机逐步被涡轮喷气机代替,航空煤油开始大幅使用并取代航空汽油,1974 年就达到燃油消耗总量的 80%。1985 年以后,我国民航飞机基本上全部使用航空煤油。

交通与能源

近年来,随着我国民航业的快速发展,航油消费量保持每年13%左右的增长速度,远高于国际5%的平均增长水平。2013年航油消费量达到1998万t。目前,我国已成为年消费量近2000万t的世界航油消费第二大国和全球最大的飞机消费市场,燃油成本已占总成本的36%~40%。预计2015年航油消费量将达到2850万t,2020年将超过4000万t。

由于机队的更新,我国航油利用效率逐年提高,中国民航业新购机队的单位距离的燃油消耗已经处于国际先进水平。1995—2000年单位距离油耗平均每年下降2.5%,2000—2005年单位距离油耗平均每年下降1.2%。2005年,我国民航单位距离油耗为0.34kg,低于美国同年0.38kg的水平;民航客单位距离油耗为0.043kg,低于美国、日本同年0.046kg的水平。2010年,我国民航单位距离燃油消耗降至0.306kg。

随着我国航油消费量的快速增长,航空排放也呈快速增长的趋势。1960年二氧化碳排放量约为13.6万t,随后十年,年均排放量呈缓慢增长,十年间仅增长约6万t。1970年开始,排放量增长迅速,特别是自1990年起,年均排放量呈加速增长,由1990年的339.6万t增长到2009年的3863.6万t(图9-24)。截至2014年,飞行过程中二氧化碳总排放量为6648.1万t,同比2013年增长了11%。

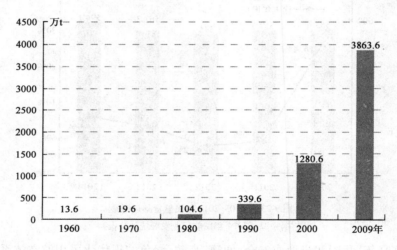

图9-24 民航二氧化碳排放量❶

随着民航机型的更新,航油利用率逐年增高,航空线路的优化以及民航运营管理的改善,二氧化碳排放强度于1972年达到最高值,此后逐年下降。1970—1980年二氧化碳排放强度平均每年下降6%,1980—1990年二氧化碳排放强度平均每年下降5%,1990年起下降速度逐年放缓,二氧化碳排放年均下降约0.02kg/(换算t·km),2009年二氧化碳排放强度降至0.96kg/(换算t·km),与1972年4.4kg/(换算t·km)相比下降78%。2014年,航空公司使用临时航线约38.5万架次,缩短飞行距离超过1295万km,减少二氧化碳排放约22万t。截至2014年底,全国有9家机场桥载设备投入使用,自使用以来减少航油消耗约36.42万t,折合二氧化碳排放约114.75万t。

---

❶数据来源:HE Ji-Cheng et al. Estimation of the Aircraft CO$_2$ Emissions of China's Civil Aviation During 1960—2009[J]. ADVANCES IN CLIMATE RESEARCH ,2012(2):99-105.

9.3.2 中国民航业绿色发展展望

《京都议定书》是人类历史上首次以法律文件的形式限制规定温室气体的排放。法规中将环境问题转化为气候问题并最终以二氧化碳排放量为衡量标准。随着该议定书于2005年2月16日正式生效,全球各国围绕"碳排放权"展开了新的政治博弈。近年来由西方国家发起的航空业"低碳革命"对我国航空业发展造成了空前的压力,随着我国机队的快速扩充,其增加的减排成本势将远高于发达国家成熟的航空业。为了履行《联合国气候变化框架公约》和《京都议定书》各项承诺,迎接低碳减排过程中将遇到的各项挑战,关于民航未来的绿色发展我国也相继提出了诸多指导意见及方案。

《中国民航十二五发展规划》中提出,积极建设绿色民航,利用先进节油技术,优化管理模式,降低各环节能源消耗。机场和空管要切实提高运行管理效率,减少地面和空中燃油消耗和污染物排放。机场建设和运营要积极采用新材料、新能源和节能新技术,减少能源消耗和噪音等环境污染。配合推进生物航油研究和应用。吨·公里能耗和二氧化碳排放量五年平均比"十一五"下降3%以上。

民航"十二五"规划还提出,积极建设绿色民航是转变发展方式的重要切入点。未来5年,民航将加强节能减排工作体系建设,完善行业节能减排组织架构和法规标准,建设政府引导协调、企业发挥主体作用、科研院所提供技术支撑的"政、产、学、研、用"相结合的工作体系;积极推动节能减排关键技术等基础研究和应用,建立节能减排目标责任考核体系,加强航空公司、机场和空管的节能减排工作。争取到2015年,我国民航 t·km 燃油消耗将从2010年的0.306公斤减少到低于0.294公斤,使我国在燃油效率方面处于世界领先水平。另外,中国民航还将加强航空碳排放交易机制等问题的研究,积极参与国际航空与气候变化的谈判和磋商,提高应对能力,争取发展空间。

2011年,民航局《关于加快推进行业节能减排工作的指导意见》中提出通过技术改造、管理创新、结构调整、基础设施建设和新技术应用等手段,努力降低节能减排的成本,积极推进航空替代燃料和新型发动机等换代性技术的应用研究和推广,通过自主核心技术和产品创新,到2020年,实现收入吨·公里能耗和收入吨·公里二氧化碳排放均比2005年下降22%。

2012年,国务院《关于促进民航业发展的若干意见》中提出,切实打造绿色低碳航空,实行航路航线截弯取直,提高临时航线使用效率,优化地面运行组织,减少无效飞行和等待时间。鼓励航空公司引进节能环保机型,淘汰高耗能老旧飞机。推动飞机节油改造,推进生物燃油研究和应用,制定应对全球气候变化对航空影响的对策措施。制定实施绿色机场建设标准,推动节能环保材料和新能源的应用,实施合同能源管理。建立大型机场噪音监测系统,加强航空垃圾无害化处理设施建设。

 总结

(1)近20年,航空客运周转量的平均增长为全球 GDP 增长的1.8倍。目前,航空运输业每年承担约30亿旅客的出行和近5000万 t 货物的运输,占世界国际运输量的0.5%和运输价值的

35%,为世界经济带来了5380亿美元的收入和2.2万亿美元的GDP,约占全球GDP的3.5%。

(2)自1977年以来,全球航空运量规模每15年增长一倍。预计2011—2030年全球航班将增加到约6000万次,定期航班客运量达到64亿人次,客运周转量达到5.4万亿客·km,货运量由2010年的0.507亿t增加到1.5亿t,客货运飞机数量将由18890架倍增至36300架。

(3)20世纪70年代以来,全球航空业发展快速,航空用油消费量也快速增长。1973—2011年,全球航空燃油由1.22亿t增加到2.56亿t,年均增长2.9%,预计到2036年全球航空燃油消费量将达到4.61亿t~5.41亿t。

(4)1940年以来,全球航空CO_2排放增长明显,2000年为5.72亿t,2012年增至6.89亿t,从1990年起,航空业碳排放已经增长了87%。

(5)随着技术的进步,在过去40年,航空业在提高飞机效率方面取得了显著的进步,CO_2排放量降低了70%。通过提高能效和技术,转移运输需求,预计2050年全球航空温室气体排放将比基准情境(2008年)下降55%。

(6)改革开放以来,中国民航业飞速发展,1990—2012年,民航客运周转量年均增长94.6%,民航货运周转量年均增长86.5%。规划到2020年,年运输总周转量达到1700亿t·km。

(7)随着中国民航业的快速发展,航油消费量保持每年13%左右的增长速度,预计2015年航油消费量将达到2850万t,2020年将超过4000万t。由于机队的更新,我国航油利用效率逐年提高,1995—2000年吨·公里油耗平均每年下降2.5%;2000—2005年吨·公里油耗平均每年下降1.2%。2010年,我国民航吨·公里燃油消耗降至0.306kg。

(8)中国民航碳排放量增长迅速。1960年二氧化碳排放量约为13.6万t;2014年,飞行过程中二氧化碳总排放量为6648.1万t,同比2013年增长了11%。

 拓展资料:欧洲航空碳排放税

航空碳排放税,是针对飞机飞行过程中航油燃烧产生的二氧化碳所征收的税,通常根据航空燃油中碳含量比例进行征税。欧盟于2005年1月建立了欧盟排放贸易体系(EU-ETS),并于2008年立法规定,从2012年1月1日起将航空业纳入欧盟排放贸易体系,即除少数的目视飞行、搜索、救灾以及人道主义航班,所有抵达或离开欧盟成员国的航班都被纳入该体制内。欧盟对符合要求的航空公司分发碳排放配额,当航空公司超出规定的碳排放限额后必须出钱购买,否则可能受到欧盟全境禁飞的处罚。按照这一方案测算,仅2012年,中国民航就需要向欧盟支付8亿元人民币的"买路钱"。欧盟单方面的征税行动,必将对各国航空业产生巨大的冲击。

欧盟征收航空碳排放税的举措在国际上引起了诸多争议,消息一出,即遭到中国、美国、印度、俄罗斯、巴西等国家的强烈反对,截至2012年,全球已有43个国家公开反对欧盟征收航空碳排放税。表面上看,欧盟通过征收航空碳排放税这一行为可促进航空领域新技术、新能源的加速研发,以及促使航空公司对未来航空业绿色低碳发展的重视,征税行为具有一定的合理性。但是,该征税行为将包括中国在内的发展中国家强制纳入征税体系之内,这有悖于国际上在制定环境保护相关规则时需考虑各国实际的发展情况,即"共同但有区别责任原则",必将阻碍广大发展中国家航空业的发展。同时，由于国际航班可能会飞跨多个国家，航线超出欧盟领空范围，然而征收碳排放税时，欧盟将征收全程费用，其他国家则分文不得，这违背了《国际民用航空公约》中"每一个国家对其领域之上的空域具有完全的和排他的主权"的规定，实施范围超越欧盟管辖权，严重侵犯了其他国家的主权。

2009年，美国航空运输协会以及多个航空公司向英国高等法院起诉欧盟征收航空碳排放税违反国际法，最终该案移交欧盟最高法院，并于2011年被驳回诉讼。2011年初，中国航空协会发表不承认欧盟碳排放限制的声明。2012年2月，中国国务院授权中国民用航空局发出指令，禁止中国境内各运输航空公司参与欧盟碳排放交易体系。2012年4月，印度也禁止该国航空公司加入欧盟碳排放交易体系。

迫于国际社会压力，2012年11月，欧盟宣布2013年秋季前，暂停对进出欧盟国家的民用航班征收碳排放税。2013年2月，欧盟议会通过了暂停征收外国航空公司碳排放税的提案。2014年4月，欧盟议员投票决定，仅对欧洲境内运营的欧盟航空公司征收碳排放税。

本专题参考文献

[1] IEA. World Energy Outlook 2010[M]. OECD/IEA, Paris, 2012.
[2] IEA. Key World Energy Statistics 2013[M]. OECD/IEA, Paris, 2013.
[3] ICAO. Global Air Transport Outlook to 2030 and Trends to 2040(2013 Edition)[M].
[4] HE Ji-Cheng etal. Estimation of the Aircraft CO_2 Emissions of China's Civil Aviation During 1960—2009[J]. Advances in Climate Research, 2012. 3(2):99-105.
[5] D Rutherford, M Zeinali. Efficiency Trends for New Commercial Jet Aircraft 1960 to 2008[M]. ICCT, Washington DC, 2015.
[6] OECD/ITF. Greenhouse Gas Reduction Strategies in the Transport Sector- Preliminary Report[R]. 2008.
[7] Joyce E. Penner, et. al. Aviation and the Global Atmosphere[M]. IPCC, 1999.
[8] IEA. Transport, Energy and CO_2: Moving towards Sustainability[M]. OCED/IEA, 2009.
[9] 中国民用航空局. 2014 全国民航航班运行效率报告[EB/OL]. 2015.
[10] 中国民用航空局. 2014 年民航行业发展统计公报[EB/OL]. 2015.
[11] 国务院. 国务院关于促进民航业发展的若干意见[EB/OL]. 2012.
[12] 中国民用航空局. 中国民用航空发展第十二个五年规划[EB/OL]. 2011.
[13] 中国民用航空局. 民航局关于加快推进行业节能减排工作的指导意见[EB/OL]. 2011.